古文獻整理與研究

第四輯

陝西省社會科學院古籍整理研究所 編
吴敏霞 主編

鳳凰出版社

圖書在版編目（CIP）數據

古文獻整理與研究（第四輯）. / 陝西省社會科學院古籍整理研究所編；吴敏霞主編. -- 南京：鳳凰出版社，2019.12
ISBN 978-7-5506-3057-4

Ⅰ. ①古… Ⅱ. ①陝… ②吴… Ⅲ. ①古籍整理－研究－中國②古籍研究－中國 Ⅳ. ①G256.1

中國版本圖書館CIP數據核字(2020)第001279號

書　　名	古文獻整理與研究(第四輯)
編　　者	陝西省社會科學院古籍整理研究所
主　　編	吴敏霞
責任編輯	徐珊珊
裝幀設計	陳貴子
出版發行	鳳凰出版社(原江蘇古籍出版社)
	發行部電話 025-83223462
出版社地址	南京市中央路165號,郵編:210009
出版社網址	http://www.fhcbs.com
照　　排	南京凱建圖文製作有限公司
印　　刷	江蘇鳳凰通達印刷有限公司
	南京市六合區冶山鎮,郵編:211523
開　　本	787×1092毫米　1/16
印　　張	12.75
字　　數	240千字
版　　次	2019年12月第1版　2019年12月第1次印刷
標準書號	ISBN 978-7-5506-3057-4
定　　價	65.00圓

(本書凡印裝錯誤可向承印廠調换,電話:025-57572508)

論其指歸 辨其訛謬

精術盡探 睿思咸識

錄賀古文獻整理與研究創刊

李學勤

《古文獻整理與研究》編委會

目　　録

傳統文獻研究

新出與稀見文獻研究

札　記

射禮儀節之“射耦”考論*

楊　傑

禮是中國傳統文化的核心，是華夏民族的標志。早在先秦時期，我國就形成了一套嚴整完備的古禮體系。射禮作爲“六藝”之一，以其起源早、種類多、政治寓義强、文化内涵豐富等特點，在古禮體系中佔有非常重要的一席之地。對於射禮的研究源遠流長，其中作爲“禮學四端”[①]之一的儀節研究歷來是射禮研究的一個重要方向。人員構成是儀節的基本要素，就射禮而言，其核心人員（亦即主要參與者）無疑是射禮中的行射者，禮書對其有專門的稱謂，名之曰“射耦”。禮學史上關於“射耦”的研究不可謂少，但大多依經而發、附經而行，所論零散，且往往對所有“射耦”之共性與各類“射耦”之個性缺乏區分，闡述相互雜糅，再就是一些問題上或觀點糾紛，或尚顯粗疏，還有進一步探討的必要。有鑒於此，本文對“射耦”進行專門詳考，從内涵指向、配比原則、身份數量等角度對其共性通制和各類特制分而述之如次。

一、“射耦”通制考

射禮中行射之人非獨自射箭，而是必須兩人一對組成“射耦”，以“射耦”爲單位進行射箭。“耦”者，二人也。《左傳・襄公二十九年》“射者三耦”，杜注云：“二人爲耦。”[②]《禮

---

* 本論文得到江蘇高校“青藍工程”資助，是江蘇高校哲學社會科學研究基金項目“清代官修《禮節圖》整理與研究”（2018SJA0538）、江蘇高校品牌專業建設工程資助項目（PPZY2015A005）的階段性成果。

① 現代著名禮學研究專家錢玄先生指出，基於“三禮”文獻的禮學研究主要有四端，分别是“禮之義”“禮之節”“百官之職”和“禮之具”（錢玄《三禮名物通釋・自序》，南京：江蘇古籍出版社，1987年，第1—2頁）。其中“禮之節”即我們這裏所説的“儀節”，有時又被稱作“禮節”或“禮儀”。本文遵循沈文倬和葉國良先生對“禮典”和“儀節”概念的使用（詳沈文倬《略論禮典的實行和〈儀禮〉書本的撰作》、葉國良《〈儀禮〉與〈詩經〉互證的學術意義》），認爲禮典由一套儀節構成，故統一稱名“儀節”。

② 杜預注，孔穎達正義，浦衛忠等整理《春秋左傳正義》，北京：北京大學出版社，1999年，第1093頁。

記·曲禮》"君使士射",孔疏云:"射法,每兩人相對,以決勝負,名之曰耦。"①但需要注意的是,"射耦"的雙方並非總是共同行動(身份不同,位次行事各異),而是當輪到他們射箭時,必須一起升堂而射,射畢一起下堂,同往同來,恰如《周禮·天官·掌次》鄭注、賈疏所言"耦,俱升射者","《大射》《鄉射》,耦皆兩兩揖讓,升自西階,鄉兩楹之間,履射物,南面而射,射訖,又兩兩揖讓,降自西階"。②

"射耦"非有常職,而是每場射禮臨事而成。"射耦"的配對,或稱"比",如《儀禮·鄉射禮》云"司射不釋弓矢,遂以比三耦於堂西",《大射儀》云"司射……遂比三耦";③或稱"合",如《周禮·夏官·大司馬》云"若大射,則合諸侯之六耦";④還可稱"同",如《詩·小雅·車攻》"射夫既同,助我舉柴",《賓之初筵》"射夫既同,獻爾發功"。⑤ 對於"射耦"的配對,由司射或大司馬完成。如上引《大司馬》所言王之射由王官大司馬完成,《鄉射禮》和《大射儀》所言諸侯之州長之鄉射和諸侯之大射則由司射來完成。

配對的原則,孔穎達以爲"貴賤必對",⑥即同一爵級者相互爲耦。然孔説並不確切,如《鄉射禮》云:"大夫雖衆,皆與士爲耦。"鄭注云:"大夫皆與士爲耦,謙也,來觀禮,同爵自相與耦,則嫌自尊别也。"⑦此即大夫必不與大夫相耦。故就組成雙方的身份而言,既可能身份相同、爵級相等,也有可能是身份、爵級各異,不可一概而論(可詳參下文分類考)。如果是身份爵級不相對等的人配成"射耦",則二人共用同一射侯,共享同一"射節",且卑者隨尊,皆以尊者爲準。《大射儀》云:"司射西面誓之曰:'公射大侯,大夫射參,士射干。……卑者與尊者爲耦,不異侯。'"賈疏:"卑者、尊者射不異侯。言此者,以其誓云君射大侯,大夫射參侯,士射干侯,恐與尊爲耦亦各射己侯,故覆言此賓與君爲耦,同射大侯,士與大夫爲耦,同射參侯。以其既與尊者爲耦,不可使之别侯,别侯者,則非耦類故也。"⑧是其證。此外,組成"射耦"的兩射者有上射、下射之分,以本場射禮中需尊之人爲上射,上射未必是身份、爵級高者。

---

① 鄭玄注,孔穎達等正義,吕友仁整理《禮記正義》,上海:上海古籍出版社,2008年,第139頁。
② 鄭玄注,賈公彦疏,彭林整理《周禮注疏》,上海:上海古籍出版社,2010年,第206頁。
③ 鄭玄注,賈公彦疏,王輝整理《儀禮注疏》,上海:上海古籍出版社,2008年,第295、508頁。
④ 《周禮注疏》,第1135頁。
⑤ 毛亨傳,鄭玄箋,孔穎達疏,龔抗雲等整理《毛詩正義》,北京:北京大學出版社,1999年,第652、879頁。
⑥ 《禮記正義》,第139頁。
⑦ 《儀禮注疏》,第315頁。按:"同爵"原屬上讀,誤,今改。
⑧ 《儀禮注疏》,第508、509頁。

二、"射耦"分類考

根據"射耦"在射禮中的地位作用、行射先後、組成來源等，"射耦"有"正耦""衆耦"之别，此外我們還發現了一類尚無明確稱名的射耦，本文命之曰"賓一君/主耦"。對於這些"射耦"的類别，禮家多未予分辨或辨之不明。今不揣簡陋，嘗試對諸種"射耦"分别就其指向、數目、來源等梳理如次。

（一）正　耦

"正耦"一詞本不見於經，唐孔穎達疏《詩》時首次使用。《小雅・賓之初筵》孔疏云："射以正耦爲主，故禮定其尊卑之數。"[1]至明，郝敬兩度用之，其《論語詳解》卷三云："每射，二人爲耦，天子六耦，諸侯四耦，大夫三耦，此爲正耦。"[2]其《儀禮節解》卷五則云："凡射，二人爲耦，天子六耦，諸侯四耦，大夫、士三耦，謂之正耦。《鄉射》，正耦三，用六人。"[3]後者多爲清代禮家如蔡德晉《禮經本義》、盛世佐《儀禮集編》、秦蕙田《五禮通考》等所徵引。雖然孔穎達和郝敬都没有對"正耦"的内涵給出明確解釋，但是從其言説和使用來看，他們對該術語的理解是比較一致的，即以之指向射禮中參加第一番射的射耦。這部分射耦的數量往往是確定的(或確定爲3，或確定爲6，或確定爲4)。孔穎達認爲這部分射耦是射之"主"，或因此名之曰"正"。

關於"正耦"的數量，《周禮・夏官・射人》有云："以射灋治射儀：王以六耦，射三侯，三獲三容，樂以《騶虞》，九節五正；諸侯以四耦，射二侯，二獲二容，樂以《貍首》，七節三正；孤卿大夫以三耦，射一侯，一獲一容，樂以《采蘋》，五節二正；士以三耦，射豻侯，一獲一容，樂以《采蘩》，五節二正。"[4]此段雖然是針對大射而發，但其實諸禮射皆然，其言王6耦，畿内諸侯4耦，卿大夫、士皆3耦，所列"正耦"之數隨射主身份變化而變化，且僅有此唯一變量。由此推斷，"正耦"的數量由射主的身份决定。而射主的身份决定射禮的級别，换言之，"正耦"的數量與射禮的級别密切關聯。驗之於《儀禮》，《大射儀》記載諸侯之大射正耦數爲3，《燕禮》云"若射，則大射正爲司射，如《鄉射》之禮"，[5]《鄉射》3

① 何晏注，邢昺疏，朱漢民整理《論語注疏》，北京：北京大學出版社，1999年，第883頁。
② 郝敬《論語詳解》，《續修四庫全書》，上海：上海古籍出版社，2002年，第153册，第100頁。
③ 郝敬《儀禮節解》，《續修四庫全書》，第85册，第600頁。
④ 《周禮注疏》，第1174頁。
⑤ 《儀禮注疏》，第439頁。

耦,故諸侯燕若射亦即燕射亦3耦。據知,諸侯之大射與燕射皆3耦,此爲一有力佐證。基於我們的認識,結合《射人》《大射》和《鄉射》等文獻,兹將考察所得射禮之"正耦"數量列表如下。

各級射禮正耦數表

射　級	天子	畿内諸侯	畿外諸侯	王朝卿大夫	侯國卿大夫	王朝士	侯國士
正耦數	6	4	3	3	3	3	3
依　據	《射人》	《射人》	《大射》	《射人》	推知①		《鄉射》

禮家關於"正耦"數量之説存在一些訛誤,不可不察,如孔穎達疏釋《賓之初筵》"射夫既同,獻爾發功"云:"《射人》説賓射之禮云'王以六耦',則天子大射亦六耦也,故《周禮·夏官·大司馬職》云'若大射,則合諸侯之六耦'。此其義也。《射人》云'諸侯四耦',大射唯三耦者:賓射,對鄰國之君尊,故四耦;大射,與己之臣子卑,故降之。天子尊,無與敵,其與射者,皆是諸侯來朝及在朝公卿,無所差降明矣。"②此段引文孔穎達表達了三層意思:其一,據《射人》載天子之賓射,説天子之大射正耦數同;其二,《射人》載諸侯之賓射正耦數爲4,《大射》載諸侯之大射正耦數爲3,之所以不同,是因爲賓射尊,故爲4,大射卑,故爲3;其三,天子之諸射不分尊卑,故賓射6,大射亦6。今按:孔説多謬:《射人》所云實爲大射而非賓射;《射人》與《大射》之異,是二者之"諸侯"非一,前者畿内,後者畿外;諸侯需分辨射類而定正耦數,天子則無需,標準不一,任意爲説。

"正耦"的身份情況比較複雜,我們首先將禮書和禮家提到的相關材料加以匯集分析,所得主要有:(1)《周禮·夏官·大司馬》:"若大射,則合諸侯之六耦。"鄭注:"王射……以諸侯爲六耦。"③此經、注明言王之大射,以諸侯爲正耦。(2)《儀禮·鄉射禮·記》:"三耦者,使弟子,司射前戒之。"鄭注:"弟子,賓黨之少者也。"④此言州長之鄉射,正耦來自"弟子",是士。(3)《儀禮·大射儀》:"司射……遂告曰:'大夫與大夫,士御於大夫。'"鄭注:"因告選三耦於君。……大夫與大夫爲耦,不足,則士侍於大夫,與爲耦也。"賈疏:"(注)云'不足,則士侍於大夫,與爲耦也'者,是以《曲禮》云'君使士射',注謂'以備耦'是也。"⑤此言諸侯之大射,正耦來自大夫,若大夫不足,則士與之。(4)《禮記·曲禮》:"君使士射,不能,則辭以疾,言曰'某有負薪之憂'。"鄭注:"使士射,謂以備耦也。"孔疏:"耦貴賤必對,故

① "推知"意謂:既知王朝卿大夫3耦,又知侯國之士亦3耦,則其間侯國卿大夫、王朝士必亦皆3耦。

② 《論語注疏》,第883頁。

③ 《周禮注疏》,第1135頁。

④ 《儀禮注疏》,第367頁。

⑤ 《儀禮注疏》,第507頁。

卿與卿耦，大夫與大夫耦。或奇餘不足，則使士備耦。案：《大射》，君與賓耦，卿大夫自相耦，又有‘士御於大夫’，又司射誓耦‘卑者與尊者爲耦，不異侯’，是言士得備預爲耦，故此有使士射之禮也。”①《曲禮》所言當是士備“正耦”之事，孔以備“衆耦”釋之，恐誤，若僅備“衆耦”，不當由君使之射。（5）《大司馬》賈疏：“大射，是将祭而射，故用諸侯爲六耦；若賓射，……不用諸侯，當用卿大夫爲之；燕射，……自然用卿大夫已下爲之。”②此是賈公彦之説，認爲王之大射、賓射、燕射，正耦之組成各異。（6）《通典》卷七十七引崔靈恩云：“若有二王助祭，則天子與共射之；若時無，則與諸侯共爲耦也。”③孫詒讓以崔説爲是，然其所引“二王”作“二王後”，意謂二王之後。根據以上諸例分析歸納可知，“正耦”的身份來源與多種因素有關，宜具體到某一場射禮作具體分析，其中有幾點因素是主導：一是“正耦”的身份與射主身份有關。如上言，王之大射用諸侯，諸侯之大射通常用大夫。二是“正耦”的身份與射禮類型有關。如賈公彦總結，王之大射、賓射、燕射，正耦身份各異。三是“正耦”的身份與實際情況有關。如上言，諸侯之大射，通常用大夫，若大夫不够，則大夫與士（士亦或有不能，則辭以疾）；天子之大射，通常以諸侯，諸侯不够，則諸侯與大夫；若有二王後助祭，則天子與共射之。

（二）衆　耦

“衆耦”是經文固有的概念，禮家對“衆耦”的理解可借用數學中的集合概念加以形容，即如果將所有參與射箭的“射耦”看作一個合集，其所理解的“衆耦”則是“正耦”的補集。如孔穎達疏解《賓之初筵》云：“射以正耦爲主，故禮定其尊卑之數；其餘衆耦，纔厠末而已。”④又如郝敬《論語詳解》卷三云：“每射，二人爲耦，天子六耦，諸侯四耦，大夫三耦，此爲正耦；正耦之外，有衆耦，衆耦無算。”⑤復如《大司馬》孫詒讓《正義》云：“依《大射儀》，射有三次：第一次，司射比三耦，先射；第二次，司射請射于公，命賓御于公，遂比公卿大夫士爲衆耦，三耦與衆耦皆射；第三次，亦然。此王大射，蓋亦第一次司馬比諸侯之六耦，第二次請射于王，而命諸侯爲賓者御于王，遂比公卿大夫士爲衆耦。凡三耦六耦爲正耦，有定數；衆耦則不必以諸侯，又無常數，亦不定六耦。”⑥孔氏言“衆耦”爲“正耦”之“其餘”，郝氏

① 《禮記正義》，第 139 頁。
② 《周禮注疏》，第 1135 頁。
③ 杜佑撰，王文錦等點校《通典》，北京：中華書局，1988 年，第 2100 頁。
④ 《論語注疏》，第 883 頁。
⑤ 《論語詳解》，《續修四庫全書》，第 153 册，第 100 頁。
⑥ 孫詒讓撰，王文錦、陳玉霞點校《周禮正義》，北京：中華書局，1987 年，第 2360 頁。

言爲“正耦之外”,其補集意皆顯;孫氏雖未明言,從其對諸侯之大射和王之大射三番射“射耦”的分析來看,他所理解的“衆耦”亦是此意。

那麼這種解釋是否能够成立呢? 前面説過,“衆耦”概念爲經所固有,所以我们認爲,最好的判斷方式莫過於回到經典本身,將經文中的“衆耦”用例全部抉剔出來,對其指向逐一進行辨析,在此基礎上探究其内涵。禮書中“衆耦”的使用共有 5 例,其中見諸《鄉射禮》者 2 例,見諸《大射儀》者 3 例,分别分析如次。

《鄉射禮》中 2 例“衆耦”的前後語境爲:“司射倚扑于階西,升,請射于賓如初。賓許諾。賓、主人、大夫若皆與射,則遂告于賓。適阼階上,告于主人。主人與賓爲耦。遂告于大夫。大夫雖衆,皆與士爲耦。以耦告于大夫曰:‘某御於子。’西階上北面作衆賓射。司射降,搢扑,由司馬之南適堂西,立比衆耦。衆賓將與射者皆降,由司馬之南適堂西,繼三耦而立,東上,大夫之耦爲上。若有東面者,則北上。賓、主人與大夫皆未降。司射乃比衆耦辯。”[①]這段文字主要描述州長之鄉射第二番射司射比各類射耦的情況。其中“司射倚扑”至“賓許諾”是説司射請射,“賓、主人”至“主人與賓爲耦”是説比賓和主人爲耦,“遂告于大夫”以下則是比大夫、衆賓爲耦。根據文意,大夫不得自相爲耦,故大夫和衆賓所組成的射耦有兩類,一類是大夫一衆賓耦,還有一類是衆賓一衆賓耦。司射在比這兩類射耦時大體可分爲兩個步驟:先是告知這兩類中的大夫,再告知這兩類中的衆賓,也就是士。第 1 例“衆耦”出現在告大夫畢、作衆賓射之後,因此指向的是這兩類射耦中的衆賓,而所謂“立比衆耦”實際上是將比而尚未比,要待下文“衆賓與射者皆降”後才真正比之。第 2 例出現在段末,“乃比衆耦辯”意謂司射已完成了配比衆耦的任務,與上將比衆耦形成照應,因此其指向的應與第 1 例完全相同,亦指大夫一衆賓耦、衆賓一衆賓耦中的衆賓。驗之於注,“立比衆耦”鄭注云:“衆耦,大夫耦及衆賓也。”[②]“大夫耦”謂大夫之耦,亦即大夫一衆賓耦中的衆賓,“衆賓”即衆賓一衆賓耦中的衆賓,吾説不孤。

再看《大射儀》中的 3 例,其前後語境爲:“司射適西階西,倚扑,升自西階,東面請射于公。公許。遂適西階上,命賓御于公。諸公卿則以耦告于上。大夫則降,即位而后告。司射自西階上,北面告于大夫曰:‘請降。’司射先降,搢扑,反位。大夫從之降,適次,立于三耦之南,西面,北上。司射東面于大夫之西北,耦大夫與大夫,命上射曰‘某御於子’,命下射曰‘子與某子射’。卒,遂比衆耦。衆耦立于大夫之南,西面,北上;若有士與大夫爲耦,則以大夫之耦爲上。命大夫之耦曰‘子與某子射’,告於大夫曰‘某御於子’。命衆耦如命

① 《儀禮注疏》,第 314—316 頁。

② 《儀禮注疏》,第 315 頁。

三耦之辭。諸公卿皆未降。”[①]這段文字主要描述諸侯之大射第二番射司射比各類射耦的情況。其中“司射適西階西”至“公許”是説司射請射,“遂適西階上,命賓御于公”是説比賓、公爲耦,“諸公卿則以耦告于上”是説比公卿耦,“大夫則降”至“子與某子射”是説比大夫之耦,“卒,遂比衆耦”以下則是比衆耦。根據文意,“遂比衆耦”是在大夫一大夫耦的配比之後進行,其人員構成亦有兩種情況,一種是大夫一士耦,另一種是士一士耦。由此,第3例“遂比衆耦”之“衆耦”當是兼具這兩種情況、兩類身份的射者而言。第4例“衆耦立于大夫之南”之“衆耦”則當排除大夫,指這兩種情況中身份爲士的射者。而第5例“命衆耦”之“衆耦”是在“命大夫之耦”之後被命的,則又當排除掉第4例中的與大夫爲耦的士,也就是僅指士一士耦這一種情況、身份的射者。又經云“命衆耦如命三耦之辭”,《鄉射禮》比三耦節明言命上射曰“某御於子”,命下射曰“子與某子射”。[②] 而據此段經意,大夫一士耦中士爲上射,其被命之辭爲“子與某子射”,大夫爲下射,其被命之辭爲“某御於子”,上射、下射之命辭恰與三耦的情况相反,故鄭注亦云:“士雖爲上射,其辭猶尊大夫。”[③]由是亦可推知大夫一士耦中的士當不在“命衆耦”的指向之内。

綜合上述考察,禮書中“衆耦”用例的指向並不一致,且與禮家所作的理解均不相合,至少《鄉射禮》之“賓一主耦”、《大射儀》之“賓一公耦”就不包含於其中,所以不可將之簡單理解爲“正耦”的補集。至於“衆耦”的數量,實無定數,故統曰“衆”。其身份則視具體情況而定,上文已詳,不贅。

(三) 賓一君/主耦

通過上文對“正耦”和“衆耦”的考察可知,諸如《鄉射禮》之“賓一主耦”和《大射儀》之“賓一公耦”,他们既不屬於“正耦”,也不被“衆耦”所涵蓋,且其性質確與“正耦”和“衆耦”皆有不同。所以我们認爲,應當將其單獨列出,成爲“射耦”的一種。各類射禮都有主禮者,即爲“主”。比較特殊的是,如果是國君爲“主”,爲免其勞頓,會由一人代行主事,此時又稱主禮者(國君)爲“君”,以與代行主事之“主”區分。故我們將其表示爲“君/主”,意謂或主或君。各類射禮也都有“賓”,此“賓”由主禮者選定,是射禮中最予禮遇的對象。如果“主”在射禮中行射(如果是國君,也可以不射,所謂“禮不必君舉”),則必由“賓”與他配成“射耦”。所以,我們將此類射耦稱爲“賓一君/主耦”。

① 《儀禮注疏》,第516—518頁。
② 《儀禮注疏》,第510頁。
③ 《儀禮注疏》,第518頁。

就其數量而言,一場射禮僅有一對"賓一君/主耦"。至於其身份來源,則因射禮的種類、級别而有所不同,兹以見諸禮書之例詳説之:州長之鄉射,如果没有大夫來參加,"賓"由州學里的一名學生充當,具體是哪一名學生由州長决定;如果有大夫來參加,則要以公士一人爲"賓"。《鄉射禮》經、記所謂"主人戒賓","大夫與,則公士爲賓"[①]是也。鄉大夫之鄉射,"賓"是處士賢者,由鄉大夫穿著朝服到鄉先生處共同謀定。《鄉飲酒禮》經、記云"主人就先生而謀賓、介","鄉朝服而謀賓介"[②]是其證。州長之鄉射和鄉大夫之鄉射,雖然二者"賓"的來源有所不同,但有一個共同的選拔標準,即爲《鄉射禮》和《鄉飲酒禮》記文都提到的"使能"。[③]《燕禮》云:"公曰:'命某爲賓。'"鄭注:"某,大夫也。"賈疏:"(鄭)知大夫非卿者,以其賓主相對,宰夫爲主人,是大夫,明賓亦是大夫。《燕義》云'不以公卿爲賓,而以大夫爲賓,爲疑也',故(鄭)知是大夫。"[④]是知諸侯之燕射(燕臣類),"賓"由大夫充當,由國君選定。"賓"之所以由大夫充當而不是由卿充當,或是基於兩方面的考慮:一是代國君行主人事的職官是宰夫,宰夫的級别是大夫,所以與之爲禮的"賓"亦取級别相當的大夫來擔任;二是根據《燕義》,卿的級别僅次於國君,若選以爲"賓"則嫌太過逼近國君,所以就選與君再遠一等的大夫來擔任。又《周禮·夏官·繕人》"掌詔王射",賈疏:"王射,先行燕禮,以大夫爲賓,賓與王爲耦。"[⑤]是知天子之燕禮(燕臣類)也以大夫爲"賓"。至於諸侯之大射,《大射儀》云:"公曰:'命某爲賓。'"鄭注:"某,大夫名。"[⑥]是知"賓"亦由大夫充當,由國君選定。

【作者簡介】楊傑,女,1983 年生,中國古典文獻學博士後,現任教於江蘇第二師範學院,主要從事禮學文獻整理與研究。

---

① 《儀禮注疏》,第 266、362 頁。
② 《儀禮注疏》,第 194、253 頁。
③ 《儀禮注疏》,第 362、253 頁。
④ 《儀禮注疏》,第 397 頁。
⑤ 《周禮注疏》,第 1239 頁。
⑥ 《儀禮注疏》,第 479 頁。

《玉燭寶典》所見杜臺卿音系研究[①]

姜復寧　李金澤

《玉燭寶典》爲杜臺卿所作的一部專科類書性質的民俗著作。此書按月分卷，每卷卷首徵引《禮記・月令》，而後引蔡邕《月令章句》，然後排比、解釋各月的民俗特點。而後還設有"正説""附説"考校各地時俗的異同。據《隋書・杜臺卿傳》："開皇初，被徵入朝。臺卿嘗采《月令》，觸類而廣之，爲書名《玉燭寶典》十二卷。至是奏之，賜絹二百匹。"[②]聯繫到《切韻序》中長安論韻發生在"昔開皇初"，且序文中又提及"杜臺卿《韻略》"，[③]二者似爲同時。然細究之可知並非如此，《玉燭寶典序》記載："昔因典掌餘暇，考校藝文，《禮記・月令》最爲備悉。遂分諸月，各以冠篇首。"[④]據《北齊書》涉及杜臺卿的記載可知，杜臺卿"歷中書、黄門侍郎，兼大著作、修國史。武平末，國子祭酒，領尚書左丞"，[⑤]與此處"典掌""考校異文"相合。則此書開始創作的時間當在北齊，早於長安論韻的時間。《切韻序》中指出："吕静《韻集》、夏侯詠《韻略》、陽休之《韻略》、周思言《音韻》、李季節《音譜》、杜臺卿《韻略》等，各有乖互，江東取韻與河北復殊。"陸法言認爲這些韻書都受到了作者方言的影響，具有方言色彩。

此書於隋代進呈後，見於多家書目。如《隋書・經籍志》載"《玉燭寶典》十二卷，著作郎杜臺卿撰"，[⑥]隨後的《舊唐書・經籍志》《新唐書・藝文志》等也都有著録，《文獻通考》轉引陳振孫《直齋書録解題》："《玉燭寶典》十二卷。陳氏曰：隋著作郎博陵杜臺卿少山撰。以《月令》爲主，觸類而廣之，博采諸書，旁及時俗，月爲一卷，頗號詳洽。開皇中所上。"[⑦]此

---

① 本文寫作過程中，承蒙山東大學文學院張樹錚先生、劉祖國先生提供寶貴意見，王新華先生審閲了全文並提供修改指導，在此謹致謝忱！文中謬誤，概由作者負責。

② 魏徵等《隋書》，北京：中華書局，1973年，第1421頁。

③ 陳彭年等撰，周祖謨校《廣韻校本》，北京：中華書局，2011年，第14—15頁。

④ 杜臺卿《玉燭寶典》，北京：中華書局，1985年。

⑤ 李百藥等《北齊書》，北京：中華書局，1972年，第354頁。

⑥ 《隋書》，第1008頁。

⑦ 馬端臨《文獻通考》卷二〇六《經籍考》三三，北京：中華書局，1986年，第1706頁。

書散佚的時代尚未確證,明末清初陶挺重編《説郛》卷六九收有此書,但僅有十條,或許爲散佚之後所殘存的部分。[①]

目前我們所能見到的《玉燭寶典》,乃是楊守敬於清末自日本訪得,由黎庶昌收入《古逸叢書》的版本,嗣後《叢書集成初編》又據此本影印,爲當下最易得者。《古逸叢書》刊刻時,其牌記定作"影舊鈔卷子本玉燭寶典"。據崔富章、朱新林的介紹,日本現存的《玉燭寶典》鈔校本共有四種,分别是日本舊鈔卷子本(卷軸裝六軸十一卷,闕卷九。此即所謂"舊鈔卷子本",爲日本舊加賀藩前田侯舊藏,今藏尊經閣文庫。此本抄寫年代跨度較大,卷五抄寫於嘉保三年,卷六、八寫於貞和四、五年,崔文中稱其爲"日本 1096 至 1345 年寫本");日本圖書寮鈔本(册頁裝十一卷,闕卷九。又稱毛利高翰影鈔本,今藏日本國立公文書館);森立之、森約之父子鈔校本(四册十一卷,闕卷九。此本係據毛利高翰影鈔本傳抄,今藏專修大學圖書館);依田利用《玉燭寶典考證》(四册十一卷,闕卷九。今藏日本國立國會圖書館)。此文通過對楊守敬尋訪、傳抄《玉燭寶典》過程中的相關文獻記載以及不同版本的校勘,指出《古逸叢書》影刻《玉燭寶典》所據的底本乃是森立之父子的傳抄合校本,《古逸叢書》牌記有誤。[②]

通過檢閲《玉燭寶典》我們發現,此書中存在一定數量的杜臺卿自創音注材料,既有反切又有直音。《玉燭寶典》大量徵引文獻典籍,而其所引的部分典籍早已亡佚。前人早已有利用《玉燭寶典》進行輯佚工作的先例,如唐鴻學嘗從中輯出早已亡佚的《四民月令》。日人安居香山、中村璋八《緯書集成》亦大量參考此書,或從中輯録,或以資校勘。但就目前來看,尚未見到以《玉燭寶典》音注爲材料進行的研究。杜臺卿所作《韻略》是陸法言等在討論《切韻》時曾提到的書目,《玉燭寶典》中的杜臺卿自創反切,與《韻略》的語音系統當相合,這對於我們研究六朝語音來説是寶貴的材料。有鑒於此,本文對《玉燭寶典》中杜臺卿自創的音注文獻進行研究,主要目標爲對杜臺卿自創反切進行匯集、研究,因其當與《韻略》的語音系統相合,故此工作實質上等價於重輯《韻略》。

本文所採用的《玉燭寶典》底本爲《叢書集成初編》影印《古逸叢書》本《玉燭寶典》,其版本源流前已備陳,《續修四庫全書》本與此同。部分《叢書集成》本影印漫漶不清或存在疑問的地方參照明德出版社《中國古典新書續編》本[③]和《玉燭寶典考證》[④]予以補齊或校勘。

---

① 陶珽編《説郛》,《説郛三種》,上海:上海古籍出版社,1988 年,第 3220—3221 頁。

② 崔富章、朱新林《〈古逸叢書〉本〈玉燭寶典〉底本辨析》,《文獻》第 3 期,2009 年,第 144—150 頁。

③ 杜臺卿撰,(日本)石川三佐男整理《玉燭寶典》,東京:明德出版社,昭和 63 年(1988)。

④ 杜臺卿撰,(日本)依田利用考證《玉燭寶典考證》(稿本),藏日本國立國會圖書館。蒙名古屋大學王清玄兄提供此書掃描件,謹致謝忱。

一、現存《玉燭寶典》注文的作者

現存《玉燭寶典》正文單行大字，注文雙行小字。這一現象需要我們進行考察：其注文是否爲杜臺卿自注？若是，則注文中所見的音注材料、引文等爲杜臺卿所作或所引自是毋庸置疑的。若不是，則出自誰手？在對反切、直音材料進行分析研究時，更是需要厘清這一問題，因爲這牽涉到語音性質的確定。

《玉燭寶典序》雖然未言及作者，但觀序中云："昔因典掌餘暇，考校藝文，《禮記·月令》最爲備悉。遂分諸月，各以冠篇首。先引正注，逯及衆説，續書月别之下，增廣其流。史傳百家，時亦兼采。詞賦綺靡，動過其意，除非顯著，一無所取。"楊琳據此推斷此序言爲自序，[①]則此序文中所言的整理方式當是杜臺卿所記述的撰作《玉燭寶典》時的方法。

明確這一點之後再看序文，"華戎並存舊命，無所改創，其單名平出，即文不審，則注稱'今案'以明之"，現行版本中"今案"均出現在雙行小字注中，可推知此書的注文當爲杜臺卿自注。

石川三佐男對《玉燭寶典》注文的引文進行研究，發現其引書中時代最晚的爲《荆楚記》。[②] 經核查其引文，標明爲引自《荆楚記》的一條爲："疾風甚兩，今亦不必然也。"案"疾風甚兩"當爲"疾風甚雨"之誤，《禮記·玉藻》篇："君子之居恒當户，寢恒東首，若有疾風、迅雷、甚雨，則必變，雖夜必興，衣服冠而坐。"當據此改。[③] 查"疾風甚雨"在衆類書中所引，其所表明出處與"荆楚"有關的僅見《荆楚歲時記》，作"去冬節一百五日，既有疾風甚雨，謂之寒食"。《荆楚歲時記》爲梁代宗懔所作，其生活年代與杜臺卿生活年代相近。注文中未見晚於此書的文獻，可認爲後人並未對注文進行增補。且注文中反切皆作"某某反"，而未改爲"某某切"，足證未經唐人或更爲晚近者的改動。

結合以上的分析，我們可以認爲今本《玉燭寶典》全書均出自杜臺卿一人之手，其中的自創反切反映的當是杜臺卿本人的語音特點，有可能直接轉引自《韻略》。即使與《韻略》中採用的反切上下字存在差異，其語音系統也應該是相同的。因而對注文中的杜臺卿自創反切的研究，可以幫助我們窺見《韻略》所反映的六朝語音特點。

---

① 楊琳《古典文獻及其利用》，北京：北京大學出版社，2018年，第57—58頁。

② （日本）石川三佐男《日中"書籍之路"與〈玉燭寶典〉》，《中日"書籍之路"研究》，北京：北京圖書館出版社，2003年，第32—41頁。

③ 孫希旦撰，沈嘯寰等點校《禮記集解》，北京：中華書局，1989年，第786頁。

二、《玉燭寶典》杜臺卿自創音注匯考

現將《玉燭寶典》中杜臺卿自創的音注材料匯集如下，並進行考證。爲行文簡便計，下引諸條材料出處在條目後括弧内標明卷數，並以數字注出在《叢書集成》本《玉燭寶典》中的頁碼，不再予以頁下注。若被釋字有多音多義現象，則對其諸義項做考辨，選取韻書、字書中與原意相合者列出。

1. 律中大蔟。注：音倉豆反。(第一卷，2)

案：蔟，《廣韻》倉奏切。豆、奏皆去聲候韻，此切語與《廣韻》音合。

2. 乃擇元辰，天子親載耒耜。注：音慮猥反。(第一卷，10)

案：耒，《廣韻》力軌切。慮，來母。猥，上聲賄韻。此切語與《廣韻》相較，聲母相同，韻母一爲旨韻，一爲賄韻。均屬上古微部。

3. 天子三推。注：勑雷反。(第一卷，10)

案：《玉燭寶典考證》作："粅雷反。"推，《廣韻》尺隹切，又他回切。勑，透母。粅，來母。雷，平聲灰韻。《廣韻・職韻》"粅"注"今相承用粅，粅本音賚"，可知"粅"在宋代已通行，爲"敕"異體字，雖分两韻，然字通用。

4. 毋覆巢，煞孩者。注：朝來反也。(第一卷，12)

案：孩，《廣韻》户來切。朝、户非同紐，且舌、喉相去甚遠，恐爲訛寫。此處正文原作"毋覆巢，煞孩者、蟲、胎、夭、飛鳥，毋麛，毋卵"，注文"音倉豆反"。《禮記集解》作"毋覆巢，毋殺孩蟲、胎、夭、飛鳥，毋麛，毋卵"，[①]無"者"字，《禮記正義》亦無"者"。《玉燭寶典考證》作"毋覆巢毋殺孩，音胡采反"，後有注文"舊音作者入正文，胡作朝，今案文改正"，依田氏之説甚是。户、胡皆匣母，亦音合。

5. 夭 注：音爲老反。(第一卷，12)

案：《禮記集解》作"夭"，《玉燭寶典考證》作"蟲胎夭，音烏老反"。毛远明根据漢魏六朝的碑刻文献，如《元譚妻司馬氏墓志》《元瞻墓志》等中的用例，释读此字为"夭"。[②] 黄征根據甘肅博物館藏敦煌殘卷004—4《賢愚經》"所生之處，命不中夭"、S.2832《愿文等範本》"昔者素王所歎，苗而者於不秀，只有項托早亡；秀而者於不實，只歎顔回之夭"的文例，參考《干禄字書》中"夭夭：上通，下正"的記載，亦訓此字爲"夭"字之俗寫。[③] 夭，《廣韻》烏晧

---

① 《禮記集解》，第419頁。

② 毛远明《漢魏六朝碑刻異体字典》，北京：中华书局，2014年，第1047頁。

③ 黄征《敦煌俗字典》，上海：上海教育出版社，2003年，第484頁。

切。爲屬云母，烏屬影母，老、晧皆屬晧韻，《經典釋文》亦作烏老反。此處出現了云、影相混的現象。

6. 掩骼　注文：音格。（第一卷，12）

案：骼、格，《廣韻》均爲古伯切，兩字音同。

7. 祲　注文：子鴆反。（第一卷，25）

案：祲，《廣韻》子心切，又子鴆切。與此處音合。

8. 柳稊　注文：杜嵇反。（第一卷，28）

案：稊，《廣韻》杜奚切。嵇、奚均屬匣母，此切語與《廣韻》音合。

9.《爾雅》曰："正月爲陬。"注文：音騶。（第一卷，35）

案：《楚辭・離騷》："攝提貞于孟陬兮，惟庚寅吾以降。"王逸注："正月爲陬。"洪興祖補注："并出《爾雅》，陬，側鳩切。"[①]《廣韻》陬、騶，均側鳩切，兩字音同。

10. 孟春之日，招摇指寅，服八風水，爨箕燧火。注文：箕，讀"該備"之"該"。（第一卷，37）

案：此條《淮南子集釋》作"孟春之月：招摇指寅"，"服八風水，爨萁燧火"，[②]高誘注"取萁木燧之，火炊之"。则萁为正，當據改。萁，《廣韻》居之切，之韻。該，《廣韻》古哀切，咍韻。在《詩經》時代兩者皆歸之部，音近，但漢代以後咍韻與之韻的語音差異逐漸增大，這在押韻材料中可以找到證據：出現了部分咍韻的字與齊、佳、皆等韻的字通押的情況，而咍、之相押的例證减少。例如曹植《七哀》，其韻脚字爲"徊、哀、妻、棲、你、諧、懷、依"，爲咍韻和灰韻、齊韻、皆韻、微韻通押例。[③]

11. 熚有聲　注文：必音。（第一卷，50）

案：《廣韻》熚、必均卑吉切。兩字皆爲重紐四等，以重紐四等字爲其他的四等字標音，或許可以説明當時的重紐兩類之間確實存在語音差異。但因此條例證爲孤例，尚無法斷定其爲必然。

12. 柂　注文：治夷反也。（第二卷，91）

案：柂當作蚔，依《玉燭寶典考證》改。蚔，《廣韻》直尼切，澄母脂韻。治，《廣韻》澄母；夷，《廣韻》脂韻。此條切語與《廣韻》音合。

13. 醶　注文：音須。（第二卷，103）

案：醶，《廣韻》同都切，又度侯切。須，《廣韻》相俞切。其韻母皆來自上古侯部，出現

① 洪興祖撰，白化文等點校《楚辭補注》，北京：中華書局，1983 年，第 3 頁。

② 何寧《淮南子集釋》，北京：中華書局，1998 年，第 379、387 頁。

③ 于安瀾《漢魏六朝韻譜》，鄭州：河南人民出版社，1989 年，第 68—74 頁。

這類混用表明其分化尚未完全結束。聲母的定、心混用現象應該也是上古音的殘留。李方桂曾指出,中古的心母 s－和審母 ʂ－(從上古 * s－來的),常有跟别的聲母諧聲例子。爲了解釋這種例外,李方桂爲與舌尖塞音諧聲的心母字構擬了上古的 * st－或 * st+j 的來源。[①] 用這種觀點可以説明此例。

14. 可種地黄,及采桃花、茜,及括樓士瓜根。注文:茜,染絳草也。音倩。(第二卷,104)

案:"士瓜"不辭,《玉燭寶典考證》作"土",是,當據改。《廣韻》茜、倩皆倉甸切,音同。

15. 晉重耳與介子綏。注文:推、綏,聲相近也。(第二卷,122)

案:綏,《廣韻》息移切,心母脂韻。推,《廣韻》他回切,透母灰韻。但灰韻來自上古微部,與脂韻所屬的上古脂部相近。上文已提及李方桂爲與舌尖塞音諧聲的心母字構擬了上古的 * st－或 * st+j 的來源,此處亦應如是。

16. 罘　注文:音浮。(第三卷,135)

案:《禮記·月令》作"田獵罝罘",原文脱"田獵罝"三字,當據增。《廣韻》罘、浮均爲縛謀切,音同。

17. 餧　注文:於爲反。(第三卷,135)

案:餧,《廣韻》奴罪切,飢也。一曰魚敗曰餧。又有於僞切,餧,飯也。《禮記·月令》"餧獸之藥",野王注"以物散與鳥獸食之",故此處當取於僞切。爲、僞皆寘韻,與《廣韻》音合。

18. 命國難。注文:乃何反。(第三卷,138)

案:難,《廣韻》那干切,艱也,不易稱也。又木難,珠名,其色黄,生東夷,曹植《樂府詩》曰:"珊瑚間木難。"又姓,百濟人。《説文》作鸛,鳥也。又有奴案切,患也。此處"難"當作何解,向來紛亂。《禮記》數處出現此"難",鄭注或作"陰氣也",或作"陽氣也"。孔穎達疏引熊安生説,謂:"季春云'國難',唯天子諸侯有國爲難,仲秋'天子乃難',唯天子得難,以其難陽氣,陽是君象,則諸侯以下不得難。"孫希旦注作:"難,索室驅疫也,《周禮》方相氏掌之。命國難者,命國人爲難也。"[②]孫詒讓在注釋《尚書·康誥》"若有疾,惟民其畢棄咎"時引《月令》篇,認爲"古者攘除疾病,蓋或謂之畢。《月令·季春》:'命國難,九門磔攘以畢春氣。'鄭《注》引《王居明堂禮》曰:'季春出疫于郊以攘春氣。'是《月令》之畢,即《逸禮》之出疾,……畢棄咎,即攘除棄去疾病也。"[③]楊樹達也認爲"'畢'當讀爲'祓',《説文·示部》

① 李方桂《上古音研究》,北京:商務印書館,1980 年,第 25 頁。

② 《禮記集解》,第 437 頁。

③ 孫詒讓《尚書駢枝》,《續修四庫全書》第 51 册,上海:上海古籍出版社,2002 年,第 129 頁。

云:'祓,除惡祭也。从示,犮聲。'"[1]而此處的"祓"禮恰在季春,與此處"索室驅疫"的"命國難"處在同時期。《禮記·月令》中未見"祓"的記載,但其主要目的却與"難"相同,即鄭注認爲的"命方相氏帥百隸索室毆疫以逐之,又磔牲以攘於四方之神,所以畢止其災也"。《吕氏春秋·季春》中有一條異文與此相關:"國人儺,九門磔禳,以畢春氣",高誘注作"命國人儺,索宫中區隅幽闇之處,擊破大呼,驅逐不祥,如今之正歲逐除是也"。此处的"國人儺"與"國人難"存在異文關係,在漢代的文獻裏這種儀式也被稱爲"儺",《後漢書》載"先臘一日,大儺,謂之逐疫",與《玉燭寶典》、今本《禮記·月令》同。實際上《月令》篇中的"難"當爲"儺"的假借字,指的就是這種"逐疫"的儀式。"儺",《廣韻》諾何切,諾、乃皆泥母,與《廣韻》音合。

19. 九門磔　注文:都格反。(第三卷,138)

案:磔,《廣韻》陟格切。都,《廣韻》當孤切,端母。陟,《廣韻》竹力切,知母。此處的端、知相混現象反映了當時舌頭、舌上音尚處於合一狀態。

20. 蝃。注文:音帶。(第三卷,140)

案:蝃,《廣韻》都計切,蝃蝀。帶,《廣韻》當蓋切。兩字均爲端母,蝃霽韻,帶泰韻,同屬上古月部。兩字同音反映了杜臺卿時代韻母的存古現象。

21. 蝀。注文:音薰。(第三卷,140)

案:此處"薰"當作"董",據《玉燭寶典考證》改。蝀,《廣韻》德紅切,蝃蝀,虹也。又音董。與此處注文合。

22.《周官·夏官》上曰:"司爟。掌季春出大,人咸從之。"注文:工焕反。(第三卷,144)

案:《周禮注疏》作"司爟,掌行火之政令,四時變國火,以救時疾。季春出火,民咸從之;季秋内火,民亦如之"。[2] 此處"人""民"之異顯因避李世民諱改字。《周禮正義》亦作"司爟",[3]正,當據改。爟,《廣韻》古玩切。工、古皆見母,焕、玩皆换韻,此切語與《廣韻》音合。

23. 𩌷。注文:音偉。(第三卷,147)

案:𩌷,《廣韻》無此字,《集韻》羽鬼切。偉,《廣韻》于鬼切。羽、于皆云母字,二字音同。

24. 日烈暵　注文:暵,燥也。今案,《周官·春官》下女巫"旱暵則舞雩"。暵音呼旱也。(第三卷,155)

---

① 楊樹達《積微居讀書記》,上海:上海古籍出版社,2013年,第24頁。

② 鄭玄注,賈公彦疏《周禮注疏》,上海:上海古籍出版社,2010年,第1157—1158頁。

③ 孫詒讓撰,王文錦等點校《周禮正義》,北京:中華書局,1987年,第1396頁。

案:暵,《廣韻》呼旱切,日乾也,又呼旰切。此處與《廣韻》音合。

25.《周官·秋官》下曰:"祚氏掌政草木及林麓。"注文:祖格反也。(第五卷,214)

案:《周禮注疏》作"柞氏,掌攻草木及林麓",賈疏云:"此柞氏與薙氏治地,皆擬後年乃種田。但下有薙氏除草,此柞氏攻木,兼云草者,以攻木之處有草,兼攻之,故云草也。"注云:"林,人所養者。"賈疏云:"若林衡所掌者,未必人所養,此乃人所攻治,以擬種殖,故知此林麓人所養治者也。漆林之征,亦此類也。"[①]《周禮正義》亦作"柞氏掌攻草木及林麓"。[②]《玉燭寶典》此處訛,當據正。柞,《廣韻》則落切,又在各切。祖,精母,格,鐸韻。此切語與"則落切"音合。

26.《周禮·秋官》下曰:"薙氏掌煞草。"注文:遲計反。又聽帝。(第五卷,214)

案:"聽帝"后脱"反"字,當補。薙,《廣韻》他計切,又徐姊切、直几切。他,透母。徐,邪母。直,定母。遲,澄母。聽,透母。透母、定母、澄母的混用與舌音内部的混淆,其原因前已討論。邪母與舌音的混用也反映了杜臺卿時代上古音的殘留色彩仍較重,上古邪母字經常與舌尖塞音、喻四的字諧聲,[③]此處出現的這種現象應該屬於上古音的殘積。此處出現的反切下字雖中古歸爲霽、旨兩韻,但均爲上古脂部字,亦是存古。

27. 褁黏米,一名糉。注文:子弄反也。(第五卷,227)

案:糉,《廣韻》作弄切。子、作皆精母,此切語與《廣韻》音合。

28. 孵 注文:麧音敷,麧音攃。(第五卷,231)

案:《廣韻》孵、敷均爲芳無切,兩字同音。麧,《集韻》先結切。攃,《集韻》子小切。精、心之間的塞擦音一擦音混用,與上古聲母互諧關係相合。韻母一屬屑韻,一屬小韻。上古一爲物部一爲宵部,但從肖得聲,宵亦從肖得聲。二者關係近。

29. 命紅女織縑縛。注文:縛音升絹夏,紗縠之屬也。(第六卷,260)

案:"縛音升絹夏"不辭,《玉燭寶典考證》此條注文作"縛音升絹反,舊反作夏,今改"。縛,《廣韻》芳無切,敷母虞韻。升,書母。絹,仙韻。無論是聲母還是韻母,倘從《玉燭寶典》《玉燭寶典考證》,這樣的混切都是無法給以解釋的。我們認爲此處的注文存在誤寫、誤讀現象。現在看到的"升"實際上是"伏"的誤寫或對其俗字字形的誤讀。敦煌卷子中許多"伏"字寫作"仗""伕"等形態,[④]易與"升"相混。則此注實際應爲"縛音伏,絹,夏紗縠之屬也"。

---

① 《周禮注疏》,第1425—1426頁。

② 《周禮正義》,第2927頁。

③ 《上古音研究》,第14頁。

④ 《敦煌俗字典》,第115頁。

30. 可燒灰染青、紺。注文:古暗反。(第六卷,260)

案:紺,《廣韻》古暗切。此切語與《廣韻》音合。《玉燭寶典考證》此條作"古闇反",亦音合。

31.《荆楚記》:"或沈飲食于井,亦謂之鑑。"注文:户監反也。(第六卷,274)

案:鑑,《廣韻》兩讀。其一古銜切,鑑諸,以取月中水。又明也。其二格懺切,鏡也。誡也。照也。亦作監。依文意此處當作古銜切。古,見母。户,匣母,此處又出現了上文曾提到的上古喉牙音之間的混用現象。監、銜皆銜韻。

32. 鳥獸毛毨。注文:蘇薺反,又星彌反。(第八卷,312)

案:毨,《廣韻》蘇典切。蘇、星,皆心母。毨,銑韻。薺,薺韻。彌,支韻。三字中古不同韻。然毨上古真部,薺上古脂部,脂真對轉。彌上古支部,支真旁對轉。

33. 施竹木弓及弧。注文:木弓謂之弧,音孤也。(第八卷,321)

案:弧,《廣韻》户吴切。孤,《廣韻》古胡切。皆爲模韻,然聲母分屬匣、見,亦屬前文所述喉牙音内部混用例。

34. 其兵鎩,其畜彘。注文:鎩音踶也。(第十卷,343)

案:此條《玉燭寶典考證》注:"通行本鎩下出矖字以爲音注,踶疑矖字之訛。舊此下有也字,今删。"鎩,《廣韻》三音,其一所例切,矛戟類。其二所拜切,翦翮。其三所八切,鳥羽病。依此處文意,鎩當爲名詞,則應爲所例切。踶,《廣韻》池爾切。所,生母。池,定母。例,祭韻。八,黠韻。此處生母、定母相混,祭韻、黠韻相混,其中生、定相混或可用擦音、塞音之間的擦化關係予以解説,但祭韻、黠韻的混用找不到其他的文例。因而我們同意《玉燭寶典考證》的觀點,此處有存在訛字的可能。

35. 十月旦,麻豆饡。注文:音贊也。(第十卷,346)

案:《廣韻》饡、贊皆則旰切,二字音同。

36. 鳥獸氄毛。注文:而允反。鳥獸皆生濡毳細毛,以自温焉也。(第十一卷,356)

案:《玉燭寶典考證》作"而充反",氄,《廣韻》而隴切,腫韻。充東韻,允準韻,氄、充音近,此説正,當據改。這種現象説明杜臺卿時代東、鍾韻相近。但充爲平聲,氄爲去聲,二者仍通用,待考。

37. 及臈時祠祀,炙箑。注文:燒飲,治刺肉中。及樹瓜田中,四角去蓏蟲。瓜中蟲謂之蓏,音胡監反。(第十二卷,403)

案:《四民月令校注》作:"燒飲,治刺入肉中。"蓏,《廣韻》胡甘切。監,中古銜韻。甘,中古談韻。這種混用現象與等第有關。

三、由《玉燭寶典》杜臺卿自創音注看時音特點

通過對以上材料的分析,我們可以窺得杜臺卿時代的部分時音特點。總體來看,與《廣韻》所反映的《切韻》系韻書語音系統(也即六世紀文學語言的語音系統)相較,杜臺卿音中存在部分存古成分。這樣的狀況是難以用時間差異予以解釋的,由《切韻序》"吕静《韻集》、夏侯詠《韻略》、陽休之《韻略》、周思言《音韻》、李季節《音譜》、杜臺卿《韻略》等,各有乖互。江東取韻與河北復殊。因論南北是非,古今通塞,欲更捃選精切,除削疏緩。蕭、顔多所決定"可知,在長安論韻時,杜臺卿《韻略》已成書,這一語音系統應與《玉燭寶典》相同,均爲杜臺卿音系。而陸法言在根據"諸家音韻,古今字書,以前所記者"整理編訂《切韻》的時候,"十數年間,不遑修集",當在此十餘年后。這樣來看,兩者之間存在的時間差異僅有區區十數年。因此出現這些差異的原因應爲杜臺卿的方言音系與通語音系的乖互。現將杜臺卿方音特點歸納總結如下。

1. 喉牙音分化尚未完成

從上述例證中可以看到云、影混用和見、匣混用的情况,導致喉牙音混用現象出現的原因是喉牙音分化尚未完成。

首先來看云、影混用的現象。喉音影、曉、匣、喻關係密切,錢大昕曾指出:"凡影母之字,引而長之,即爲喻母;曉母之字,引長之,稍濁,即爲匣母;匣母三四等字,輕讀亦有似喻母者,故古人於此四母不甚區別。"[①]高本漢發現群母只出現於三等韻,匣母只出現於一、二、四等韻,同時"古""胡"(分歸見、匣兩母)諧聲,因而認爲群、匣互補分布,具有相同的上古來源,且可與云母相配,皆爲濁音,以送氣與否區分。將中古云母構擬爲 *j—,中古影母構擬爲 *ʔ—,並認爲中古的 *j—來源於上古的 *g—。[②] 但高本漢的觀點存在這樣的問題:根據李方桂的研究,至少在切韻時代濁母送氣與否並不是一個重要的差别,因爲只有一套濁聲母。進而認爲高本漢在上古音系中另立一套不送氣濁音的做法是不必要的。[③] 這樣,群、匣的共同來源與上古云母的區别性特徵就難以確立了。曾運乾則將喻母分爲兩類,一歸於匣一歸於定。[④] 葛毅卿也根據《切韻指掌圖》的"辨匣喻二字母切字歌"、王韻殘卷等材料,推斷喻三的音值應該與匣類字相同。而後又根據其他時代略相

---

① 錢大昕著,楊勇軍整理《十駕齋養新録》,上海:上海書店出版社,2011年,第88頁。

② (瑞典)高本漢著,趙元任等譯《中國音韻學研究》,北京:商務印書館,1940年,第247—254頁。

③ 《上古音研究》,第6頁。

④ 曾運乾《音韻學講義》,北京:中華書局,2011年,第165—187頁。

近的字書中的反切作爲紐帶將原本無法係聯的《切韻》殘卷反切係聯起來，進一步考證云母與匣母關係密切，在六世紀初之前喻三入匣。[①] 董同龢認爲云母(董書中稱於母)“在六世紀初年跟匣母(僅見於切韻一二四等韻)本於一體”，將上古匣母構擬爲＊ɣ一，並以曉母與見溪母互諧的例證指出擦音可以與塞音互諧。[②] 曾、葛、董之説雖然與高本漢爲中古匣母構擬的上古塞音來源＊g一不同，但都與塞音有關聯。李方桂將中古的濁塞音、塞擦音上古聲母的構擬簡化爲一套不送氣聲母，因而指出高本漢、董同龢對匣、群、云母的構擬存在問題。他注意到云母多數是合口字，而群母出現在開口字前，因而認爲云母是由圓唇舌根濁音＊gw＋j一來的，群母是不圓唇的舌根濁音＊g＋j一來的，或者是＊gw＋j一＋i來的。並進而爲中古匣母、群母、云母構擬了相通的上古來源——舌根塞音＊g，爲曉母構擬了一個擦音＊h一來源。同時將影母構擬爲＊ •，指出其經常與見、溪、群、曉、匣、影互諧。[③]

影母與云母的混同可以用塞音擦化説予以解釋。潘悟雲根據漢代借詞材料修正了高本漢對上古影母音值的構擬，將其改爲＊q，並以此解釋影母在上古經常與舌根塞音互相借用的現象。[④] 上古的影母在發生擦化時，氣流向外吐出，正如錢大昕所言“匣母三四等字，輕讀亦有似喻母者”，就與云母音近了。

同樣，在潘悟雲的構擬中，上古曉母被構擬爲＊qh一，爲中古匣母構擬了兩個上古來源：＊g一和＊ɢ一的一、二、四等。繼續考慮擦化現象，既然影母發生擦化時發音部位後移，同理來説，曉、匣也應該從＊qh一、ɢ一後化作 h一、ɦ一，兩者爲同一部位的擦音，只是清濁有異，“曉母之字，引長之，稍濁，即爲匣母”。

結合董同龢的例證可知，《切韻》時代云母與匣母尚未區分，也即此時的喉音尚處在種較爲原始的狀態，更接近上古漢語中的情況。亦即此時云母、影母還帶有上古聲母的特點，按照李方桂互諧原則：舌根塞音可以互諧，也有與喉音(影及曉)互諧的例子，不常與鼻音(疑)諧。這可以解釋這類云影、曉匣混用現象。導致這種現象的原因在於杜臺卿時代正處於此類語音演化過程中，保存了古音特點。這種混用直到《切韻》時代仍有例證，陸志韋稱其爲“匣于類隔”。[⑤]

接下來看見、匣混用的現象。見母與匣母字的混用也帶有上古聲母的特點，王静如曾

---

① 葛毅卿《喻三入匣再證》，《中央研究院歷史語言研究所集刊第八本》第一分，上海：商務印書館，1948年。
② 董同龢《上古音韻表稿》，《中央研究院歷史語言研究所集刊第十八本》，上海：商務印書館，1948年。
③ 《上古音研究》，第18頁。
④ 潘悟雲《喉音考》，《民族語文》第5期，1997年，第10—24頁。
⑤ 陸志韋《古音説略》，北京：哈佛燕京學社，1947年，第10頁。

提出"'曉''匣'二紐古歸'溪''群'二紐",[①]較早地指出了喉牙音的内部關係問題。後漢三國時期的梵漢對音材料中 k 類聲母除了包含見、溪、群、疑之外,還包括匣母的一部分。[②] 李新魁根據諧聲、通假、異文、又音、聲訓、方言等材料,證明了中古曉、匣、云母上古都歸於見、溪、群諸母,讀爲舌根塞音。[③] 李方桂也曾指出影母經常與匣母諧聲,考慮到潘悟雲體系中爲喉音擬的一套小舌音系列輔音説明喉音之間音近,而影又與匣近,則上古見、匣音近也是有一定依據的。此處的見、匣混用現象我們認爲也是這種上古語音特點的殘留,同樣説明了杜臺卿時代語音的存古特點。再看《切韻》音系,其時喉牙音已然分開,這樣我們可以推測在杜臺卿時代通語中喉牙音已經分離,而杜氏方言中二者仍處在詞匯擴散的正變階段,相對混亂無序。

2. 齒音内部的混用

上述例證中有精、心互用例一條,这种塞擦音与擦音混用的例子可以類比船、禪母的關係。陸志韋曾認爲船母與禪母地位應予以顛倒,其理由有三:一爲《切韻》中"食"不能與"于"發生衝突,其原因必然是相像得太過分了。"于"既然是《切韻》的摩擦音 ɣ,"食"就應當是 ʑ,不是 dʑ 了。二爲據諧聲通轉跟《廣韻》一字重讀的關係,喻四近乎床三,而跟禪反疏遠一點。床三通心、邪,而禪幾乎全不通心、邪。可見漢魏以來,各種方言之中,凡是床三跟禪可以分别的,大概都把床三當作純摩擦音。三爲床三類的字甚至於可以當梵音的"ś",例如阿述達(aśokadatta)、實義難陀(śiksananda)。同時還在現代方言中找到了例證:東南方言里這兩母無從分别。官話區域里,中古的床三跟禪的入聲字,今音也不能分别,然而平上去聲的合口字中却出現了一種奇怪的現象,在陝甘地區的方言中床三是摩擦音,禪母是摩擦音和破裂摩擦音。而在其他官話方言中床三是破裂摩擦音,禪則是摩擦音和破裂摩擦音。也即切韻系統里的"食""時"二類相當於現代陝甘語的床三跟禪,而等韻的床三跟禪,它們的地位符合後起的中原音。據此猜想在切韻時代陝甘語比較通行,大河南北都是這樣,後來東北語盛行。宋代韻圖的床三跟禪或許代表它們在當時汴梁時代的地位。[④] 我們仿照此處對船、禪母的研究方法,將《中國音韻學研究》中牽涉到精、心的方言材料中平上去聲字的聲母分化情況列舉如下。[⑤]

---

① 轉引自錢玄同《錢玄同文字音韻學論文集》,上海:上海古籍出版社,2011 年,第 153 頁。

② 俞敏《後漢三國梵漢對音譜》,《俞敏語言學論文集》,北京:商務印書館,1999 年。

③ 李新魁《上古音"曉匣"歸"見溪群"説》,《李新魁語言學論集》,北京:中華書局,1994 年,第 1—19 頁。

④ 《古音説略》,第 11—13 頁。

⑤ 《中國音韻學研究》,第 372、380 頁。

	精	心		精	心
三水	ʦ	s	北京	ʦ,tɕ	s,ɕ
桑家鎮	ʦ	s	山西	ʦ,tɕ	s,ɕ
開封	ʦ	s	甘肅	ʦ,tɕ	s,ɕ
南京	ʦ	s	西安	ʦ,tɕ	s,ɕ
上海	ʦ	s	固始	ʦ,tɕ	s,ɕ
粵語	ʦ	s	四川	ʦ,tɕ	s,ɕ
温州	ʦ,ċ	s,ɕ,ʂ	漢口	ʦ,tɕ	s,ɕ
寧波	ʦ,ċ	s,ʂ,ɕ	揚州	ʦ,tɕ	s,ɕ
汕頭	ʦ,ċ	ʦʻ,ċʻ	福州	tɕ	ʦʻ,ċʻ
厦門	ʦ,ċ	ʦʻ,ċʻ	懷慶	ts,tʂ,tɕ	s,ʂ,ɕ

通過對上表的分析我們發現精、心兩母的表現較之船、禪兩母的表現没有出現十分明顯的依地域分群現象。但是心母在温州、寧波、懷慶,精母在汕頭、厦門方言中仍然出現了發音方法上的混亂。此外據高本漢的注釋,精、心兩母在許多方言中存在異讀現象,其中不乏擦音、塞擦音區别導致的異讀。因而我們認爲陸志韋的思路是可取的,擦音與塞擦音的這種特殊關係很可能是方言的差異。而語言的空間差異反映語言的時間發展,這種方言差異或许是上古聲母發展過程中的殘積。

李新魁通過《顔氏家訓》中的相關材料、《玉篇》反切、《博雅音》反切等指出隋時南方方言不分船、禪,並進一步指出這是隋唐時代蘇州和揚州等吴語區域的語音特點。而後運用隴西方言、《字林》反切、《一切經音義》等材料論證北方方言中船、禪亦不分。而後將這種現象上推至上古音時代予以考慮,由諧聲系統可以看出船、禪上古本爲一母,均爲舌尖塞音。① 鄭張尚芳在指出李方桂擦音帶有喉冠音可引致塞擦音的規則,和白保羅也曾用這樣的觀點來解釋"爪"和"搔"的同源關係后,認爲塞擦音聲母當爲後起。這爲此觀點在民族語言材料中找到了證據。② 由此來看,船、禪相混與精、心相混都是塞音擦化過程中産生的現象。

此處精、心混用例反映了這種發展過程中的狀況,而其時間也與這一現象發生的時間相合:俞敏《後漢三國梵漢對音譜》中的東漢音系就缺失 ts一組,這可以説明塞擦音出現的時代應不早於東漢,是一種較爲後起的聲母分化現象。

---

① 李新魁《論〈切韻〉系統中船、禪的分合》,《李新魁語言學論集》,北京:中華書局,1994 年,第 20—44 頁。

② 鄭張尚芳《上古音系》,上海:上海教育出版社,2013 年,第 92—109 頁。

3. 舌音與齒音的糾纏

上述例證中舌音與齒音也有混用的例子。計有定心混用一例、透心混用一例,這種舌齒混雜的現象錢大昕就已發現。在《十駕齋養新録》中,錢大昕認爲“古人多舌音,後代多變爲齒音,不獨知、徹、澄三母爲然也”。[①] 錢大昕的意思是正齒音照、穿、床在上古也讀作舌音,但此説存在這樣的問題:照系二等與四等字存在區别,而只有照三的字可以與舌音相通。照二系的字與舌音並不相通,而是與齒頭音相近。此外,照三的字所謂的“相通”也只是偶然相通。雖然此説存在問題,但可以被看作研究舌音與齒音相通關係的肇始。李新魁曾列舉了經籍中心、生、書等聲母與塞音相通的例子,論證其上古與塞音關係十分密切,認爲它們的讀音與[d]等十分相近而不相同,讀爲送氣音。後來其送氣成分逐漸增强,變爲擦音,而塞音成分逐漸減弱,直至完全消失,最終變爲中古的[s]、[ʂ]、[ɕ]等母。[②] 這裏出現這種混用,説明杜臺卿方言音系中舌音和齒音很有可能尚未完全分開,但是其分開的趨勢已經很明顯了,這在大部分與之相關的反切都是同發音部位聲母的字爲切的現象中可以看出。這種舌齒音的糾纏不清、新分離出的舌音與齒音内部的分化相互夾雜,導致了我們所看到的《玉燭寶典》中舌齒音之間、舌音内部、齒音内部關係錯綜的狀況。但此處例證太少,僅能提供一種思路或想法,並不能確證這一觀點,尚俟其他相關材料與之綜合研究,得出最終的結論。

尤其值得我們注意的是上文曾提到的邪母與齒音的混用現象。錢玄同曾指出《説文》九千三百餘字中,在《唐韻》反切中歸於邪母的有一百零五字,帶上重文共一百三十四字。而通過對這些字諧聲偏旁的考察却發現,“應歸‘定’紐者幾及十分之八,其他有應歸‘群’紐者則不足十分之二,有應歸‘從’紐者則不足十分之一。”據此認爲“從大多數言,可以説‘邪’紐古歸‘定’紐。”[③]李方桂則將邪母歸於以母,將其構擬爲 r。[④] 但此處的例證表明,除了與舌音、喉音有關係外,邪母與齒音似乎還存在關聯。

4. 韻母系統的存古現象

杜臺卿自創音注中也存在韻母的存古現象,其主要表現爲反切下字與被切字在《切韻》音系中歸屬於不同的韻,但考察其上古來源則會發現要麼是上古同部字,例如咍之混用、霽泰混用、霽旨混用等。要麼具有通轉關係,如脂灰混用、歌翰混用、銑霽混用等。這種現象反映出杜臺卿時代韻母的演變狀况較之《切韻》音系還是比較存古的,帶有一定的上古音特點。

---

① 《十駕齋養新録》,第 100—105 頁。

② 李新魁《漢語音韻學》,北京:北京出版社,1986 年,第 391—393 頁。

③ 《錢玄同文字音韻學論文集》,第 153 頁。

④ 《上古音研究》,第 14 頁。

5. 與等第相關的特殊反切

上文中我們曾發現銜談混用一例,這反映出咸攝一二等已經有所混同,但是因爲僅見一例,我們認爲當時的一二等還是存在對立的。同時由韻譜可見,隋代的詩文中一二等韻仍然是不通押的,這也佐證了對於杜臺卿方音中一二等仍對立的判别。

6. 與重韻相關的混切

韻母中還有一點值得注意的現象:相對於其他韻,灰韻、泰韻出現的頻次較高。我們認爲這應與重韻現象有關。高本漢認爲十二對重韻中,東冬重韻和庚耕重韻是元音音質的不同,其餘十對重韻則是長短元音的差異。① 李方桂則以覃、談和咍、泰入手,通過對《詩經》押韻和諧聲系統的考察,指出這兩類 ɑ 存在不同的來源。第一種 ɑ(覃韻的主要元音)在詩韻里的押韻和在諧聲字中的表現説明,其來源就是上古的*ɑ。第二種 ɑ(談韻的主要元音)則應當是由上古的*ə變來的。提出這種觀點的理由有四:(1) ə變 ɑ 在語言學的經驗看起來是可能的。原始印歐語的 ə 在拉丁、希臘、日耳曼等語言中變 ɑ 可以作爲例子。(2)《切韻》里有些韻還保留著 ə 音,然而在什麽情況下*ə可以保存,在什麽情況下*ə變成 ɑ 可以找出其語音條件,並不是混亂而無規則的。這兩條規則是 a.上古*ə 在—n、—t、—ŋ、—k 的前面到切韻時代還保留著 ə 。b.上古*ə在—m,—p,—i(*—i 或*—g、*—d),—u(*—u 或者 *—g)的前面到切韻時代會變成 ɑ;若有一個介音 ï(或者 i)在這個*ə的前頭,這個*ə就全體保留。(3) 可以用來解釋詩韻。(4) 不與别的上古音擬定發生衝突。② 邵荣芬則根據《訓民正音解例》中的記載,指出重韻兩類的區别在於開口度的大小,是音色的不同而不是長短的不同。③ 這種區别直到唐五代之後才最終得以合流,由漢藏對音材料可知,《藏漢對音千字文》可以區分咍泰與皆佳、豪與肴的不同,此外各韻中藏文寫法上都已經混而爲一了。當然這種偶然流露出來的遺迹也提示我們,在實際的語音區别上並非全泯侈弇之界。④可證其時間遠在杜臺卿時代之後。因而杜臺卿音注中這種混切現象反映了此類變化的迹象,由於重韻開始出現合流的趨勢,導致在創製反切的時候未能辨析而出現混切。但當時語音的主流仍應該是分立的。

7. 聲調系統的特點

通過對書中的音注進行分析我們發現其聲調系統是比較齊整的,絶大多數情況下是以同聲調的字作爲被切語的反切下字,這可以説明在杜臺卿時代聲調系統已經相當成熟

① 《中國音韻學研究》,第 466—477 頁。
② 李方桂《切韻 ɑ 的來源》,《中央研究院歷史語言研究所集刊》第三本第一分,第 1941 年。
③ 邵榮芬《切韻研究》,北京:中國社會科學出版社,1982 年,第 127—128 頁。
④ 羅常培《唐五代西北方音》,北京:科學出版社,1961 年,第 69 頁。

了。上文所述音注材料中,在聲調上存在差異的僅有東腫混同一例。這一例外應與去聲的發展有關。

段玉裁指出:"古四聲不同今韻,猶古本音不同今韻也。考周秦漢初之文,有平上入而無去,洎乎魏晉,上入聲多轉而爲去聲,平聲多轉爲仄聲,於是乎四聲大備,而與古不侔。"[①]王力先生指出上古分四個聲調,即平、上、長入、短入,魏晉以後的四聲則是平、上、去、入。魏晉時代産生去聲。陰聲韻的去聲字,多由長入字轉來(去聲産生后不再存在長入聲),少數由平上聲轉來;陽聲韻的去聲由平上聲轉來。[②]《切韻序》中曾説:"秦隴則去聲爲入,梁益則平聲似去。"可見在其時平聲與去聲在調值上的近似是存在方音基礎的,而這種表現在地理差異上的方音差異可以反映語音的歷時變化。爲解釋許多方言中去聲入聲的調值常常符合的現象,李榮先生提出了四聲三調説,認爲在切韻平上去入四聲,論調值只有三個調位,平聲是一類,上聲是一類,去聲入聲是一類。去聲入聲的不同是韻尾的不同,去聲收濁音,入聲收清音。[③] 將四聲三調説與上古入聲分兩類説結合起來考慮,《切韻》音系中這種框架已經成熟了,杜臺卿所處的時代已經到了變化的末期,亦即四聲之間的分别已經十分明顯,因而我們看到的音注中呈現出明確的規律性。而這一例外是發展過程中的殘積,與平聲、去聲的音值相近有關。

在《悉曇藏》中有這樣的記載:"表則平聲直低,有輕有重;上聲直昂,有輕無重;去聲稍引,無輕無重;入聲徑止,無内無外;平中怒聲與重無别;上中重音與去不分。"梅祖麟運用現代方言材料、漢越語材料、對音文獻等對此進行解讀,認爲這一材料所描述的八世紀前後的中古漢語聲調特點當是:平聲是平而低的長調;上聲是平高的短調;去聲長調,但在逐漸趨短的過程中,調值可能高,調形是升調;入聲是短調,調值與調形不詳。[④] 此處的"引"所指應與錢大昕的論述"曉母之字,引長之,稍濁,即爲匣母"之"引"義同,即指聲長的增加。梅祖麟曾指出漢語的去聲與藏文的－s 同源,在去聲别義中動詞通過加－s 尾變成名詞,内向動詞通過加－s 尾變成外向動詞,這是原始漢藏語的構詞法。[⑤] 結合上聲具有－s 尾的觀點來考慮這一現象,上聲如需增加音長,首先應丢掉其輔音韻尾。這樣,上聲的演化需要經歷兩個階段,較之其他聲調,其演化所需的時間自然較長,完成演化的時間也晚於其他。且去聲與平聲調形類似,在演變中出現混同也是易於理解的。也正因爲此,杜臺

① 段玉裁《六書音均表》表一,《説文解字注》,上海:上海古籍出版社,1988 年,第 815 頁。第 19 頁。

② 王力《漢語語音史》,北京:中華書局,2014 年,第 159—160 頁。

③ 李榮《切韻音系》,北京:科學出版社,1956 年,第 152 頁。

④ 梅祖麟著,黄宣范譯《中古漢語的聲調與上聲的起源》,見《中國語言學論集》,臺北:幼獅文化事業公司,1977 年,第 175—198 頁。

⑤ 梅祖麟《四聲别義中的時間層次》,見《梅祖麟語言學論文集》,北京:中華書局,2000 年,第 306—339 頁。

卿音中聲調演變的殘迹才會保留在平聲與去聲的混同中。

通過對《玉燭寶典》中所存的音注材料進行整理，我們可以發現與《切韻》音系之間存在的差異。導致這種差異的原因在於杜臺卿的方言影響，而非由杜臺卿時代到陸法言時代短短十數年間發生的歷時音變。《經典釋文》的"條例"中曾經明言，"方言差别，固自不同，河北江南，最爲巨異，或失在浮清，或滯於沈濁。今之去取，冀袪兹弊"。可見中古前期的方音差異已是十分明顯。但我國古代韻書編纂的目的在於解經、作文，其音系往往是"求雅存正"的文學語言的音系，例如陸法言編纂《切韻》"在乎調和當時的各種重要方言"，其審音精密，從分不從合，其分韻辨音，折中南北。在這樣的指導思想下所創製的韻書，難以代表一時一地的語音系統本來面貌。明清時期的歷史語音我們可以通過對諸多明清等韻著作的爬梳予以顯明，而六朝時期這樣一個在漢語語音史上具有重要意義的時段，却因時人所做具有方音色彩的韻書亡佚而難以窺得其實際面貌。在這樣一種書闕有間的語境下，對《玉燭寶典》中杜臺卿音注材料的鈎沉爬梳，並從中尋找到所反映的方音特色，具有扶危繼絶的意義。

【作者簡介】姜復寧，男，漢族，1994 年生，山東肥城人。山東大學文學院漢語言文字學專業 2017 級碩士，主要研究方向漢語音韻學、中國古典文獻學。

李金澤，男，彝族，1995 年生，雲南石屏人。山東大學文學院漢語言文字學專業 2018 級碩士，主要研究方向漢語音韻學、漢語方言學。

中華書局版《真誥》校補

——以日藏《稿本真誥》及《真誥校注》爲參照

楊杜菲

《真誥》是六朝道教上清派的原始典籍，内容極其豐富，記載了上清派的發展歷史、道教經典、修煉方術等内容，語言晦澀却不失典雅，具有極大的文學、宗教學、文獻學及醫藥學等價值。現存《真誥》主要有兩個版本系統：明俞安期校本和明《正統道藏》本，明以後的其他版本如清《四庫全書》本、《學津討原》本、《道藏輯要》本、《道藏精華録》本等，均出於《正統道藏》本系統。日本石井昌子《稿本真誥》(1966)、①日本吉川忠夫與麥谷邦夫所編《真誥校注》(2003)、②中華書局"道教典籍選刊"趙益點校本《真誥》(2011)③皆以《正統道藏》本爲底本，再參以其他版本和道經、類書。

中華書局版《真誥》是國内整理該書的最新版本，此書以明《正統道藏》本爲底本，參校明俞安期萬曆三十二年重校本、日校版《真誥校注》，以及唐宋道經和其他重要類書，在《真誥校注》④基礎上增加了許多詳實的校訂，⑤較大程度恢復了文本之原貌。由於《真誥》内容龐雜、語詞艱澀，致使點校中偶有漏校之處，標點或專名符號等也尚可再完善。⑥ 筆者

---

① 陶弘景撰，(日)石井昌子編《稿本真誥》(4 册)，東京：大正大學中國學研究室道教刊行會，1966 年。

② 陶弘景撰，(日)吉川忠夫、麥谷邦夫編，朱越利譯《真誥校注》，北京：中國社會科學出版社，2006 年版。朱越利"譯者序言"所署時間爲 2003 年。

③ 陶弘景撰，趙益點校《真誥》，北京：中華書局，2011 年。

④ 近年關於《真誥校注》的校補研究有：劉揚《〈真誥校注〉商補二則》，《西南民族大學學報(人文社科版)》第 9 期，2009 年。何亮《〈真誥校注〉指瑕》，《古籍研究》第 1 期，2009 年。周作明、俞理明《〈真誥校注〉補闕》，《圖書館雜志》第 6 期，2010 年。許蔚《〈歷世真仙體道通鑑〉所見〈真誥〉校讀記》，《宗教學研究》第 1 期，2011 年。劉祖國、丁曉娟《〈真誥校注〉訂補》，《上海高校圖書情報工作研究》第 4 期，2013 年。劉祖國、范黯麗《〈真誥校注〉考疑》，《鄭州師範教育》第 1 期，2015 年。劉祖國、范黯麗《〈真誥校注〉勘誤札記》，《安徽理工大學學報(社會科學版)》第 3 期，2015 年。

⑤ 周作明《點校本〈真誥〉商補》，《湛江師範學院學報》第 5 期，2012 年。統計其訂正文句訛誤 200 餘處，前面研究文章中提到的訛誤，多數已經訂正。

⑥ 《點校本〈真誥〉商補》指出 19 處，多數值得借鑒。此文似乎是目前唯一關於點校本《真誥》的校補研究，多數值得借鑒，筆者列表中引用其觀點時會特别標明，但也有值得推敲之處，如第 1 條，《真誥》卷三"清晨揖絳霞，總氣霄上遊"(中華版 p56/日校版 p111)、同卷"控晨揖太素，乘歘翔玉階"(中華版 p58/日校版 p118)、卷四"皆得掇玄華而揖玉腴"(中華版 p62/日校版 p126)，作者以《雲笈七籤》《太上洞玄靈寶真文要解上經》作"挹"爲據，以爲"揖"是"挹"之誤。但此二字似可通，王念孫《讀書雜志・荀子五》："揖與挹通……晏子《諫篇》：'晏子下車挹之。'挹即揖字，諸本皆作挹。"

在對讀中華書局版《真誥》(後文簡稱中華版)、日校版《真誥校注》、石井昌子《稿本真誥》(後文簡稱《稿》)、《正統道藏》[1]的過程中,發現除《真誥校注》重新校訂的内容以外,《稿本真誥》與《真誥校注》幾乎相同,趙益在"點校説明"中提到,日校版汲取了日本宫内廳藏《正統道藏》校本的成果,他並未見到此校本,這也許正是兩部日本版《真誥》如此相近而與中華版相差較大(如異體字、古今字)的原因。兹將讀書過程中存疑或認爲值得商榷之處列於下表,[2]以就正於方家。

古籍整理的宗旨與原則是存真、求是,校勘的最終目的在於恢復文獻的原貌,也許一些有待商榷之處,原本就是陶弘景書籍的原貌,本表所列條目,僅爲讀者提供一種參考,以期對學術研究有所裨益。

編號	日校版《真誥校注》		中華版《真誥》		備　注
	頁碼	引　文	頁碼	引　文	
1	8	……真人坐,西起南向東行	6	……真人坐西起,南向東行	(標點)疑二書均誤。《稿》第一册 p9 爲:"……真人坐西,起南向東行。"是。
2	14	蒙塵華{喬}(注:此即應是説初降事,字少倚人)	8	蒙塵華{喬}(注:此即應是説初降**華僑**事,字少"**倚人**")	中華版補"華僑",是。指楊羲的前任靈媒,如此,正文補缺處應爲"僑"。 "倚人",趙有引號,存疑。
3	22	其後逮**二皇**之世	11	其後逮(二)【**三**】皇之世	筆者傾向於"二皇"。日校版 p25 注引《淮南子·原道訓》:"泰古二皇,得道之柄,立於中央。"東漢高誘注:"二皇,伏羲、神農也。"《文選》收張衡《東京賦》:"踵二皇之遐武,誰謂駕遲而不能屬。"薛综注曰:"二皇,伏羲、神農也。"三國魏曹植《惟漢行》:"二皇稱至化,盛哉唐虞庭。" "三皇",高誘注《吕氏春秋·孝行覽》指伏羲、神農、女媧,顯然是從二皇引申而來。二者皆指遠古創世神,"二皇"不誤。
4	36	是故善鄙之心亦已齊矣,對景之好亦已**域**矣	18	同日校版	二書同,"域",中華版注:"《侍帝晨樂華上佐司命楊君傳記》引作'成'。" 首先,"樂華"實爲"東華"之誤,此傳記收入《道藏·正一部》。 其次,"域"似應作"成",與上句"齊"相對,均爲動詞。

① 《道藏·真誥》,北京:文物出版社、上海:上海書店、天津:天津古籍出版社,1988 年,第 20 册,第 491—610 頁。

② 説明:除特殊情況外,表中不單獨列《稿本真誥》的具體出處;古今字、通假字、異體字等常見情況也不出校。

續表

編號	日校版《真誥校注》		中華版《真誥》		備　注
	頁碼	引 文	頁碼	引 文	
5	47	右從“六月二十四日”來	24	右從“六月二十四日來”	(標點)中華版誤。
6	72	然穢思不豁……淫念不漸,靈池未澄	37	同日校版	二書恐誤。中華版注提出,《雲笈七籤》卷九十八引作“斬”,據上下文意,應是斬斷淫念,而“漸”表示加劇,意思相反。《道藏·真誥》收録時作“斷”,與“斬”義近。“漸”乃形近而訛。
7	74	**穢**念盈懷	39	**淫**念盈懷	日校版是。《道藏·真誥》、《墉城集仙録》卷五、《稿》第一册 p67 皆作“穢”。二字義近,中華版蓋據前文“淫念不漸”改。
8	77	華條翁{**隊**}(注:即謂七世祖許肇也。隊字應作墜)	40	華條翁**隊**(注:……“隊”字應作“墜”)	中華版誤,正文“隊”爲陶弘景校,依中華版體例,應畫○。
9	77	造**圓**壟以朝冥	41	造**園**壟以朝冥	日校版是。《抱朴子·外篇》:“南到圓隴陰建木。”王明引《雲笈七籤》卷一百“南至五芝玄澗登圓壟蔭建木”互證,此或一神山。
10	83	右英王夫人歌	45	同日校版	二書恐誤。按《真誥》慣例,此處疑漏一“右”字。右右英王夫人歌,前“右”指右邊,“右英王夫人”指仙真。
11	84	**縱**影玄空中	46	**蹤**影玄空中	日校版是。《雲笈七籤》卷九十七、《稿》p83 也作“縱”,〈動〉,“放任”。
12	85	注:按此諸**歌詩**	47	注:按此諸**詩**	日校版是。“歌詩”,指可以唱詠的詩篇。《真誥》卷六(中華版 p99)陶注:唯有此二告及歌詩一首。《真誥》在每首詩後以“xxx 歌”結尾,仙真詩篇極富韻味,均可吟誦。
13	85	無	47	右從“駕欻”來有十一篇,有兩手寫	日校版、《道藏》《稿》均無此句,不知中華版何據,存疑。
14	90	金**笙**唱神鐘	47	金**聲**唱神鐘	日校版是。笙是一種樂器,與上句(鈞籟昆庭響)之“籟”相對。

續表

編號	日校版《真誥校注》		中華版《真誥》		備注
	頁碼	引文	頁碼	引文	
15	90	恨不早逸**縱**	48	恨不早逸**蹤**	日校版是，同第 11 條，放縱。日校版 p94 注引嵇康《與山巨源絶交書》："又縱逸來久，情意傲散……"
16	91	一眄造化［剛］**(綱)**	49	一眄造化**剛**	原"剛"，中華版未改，《稿》第一册 p88 作"剛"，《雲笈七籤》卷九十七作"綱"。筆者傾向於"綱"，可參考下文第 22 條。
17	91	注：同學謂**郗回**也	49	注：同學謂**郗【方】**回也	日校版是。中華版據俞本補"方"，即郗愔，字方回。《真誥》卷二陶注云："郗即愔也，小名方回。"（中華版 p38）《真誥》直接呼其爲郗回，如"**郗回**父無辜戮人數百口"（中華版 p131）、"**郗回**猶未足以論至道耶"（中華版 p133），因此不必加"方"字。
18	93	三辔抗紫軒，傾雲東林阿	51	同日校版	右英所吟，二書（中華版第 34 條）均單獨成條，似不能成詩。《墉城集仙録》卷五，位於"四旌曜明空"（中華版 p53 第 42 條）前，同爲一詩。 下文還有"駕景游賢良，促辔東圃下"（中華版 p56 第 51 條/日校版 p111），也是右英所吟，仍單獨成條，存疑。
19	121	"**恭伯榮**"注之曰	60	同日校版	第一，"伯"疑作"柏"，卷十七内容與此相同，但正文與陶注皆作"柏"。日校版 p122 注釋引《太上神虎隱文》與《洞真太上説智慧消魔真經》作"栢"（同"柏"）。① 第二，疑有脱漏，卷十七（中華版 p295/日校版 p514）同。但陶注云："'玄玄即排起'，'調彈恭柏榮'，並是《神虎隱文・揮神詩》中句。"前文爲"'玄玄即排起'注之曰"，按理，此處應爲"'彈調恭柏榮'注之曰"。
20	128	注：此本是"**今暫**"字，後人改作"命使"	63	注：此本是今"**暫**"字，後人改作"命使"	（標點）中華版標點只引"暫"，誤。"暫"，同"暫"，皆可。

① 引文中此兩書均作"彈調赫栢榮"，"赫"存疑。

續表

編號	日校版《真誥校注》		中華版《真誥》		備　注
	頁碼	引 文	頁碼	引 文	
21	130	盤**桓**罾藹内	65	盤**恒**罾藹内	日校版是。"盤桓"指徘徊、逗留。《文選》收班固《幽通賦》云:"承靈訓其虛徐兮,竚盤桓而且俟。"李善注:"盤桓,不進也。"
22	132	八[剛](**綱**)皆已遊	65	八剛皆已遊	日校版是。[1]《雲笈七籤》卷九十八、《墉城集仙録》卷五皆作"綱"。"八綱",同八維,是道教的空間概念。此詩上句爲"步空觀九緯","九緯"與"八綱"相對,在道教中指天空中廣闊的雲衢。
23	145	朝腦**精**	71	朝腦**津**	日校版是。《三洞群仙録》《雲笈七籤》皆作"精",日校版 p148 注引《登真隱訣》卷上:"丹田上一寸爲玄丹宫。"陶注曰:"一名玄丹腦精泥丸玄宫,有中黄太一真君居之。" 此外,《太上素靈洞元大有妙經》也云:"三寸爲丹田,丹田直上辟方一寸爲玄丹腦精泥丸魂宫。"可證。
24	151	注:此十六字**榮弟**後所注	74	注:此十六字**榮第**後所注	榮弟,許黄民長子,曾搜集真經,爲經作注。全書共 7 處提到,日校版皆作"榮弟"。中華版却不統一:p74(2 處)、p356 作"榮第";p325、p343(2 處)、p354[2] 均爲"弟"。《道藏·真誥》《稿》也作"榮弟",故"弟"似更妥。
25	162	注:按説**《寶神經》**云"道曰"	78	注:按**《説寶神經》**云"道曰"	(標點)日校版是。《寶神經》爲道經名,書名號不應含"説"字。
26	194	其實多**原**大略**極**論	94	其實多**緣**大略**節**論	《稿》第二册 p1、《道藏》與日校版同,未知中華版據何本改。
27	196	泛火**丹**以浪於溺津矣	98	同日校版	二書均誤,《稿》第二册 p7 作"舟",是。

---

① 《稿》同中華版,作"剛",第 119 頁。

② 日校版第 589 頁:"黄民長子榮[第](弟)",可見原爲"第",日校爲使全書統一,改爲"弟"。但中華版在第 354 頁處理時有誤,"黄民長子榮(弟)【第】",使兩字剛好相反。這種情況在同頁還有兩處明顯訛誤之處,詳見第 110 條。因此,視爲"榮弟"。

續表

編號	日校版《真誥校注》		中華版《真誥》		備　注
	頁碼	引 文	頁碼	引 文	
28	206	弟子雖去吾{**教**}(注:謂應作"校"字,皆猶差懸也。)千萬里	100	同日校版	二書恐誤。中華版注:《無上秘要》卷四十二引作"數"。按:"去數千萬里"於文意更通,此蓋形近而誤。
29	206	夫**人遇**我以禍者……福德之氣,恒生於此,害氣重殃,還在於彼	100	夫**人過**我以禍者……	《稿》第二册p12作"遇"。日校版p210引《四十二章經·第五章》:"**人遇**吾以爲不善,吾以四等慈護濟之……福德之氣,常在此也;害氣重殃,反在於彼。"可見此句從《四十二章經》而來。原經中,"遇"實爲"愚",〈動〉,"欺騙、耍弄"。 原文"遇",蓋楊羲或陶弘景抄録《四十二章經》時已誤,中華版"過"可能爲"遇"之訛。
30	217	或挾**魍**以結痾	106	或挾**魑**以結痾	日校版是。二字都指傳説中的山林裏能害人的鬼怪,《真誥》中三次提及"魍魎",因此"魍"似更妥。
31	220	内以叙情,外以順**禮**	107	内以叙情,外以順理	日校版是。下文有"不得不叙順情禮,允帖内外",可證。
32	227	注:戒長史也。此三字本朱書	112	戒長史也。(注:此三字本朱書)	"戒長史也",原爲小字注,中華版改爲正文,是。但"三"似應爲"四"。
33	231	注:此武解之目,世中諸人多有相類	116	(正文大字,内容同日校版)	日校版是,作爲注文更妥。
34	232	小君言:……獻以體上之密寶……[又](**叉**)爲寶密,關達機密,銀亦**爲次寶**也	117	小君言:……獻以體上之密寶……(又)【**叉**】爲寶密,關達機密,銀亦**爲次也**	原文爲"又",日校版改爲"叉",中華版從。① 首先,前文提及"銀叉三枚",本句有"銀",前面若再出現"叉",語意重複;"密寶"指珍貴物品,而"寶密"實爲動詞,含保守秘密之義。因此仍用"又"較妥。② 銀叉也是次要的東西,中華版省去"寶"字似也無誤。

① 《稿》保留"又",其餘同日校版,第二册第43頁。
② 此觀點來自《點校本〈真誥〉商補》。

續表

編號	日校版《真誥校注》		中華版《真誥》		備注
	頁碼	引文	頁碼	引文	
35	237	八月**二日**夜	120	八月**二十**夜	《道藏》作“**二日**”。《稿》第二册 p49 正文作“二日”,注釋標明《叢書集成》本爲“二十”。此句後陶注爲“右十條楊書”,其中明確指出時間的是八月六日(兩條),可見“二十”更貼近文意。推測《叢書集成》本在抄録《道藏》時已改,中華版據《叢書集成》本而來。日校版與《稿》仍據《道藏》。但根據《真誥》體例,“二十”後應補“日”字。
36	244	**役**方寸於外物矣	125	**投**方寸於外物矣	日校版是。“役”,使勞累,使勞役。方寸,指一寸見方的心部,也可指心神。“役方寸”可解爲使心勞累。“役”與上句的“勞”(“不可復勞形軀於風塵”)相對。
37	251	劉遵乃有好心,早自知	130—131	同日校版	二書同,内容無誤,但位於“陸納兄弟”後似不妥,疑應移至上文“劉遵心故爲修耳,何不令其母服大遠志丸”後 。
38	251	虞昭爲其{兄子}(注:……本猶可識)**事**	131	虞昭爲其兄子(注:……本猶可識)**事**	中華版字體有誤(比注釋字體更小),應爲正文大字。
39	255	范帥昨受江羅辭	134	同日校版	二書同,但放在此處似於文意不合,存疑。
40	259	注:乃是後**午未**年	136	同日校版	二書恐誤。午、未均爲地支,干支紀年無“午未”之説,應是“辛未”之訛。桓温找藉口逼褚太后下詔廢黜司馬奕(“上相座動”)在 371 年 11 月,此年正是辛未年。
41	264	右四條别一手書……即《列紀》所云四十六丁亥之期	140	注:右四條别一手書……即《列紀》所云四十六丁亥之期	日校版爲正文。趙據文意和俞校改爲小字注。筆者認爲“右四條别一手書”爲正文,其餘爲小字注釋。
42	267	**《五星圖》,布**常向南也	142	**五星圖,布**常向南也	第一,“五星圖”指存思五星時所畫的用來布綱的圖,不應使用書名號。第二,“布”,〈動〉,布置、鋪開,其後應接賓語。該句見於《太上五星七元空常訣》,作“布圖”,可補證。①
43	286	列爲上真。’	151	列爲上真。‘	(標點)中華版誤
44	296	一年**便驗**,秘術也	158	一年,**便驗**秘術也	(標點)中華版誤

① 《點校本〈真誥〉商補》第 2 條指出。本文略作增補。

續表

編號	日校版《真誥校注》		中華版《真誥》		備 注
	頁碼	引 文	頁碼	引 文	
45	298	即遣使者張騫、羽林郎秦景、博士王遵等**十四人**	159	同日校版	三書均爲十四人。但《四十二章經》、梁僧祐《弘明集》等佛經皆作作“十二人”，恐是。
46	298	即時起洛陽城**西**門外道北立佛寺	160	同日校版	中華版注釋：俞校作“東”，白馬寺在洛陽城東，但中華版正文未改。
47	298	注：傅毅字仲武，見**《漢書》**	160	同日校版	二書均作《漢書》，傅毅爲東漢人，其事迹見於《後漢書》卷八十上《文苑列傳》。①《真誥》多次在注釋東漢人（如韓崇、劉翊、馮良等②）時稱引《漢書》，但直接引用《後漢書》也有 4 次。③
48	300	直存心中**有象**，太如錢	161	同日校版	二書恐脱。此句也見於陶弘景《登真隱訣》卷中：“直存心中有日象，大如錢。”《真誥》卷九有“存日象在心中”（中華版 p158/日校版 p297），這是存思術中的存日月法，此句後提到“又存日有九芒”，因此指存日象。④ “太”與“大”相通，皆可。
49	300	注：即謂**《紫文》**所用者	162	注：即謂**紫文**所用者	（標點）此處應加書名號，中華版誤。中華版 p164 提及：“此説按《紫文》曰日魂事”，可證。
50	300	玄**清**告	162	玄**真**告	日校版是。本句後陶注云“按南極、西城、玄清三高真……”，可證。
51	305	右英云：珠圓會暉韜緑凝	164	同日校版	疑此處有文字脱落，蓋爲“珠圓會 X，暉韜 XX，緑凝 XX”。⑤
52	308	微誠因理感……長史自書	166	同日校版	三書均放置在卷十開篇，中華版注釋提到俞校以爲屬於前卷，但未採用，蓋保持文獻原貌。 首先，第九卷末提到“右四條楊書”，但只有三條；第十卷提到“右一條楊書”，指的是“范幼沖”條，不包括“微誠”條。其次，此詩内容在於歌頌夢中的外國太陽，與第九卷的三條吻合。

① 日校版作“列傳第七十《上文苑傅毅傳》”，“上”應在書名號前，第 301 頁。
② 前兩人見於中華版第 215 頁，馮良在第 247 頁。
③ 分别見於中華版第 187、220、247 及 248 頁。
④ 《點校本〈真誥〉商補》第 3 條指出。本文略作增補。
⑤ 可參考本文第五章第三節“存思日月”。

續表

編號	日校版《真誥校注》		中華版《真誥》		備　注
	頁碼	引　文	頁碼	引　文	
53	308	畢,因口呼出氣二十四過……因**入**口内此五色氣五十過	167	因**入**口内此五色氣五十過	二書恐誤。首先,第二個"因",中華版注曰:"《登真隱訣》卷中作'咽'。"即咽下。但兩處"因"應爲同義,前一處作"咽下"不通。如此,第二處用"因"合適,但並非"咽下"之意,而是表順承,表"於是、接着。" 其次,本書卷十三有相同記載,但作"因又口内此五色氣五十過"(中華版p228/日校版 p400),"内"爲"納"的古字,指吸入,"口内"與前文"口呼"對應,並非"入口",此句即"於是又用口吸入五色氣五十遍","入"乃"又"之訛。①
54	311	《官制神滅鬼靈符》,盛以重紫之囊,{繫之頭上,入穢淹**脕**也}	168	《官制神滅鬼靈符》,盛以重紫之囊,繫之頭上,入穢淹**脕**也	"脕",學津討源本、《道藏輯要》皆作"脱",是。"脕",wàn,指光潤,《楚辭·遠遊》有:"玉色頩以脕顔兮。"王逸注:"面目光澤以鮮好也。"洪興祖補注:"脕,澤也。"根據前後文意,當是把靈符系在頭上,到了污穢處就脱掉。"脕"與"脱"恐形近而訛。②
55	323	右五條楊書,又掾寫。楊書北帝祝是口唆時書,極多傀黷改易	176	同日校版	"楊書……改易",二書均爲正文大字,自己評論"極多傀黷改易",似不妥,疑爲小字注釋。
56	325	注:墓之東北爲**徵絶命**	177	注:墓之東北爲**徵,絶命**	日校版是。"徵絶命"爲專名,不應隔斷。此句又見於《洞真西王母寶神起居經》(《道藏·正一部》,也作"徵絶命"。
57	330	鎮塞之**宜**	180	鎮塞之**意**	《稿》第二册 p163 作"宜",筆者傾向於"宜",以下僅爲推測: 此句的背景爲:許謐妻陶科鬥因先輩(許朝)亂殺無辜,死後爲水官所逼,苟中侯提出解決之法:"……鎮塞之宜,未爲急也。不如通婦墓之井,以潤乎易遷之途……"即主張修繕其墓,使其免受冢訟③之殃。

① 《點校本〈真誥〉商補》第 4 條指出。本文略作增補。

② 《〈真誥校注〉考疑》第 11 條校正。作者還指出,馮利華(《中古道書詞語輯釋》,《宗教學研究》第 2 期,2010 年)認爲"淹"乃"殗" 的同音假借,道書中的"穢殗"義指污穢、污濁。

③ 冢訟,道教常用詞匯,指基於先人的行爲,給後人帶來不幸的一種處罰。

續表

編號	日校版《真誥校注》		中華版《真誥》		備 注
	頁碼	引 文	頁碼	引 文	
					"宜"有祭名之義，指祭祀土地之神。《爾雅》："起大事，動大衆，必先有事乎社而後出，謂之宜。""鎮塞之宜"蓋指動土鎮塞墳墓之前祭祀土地神的儀式，荀中侯認爲此儀式可暫緩。
58	330	我今墓有青龍**秉**氣	180	我今墓有青龍**乘**氣	日校版是。"青龍秉氣"爲後文提到的四種吉冢法之一（中華版 p181/日校版 p331）。
59	334	凡**存神光**行真仙之事者	183	同日校版	二書恐誤。"存神"即存思術，並無"存神光"之説。此句見於《洞真太上三元流珠經》（《道藏・正一部》）："凡存神，先行真仙之事者。"如此似更合文意，"光"與"先"蓋形近而誤。①
60	337	夫叩齒以命神，咽炁以和真，**納和**因六液以運入，制神須鳴鼓而行列矣	186	同日校版	二書恐有脱漏。"納和"，《上清修行經訣》作"納和氣"。納氣，指將天地萬物之靈氣收納進自身體内。"和氣"，由天地間陰陽之氣交合而成，萬物由"和氣"而生。因此可説"納和氣"，似無"納和"之説。②
61	345	注：言華陽與**比**並相貫通也	191	同日校版	二書恐誤，《稿》第三册 p2 作"此"，是。
62	346	注：狀如**左**書"巳"字之形	191	注：狀如**左**書"己"字之形	二書均作"左"，按古人書寫習慣，疑爲"右"。
63	362	茅山天市壇……今故分明	200	同日校版	二書同。整段内容較多，但語句較爲混亂，顯得重複累贅，如"昔東海青童君曾乘獨飆飛輪之車，通按行有洞天之山""洞天之中央玄窗之上"都出現了兩次，存疑。
64	387	陳留**張季札**當吊師喪	215	同日校版	二書正文及注釋中都"季札"。"札"實爲"禮"之誤，張季禮，其名見於《後漢書・獨行列傳・劉翊傳》。
65	394	注：（黄）瓊**子**琬，司徒、太尉，爲**李權**所殺	223	同日校版	日校版 p402 注釋指出李權爲李傕之誤，是。據《後漢書》卷六十一《黄琬傳》可得出以下兩條資訊：

① 《點校本〈真誥〉商補》指出。

② 《點校本〈真誥〉商補》第 7 條指出。作者還指出，"因六液"，《上清修行經訣》作"咽六液"，《上清修身要事經》作"嚥六液"，可出異文校；"行列"前還有一"整"字，當補。

續表

編號	日校版《真誥校注》		中華版《真誥》		備　注
	頁碼	引 文	頁碼	引 文	
					其一,“琬字子琰,少失父,早而辯慧,祖父瓊初爲魏郡太守……”可見黄琬是黄瓊之孫,而非子,二書誤。 其二,“與司徒王允同謀誅卓,及卓將李傕、郭汜攻破長安,遂收琬下獄死,時年五十二。”殺琬者乃李傕,非李權。
66	403	注:又别云:心動於事欲,兼味於清正,華目以隨世,而畏死以希仙者,亦多作**文武解**主者	224	同日校版	二書恐誤,“文”當爲衍字。“又别云”見於《真誥》卷七(中華版 p116):“心動於事欲……皆多作**武解**也。”可證。 武解與文解是成仙的一種形式,“鬼帥武解,主者文解,俱仙之始也”。二者皆分開而言,無“文武解”之稱。
67	404	其次及得**張善子**輩	226	同日校版	二書誤,日校版 p404 注第 26 條“疑爲張姜子之誤”,是。前文提及“張姜子,西州人,張濟妹也”(中華版 p222);“張姜子等,先在第二等中,亦始得入易遷耳”(中華版 p225),可證。
68	405	郭叔香者,王修母。(注:**王脩**,字叔治)	226	郭叔香者,王修母。**王脩**,(注:字叔治)	“王脩”應爲小字注,中華版誤。
69	406	注:雖定録所告,而應是初説洞中事,**是丑年**十一月。	227	同日校版	二書均誤,應改爲“乙丑年”。定録君告許侯在十一月二十九日夜(中華版 p62),此年爲乙丑歲。《真誥》卷十二(中華版 p217):“十二月一日夜,定録君所道。此即同(是)【乙】丑年所受。”日校版 p388 作“是”,中華版改“是”爲“乙”。
70	414	養翮於華陽,**待舉**於逸域	232	養翮於華陽,**待舉**於逸域	日校版是,《稿》第三册 p79 同。此句是秦時巴蜀侯姜叔茂寫給太極官僚的詩句,感歎時光飛逝,物存人亡,“逸域”指安樂閒適的境域。唐吴筠《晚到湖口見廬山作呈諸故人》云:“虚名久爲累,使我辭逸域。”“待舉”可理解爲等待舉用。《禮記·儒行》:“懷忠信以待舉,力行以待取。”鄭玄注:“舉,見舉用也。”因此,姜叔茂之意應該是雖處於華陽逸域,但仍然等待着被舉用。

續表

編號	日校版《真誥校注》		中華版《真誥》		備 注
	頁碼	引 文	頁碼	引 文	
71	424	晏賢生，是步**陟**外甥	236	同日校版	二書同，日校版 p427 注釋第 8 條指出：蓋"騭"之誤，是。
72	430	注：王**即**芰除尋**覔**，果得磚井	239	注：王芰除尋**竟**，果得磚井	中華版"竟"恐誤。
73	433	北嶺橫秦**璧**	241	北嶺橫秦**璧**	日校版是，《稿》第三册 p95 同。"秦璧"指秦始皇所埋白璧，《真誥》卷十一："良常北垂洞宫口直山領，南行二百步，有秦始皇埋藏白璧兩雙。"（中華版 p197），可證。
74	434	郭**千**峙流岸	242	同日校版	"千"乃"干"之誤。《字彙補・干部》云："干，江南謂山壟之間曰干。故金陵有大長干、小長干、東長干，俱地名。"因此常用於地名。《茅山志・括神區》："郭干塘，在長隱山東數里，村名'郭干'，乃郭四朝真人外解。"①故"郭干"在《真誥》中又指郭四朝所造的郭干塘，《真誥》卷十三："今舍前有塘，乃郭四朝所造也。"（中華版 p232）全書共五次提及"郭千"，②均爲"郭干"之誤。③
75	442	注：學徒常數**伯**人	248	同日校版	二書均誤。《稿》第三册 p111 原文也作"伯"，注釋標明《叢書集成》本作"百"，是。疑"伯"形近而訛爲"伯"。
76	442	其餘**其**王叔明、鮑元治、尹蓋婦之徒，復二十餘人	248	同日校版	第二個"其"，《稿》《道藏》《道藏輯要》皆同，學津討源本作"共"，合乎文意，是。"其"蓋形近而訛。④
77	447	以今年**二月十二日**，太一遣迎	251	以今年**二月二十二日**，太一遣迎	日校版是，《稿》第三册 p117 同。《道藏・歷世真仙體道通鑑》卷十七："（尹虔子）以晉穆帝永和元年二月十二日，太一遣迎。"可證，中華版衍"二"。

① 《茅山志》第三篇卷四，上海：上海古籍出版社，2016 年，上册，第 154 頁，"干"爲簡體字，。

② 另四處均見於卷十三："（注：而去郭千甚遠，郭千在北洞西北。）"（中華版 p232/日校版 p414），"山下居民今猶呼一平澤地爲郭千者……（注：……郭千止是種植處……）"（中華版 p233/日校版 p420）。

③ "干"作地名時無繁體，今句容茅山上九香萬福宫（頂宫）的宣傳走廊所列《華陽頌》作"幹"，誤。

④ 《〈真誥校注〉勘誤札記》第 18 條校正。

續表

編號	日校版《真誥校注》		中華版《真誥》		備　注
	頁碼	引文	頁碼	引文	
78	456	范安遠適云:"**湛**子不事齊,齊師伐之,《春秋傳》曰:湛無禮也。"(陶注:此則《左傳》上事,"諶"字作"譚"字)	257	同日校版	二書正文皆作"湛",注釋却爲"諶",存疑。
79	459	注:則爲[先](**未**)究其事矣	259	則爲先究其事矣	日校版據俞本改"先"爲"未",恐是。①
80	465	注:聞采**藤人**時有遇入之者	262	同日校版	二書同,疑"藤"爲"藥"之誤。
81	475	注:**紀瞻**,字思遠	272	注:**紀瞻**,字思遠	日校版是。正文云:"紀瞻本爲撫河將軍司馬……"《晉書》卷六八有《紀瞻傳》,可證。
82	476	注:爲**揚**州刺史	273	注:爲**楊**州刺史	日校版是。
83	484	注:既靈**炁**無主	275	注:既靈**助**無主	日校恐是。② 正文曰:"人卧室宇,當令潔盛,潔盛則受靈炁,不盛則受故炁……"陶注:"故炁皆謂鬼神塵濁不正之炁。此等皆承人爲惡,既靈炁無主,道豈可議也。"
84	485	注:叩齒即神存……所以並得長生爾	276	叩齒即神存……所以並得長生爾	中華版爲正文。日校版作小字注處理,《稿》第三册 p170 同,恐是。
85	486	注:杜瓊字伯瑜……仕劉禪時,爲**鴻臚、太常**	277	注:杜瓊字伯瑜……仕劉禪時,爲**鴻臚太常**	(標點)日校版是。鴻臚和太常是兩種不同的官職,均屬九卿,《三國志·杜瓊傳》:"遷左中郎將、大鴻臚、太常。"
86	488	注:韓遂,字文紂	278	同日校版	"紂"爲"約"之誤,中華版僅在注釋中指出:《三國志·魏書·武帝紀》裴注引《典略》作"約"。 《後漢書》卷七十二《董卓列傳第六十二》提及韓遂時,李賢注引《獻帝春秋》曰:"凉州義從宋建、王國等反。詐金城郡降,求見凉州大人故新安令邊允、從事韓約。約不見……"可證。

① 《稿》正文作"先",注釋標明《叢書集成》本作"末",此"末"恐爲"未"之誤,第三册第 131 頁。

② 《稿》作"助",第三册第 169 頁。

續表

編號	日校版《真誥校注》		中華版《真誥》		備 注
	頁碼	引 文	頁碼	引 文	
87	488	許長史父，今爲彈方侯。彈方侯有二人，各司南北。**許長史**爲南彈方侯	279	同日校版	《稿》第三册 p176 同，疑"許長史"後脱"父"字。許長史指許謐，其父許副。首先，前文"許長史父"已明確説明。其次，《真靈位業圖》第七右位作"南彈方侯爲許副"。
88	489	孫策爲東明公賓友……	280	孫策爲東明公賓友……	此條位於十五卷末，其内容與十六卷前三條相似，載四明公賓友。蓋入藏時所分，存疑。
89	493	寧坐收北闕叛將不擒，**免**官	283	**免**官，當以蔡謨代寧	中華版誤。
90	494	注：以勸此輩，而況其**問**類乎	283	同日校版	"問類"，《道藏》《稿》同，恐誤。學津討源本、《道藏輯要》皆作"同類"，合乎文意，是。①
91	494	注：曹仁，字子孝……縊曰忠侯也	284	曹仁，字子孝……縊曰忠侯也	中華版爲正文大字。日校版爲小字注，《稿》第四册 p5 同，是。按照前後體例，當作小字注。
92	501	又見選**補**禁元中郎將	288	又見選禁元中郎將	中華版無"補"字，《稿》第四册 p11 同日校版，《雲笈七籤》卷八十四、卷九十六均有"補"，中華版似脱漏。
93	502	雖實素心而卒日也，恨未便得……	288	同日校版	二書恐有脱漏。《道迹靈仙記》(《道藏・洞玄部》)作"雖實素心，而卒未有日也"。指雖心境虔誠，但成仙之日最終還没到來，因此才會"恨未便得"。②
94	514	九州爲**稗**糠	295	同日校版	二書恐誤。《真誥》卷三内容相同，日校版 p121 作"粃"，《稿》p104 同；中華版 p60 作"秕"。粃，同"秕"，指中空或不飽滿的穀粒。《莊子・逍遥遊》有"塵垢粃糠"，穀粃和米糠，比喻卑微平凡之物。《真誥》"粃糠"與上句"甕盎"相對。明方孝孺《李太白贊》云："粃糠萬物，甕盎乾坤。"而"稗"指稻田雜草，于文意不合。

① 《〈真誥校注〉勘誤札記》第 26 條校正。

② 《點校本〈真誥〉商補》第 10 條指出。

續表

編號	日校版《真誥校注》		中華版《真誥》		備　注
	頁碼	引 文	頁碼	引 文	
95	518	夫鐘,瑞物也……唈唈乎(注:此注下四十八字……追可忿笑。)	296	同日校版	二書同,中華版注指出"夫鐘,瑞物也……唈唈乎"四十八字原爲雙行小字注文,據日校改(爲正文)。 此段文字位於秦始皇所作水橋後(談橋),共爲一條,似不妥。疑應移至下文"東者杜陵鐘也"後(談鐘)。
96	519	{丨}(注:缺失"秦"字)廟中鐘簴四枚……故尚方南銅駝巷中是也	297	同日校版	三書此句均位於談銅人條末尾,似不妥。疑應歸入下一條"漢昭帝……"前,都是談鐘,也與前後幾條以秦開頭的叙述習慣相合。
97	519	鴻門在始皇陵北十餘里,《漢書》云"張良解厄於鴻門"者也。	297—298	同日校版	中華版位於第8條之後,[①]日校版單獨成條。第8條談鐘,似不妥,疑歸入下一條(談漢高祖平三秦事)或單獨成條。
98	519—520	徙關東名族**四十五**姓,以陪杜陵	298	徙關東名族**六十五**姓,以陪杜陵	《稿》《道藏》同均爲"四十五",恐是。
99	525	**彦**曰:'欲得長生飲太平'	303	同日校版	二書均作"彦"。"彦",指賢士、有才學的人。疑作"諺",指諺語、謡諺。
100	526	注:又此四月或即是乙丑年,亦可是寅年耳	303	同日校版	二書同,乙丑年或寅年疑均非。 上文"四月九日戊寅夜鼓四",日校版p527注據陳垣《中西回史日曆》,自東晉興寧元年至太元十一年楊羲逝世期間,四月九日爲戊寅者,唯太元元年丙子(376)。可見此四月應在丙子年。
101	533	得主簿書云野中**異事**	307	得主簿書云野中**畢事**	《稿》第四册p41作"畢事"。筆者傾向於"異事",奇異之事。
102	554	注:**謝過法**也	325	注:**諸遇法**也	日校版是。謝過法,應是道法的一種。中華版同頁第54條注:"此是謝過法,别有經。"(日校版p556)可證。
103	554	注:五**神**事也	325	注:五**種**事也	日校版是。五神,《真誥》一書多次提及,乃存思術的存思物件。
104	556	服六甲符(注:此靈**飛**六甲法)	325	服六甲符(注:此靈**虚**六甲法)	日校版是。《真誥》他處可證,如"服此《靈飛六甲》得道"(中華版p257)、"此事乃出《靈飛六甲經》中"。

① 《稿》第四册第30頁同。

續表

編號	日校版《真誥校注》		中華版《真誥》		備注
	頁碼	引文	頁碼	引文	
105	557	注:[又](右)二條又別一片紙	326	又二條又別一片紙	原"又",日校版根據俞本改爲"右",是。
106	563	《真誥·翼真檢第七》	332	《真誥·握真檢第七》	"翼真檢"爲《真誥》原第七篇之名,中華版誤。
107	573	授弟子琅琊王司徒公府舍人楊某	340	授弟子瑯琊王司徒公舍人楊某	日校版是,中華版脱"府"字。"公府舍人"是楊羲在相王(東晉簡文帝)門下的職位:"長史薦之相王,用爲公府舍人自隨。"(中華版 p355/日校版 p592)。
108	575	並增重詭信	341	並增重詭(詭)[瓱]信	中華版把書中"詭"都改爲"瓱"(指爲免受冢訟之殃而獻出的物品),是。但此處中華版排版有誤,衍一"詭"字。
109	587	出爲桓温楊州從事	351	同日校版	"楊州",疑應改爲"揚州"。
110	589	則是咸[寧](康)七年辛[卯](丑)生也	354	則是咸(康)【寧】七年辛(丑)【卯】生也	日校版是。中華版將"咸寧"改爲"咸康","辛卯"改爲"辛丑",處理有誤。此條指許翽出生時間,當爲咸康七年辛丑(341):① 第一,咸寧(275—280)是西晉武帝司馬炎的第二個年號,與許翽生活年代相差一百多年;咸寧六年即改元爲太康元年,無七年之説。 第二,許翽父生於惠帝永興二年(305),其兄虎牙生於咸康三年丁酉歲(337,中華版 p353),皆可旁證。

【作者簡介】楊杜菲,女,1991 年生,文學碩士,現爲重慶市北新巴蜀中學教師,研究方向爲魏晉南北朝文學。

① 咸康七年的干支紀年即爲辛丑。

《忠經》成書年代與作者問題新探

曹景年

今本《忠經》仿《孝經》而作，托名馬融撰、鄭玄注，然而關於其真實作者與成書年代一直以來有不少疑問。關於這一問題，清人丁晏、周廣業，今人余嘉錫、舒大剛、鄧駿捷諸先生都探討過，王博凱的碩士論文《〈忠經〉成書時代及相關問題研究》對現有成果進行了比較系統的梳理，並提出了自己的見解。本文在參考王博凱引述的前人主要成果基礎上，就相關問題進一步討論，疏漏之處，請學界方家指教。

一、《忠經》的成書時代

關於《忠經》的成書時代，有漢代、唐代、宋代三種説法，漢代説已被前人否定，本文不再討論。唐代説最爲廣泛接受，其主要證據是《忠經》避唐帝王諱。清人丁晏指出《忠經》多避唐諱，如避"治"爲"理"，避"民"爲"人"，並舉出"兆人""正國安人""威四方安萬人""昔在至理""國一則萬人理""化之以德，理之上也""施之以政，理之中也""懲之以刑，理之下也""德者爲理之本也"等例證，余嘉錫先生也認同這一觀點。

也有學者認同宋代説，如錢大昕、顧實、蕭公權、王玉德等，[①]但大多只是猜測，並没有提出確鑿證據。王玉德認爲宋人好言理，而《忠經》多次出現"理"字，故《忠經》當作於宋代，[②]殊不知《忠經》所謂"理"，皆是"治"的避諱字，爲"治理"之"理"，與宋人言"天理"之"理"實乃風馬牛不相及。王博凱的論文支持宋代説，並進行了系統論證。首先，他試圖反駁避諱説。對丁晏所舉的避諱用詞，他從先唐古書中找到了它們的用例，從而認爲《忠經》中的用法不是避諱，而是前代就有。[③] 不過他舉的不少例子都有問題，如舉董仲舒"以仁安人，以義正我"，認爲"安人"一詞漢代已出現，並非是對"安民"一詞的避諱。但董氏的

---

① 王博凱《〈忠經〉成書時代及相關問題研究》，陝西師範大學碩士論文，2016年5月，第5、32頁。

② 王玉德《論〈忠經〉的成書年代及與〈孝經〉之異同》，《中國典籍與文化》第4期，2002年，第24頁。

③ 《〈忠經〉成書時代及相關問題研究》，第19—23頁。

"人"與"我"是相對應的，指的是他人，而並不能替换成"民"，與《忠經》之"正國安人"之"安人"用法完全不同。當然，"人"與"民"二字含義本身就有相通性，不然唐代也不會選"人"字來代替"民"，所以像"安人""兆人"這種普通詞匯在唐代之前出現的可能性是很大的，並不能全都認爲是避諱，但是對於一些只能用"民"的特定詞匯而改用"人"，就只能説是避諱了，如"安萬人"本應作"安萬民"，王博凱並没有舉出唐代之前有"安萬人"一詞出現，可見應屬於避諱。又《忠經·守宰章》云："視君之人，如觀乎子。"古代有一句俗語"視民如子"，君與民是相對的，"君之人"很明顯是"君之民"的避諱。關於"理"字，王博凱也列舉了幾個唐代之前的用法，如《後漢書·郎顗傳》"安上理人，莫善於禮"，《後漢書·曹褒傳》"以禮理人，以德化俗"。可惜的是，他舉的這兩個例子恰恰正是唐代避"治"爲"理"的典型例證。雖然它們是《後漢書》中的話，但却都經過《後漢書》的注者章懷太子李賢的改動。李賢是唐高宗李治的兒子，他所注的《後漢書》因避諱經常擅改原文，其中有些被後人改了回來，有些則仍保留了下來。錢大昕曾指出："章懷避唐諱，凡'治'字多改爲'理'或爲'化'，今本間有作'治'者，皆宋人校改。"[①]鄭愛玲通過大量證據，證明"唐章懷太子李賢注《後漢書》，不僅在注文中對引用的文句進行避諱改動，對《後漢書》的原文亦竄改"。[②] 王博凱所引的第一句出自《孝經》"安上治民，莫善於禮"，《孝經》在東漢時代作爲啓蒙讀物非常普及，當時人没有任何理由把原文的"治民"改爲"理人"。第二句"以禮理人"，原文亦當作"以禮治人"，這兩句都是李賢避其父李治諱改動的結果。而且，《忠經》短短一千餘字，"理"字出現13次之多，都爲"治理"之義，這恐怕不是偶然的，而是有意避諱所爲。另外，《忠經》章名皆仿《孝經》，如《天子章》對應《聖君章》，《庶人章》對應《兆人章》，而《孝經》有《聖治章》《孝治章》，《忠經》有《政理章》，從與《孝經》章名的對應看，《政理章》應爲《政治章》，這自然也是避諱所改。除了"人""理"兩字的避諱，《忠經》還有其他避諱字，如避李世民的"世"字，把"世"改爲"代"，如《忠經》首章"行於四方，揚於後代"，對應於《孝經》首章的"立身行道，揚名於後世"，"後世"因避諱而改爲"後代"。不過《忠經》中有兩"民"字，一個是"黎民咸懷"，一個是引用的詩句"愷悌君子，民之父母"。這應看作避諱未盡的特例，因爲即使在唐代，人們也不可能完全不用"民""治"等字，而且後一句出自《詩經》，唐高宗就曾要求繕寫經典不需"隨義改易"。[③] 綜上可見，《忠經》確實有較明顯的避唐太宗、高宗名諱的現象。

王博凱還列舉了宋代説的其他證據，如認爲《孝經》章名定於唐玄宗之後，而《忠經》章名模仿《孝經》，故《忠經》也當作於唐玄宗後。其實《孝經》章名最遲在唐初陸德明的《經典

① 錢大昕《廿二史考異》卷十，上海：上海古籍出版社，2004年，第184頁。

② 鄭愛玲《避諱及避諱對古文獻的影響》，曲阜師範大學碩士論文，2008年4月，第23頁。

③ 宋敏求《唐大詔令集》卷一〇八，北京：商務印書館，1959年，第562頁。

釋文》中就已經完備,可見這種説法也是錯誤的。他還從思想方面進行研究,如認爲《忠經》對《臣軌》的思想有繼承關係、宋初對忠更加强調等,這類證據説服力也不够,因爲日人齋木哲郎反而從唐代後期對忠的强調,認爲《忠經》應是唐代作品。[①] 忠的觀念在大多數朝代一直都被强調,所以很難以此考訂其成書年代。另外,王博凱還認爲,"假設《忠經》成書於唐,數百年間緣何唐宋間文獻無一提及"?[②] 其實,唐人的書經長久湮没之後才開始流傳的例子並不鮮見,如《女孝經》作於唐玄宗時,但兩《唐書》皆不載,直到元朝人編的《宋史·藝文志》才開始有著録。綜合以上幾點可見《忠經》作於宋代説的觀點是站不住脚的。

舒大剛先生提出一則《忠經》爲唐人所作的證據。他引用陳子昂《堂弟孜墓志銘並序》中的一句話:"堯舜之典,忠孝之經,昭示後代,以安爾形。"認爲陪葬品中有《堯典》《舜典》和《忠經》《孝經》,説明當時《忠經》已經行世。該《墓志銘》又載陳孜去世時"是歲龍集癸巳,有周天授二年七月",天授二年即 691 年。據此斷定《忠經》的撰成正在高宗和武周之時。[③] 這裏的關鍵在於對"堯舜之典,忠孝之經"一語如何理解,二句到底是實指還是泛稱。仔細品味原文,虛指的可能性更大,因爲若是實指《堯典》《舜典》《忠經》《孝經》,而《堯典》《舜典》不過是《尚書》中的兩篇,並没有什麽特殊重要的地位而單獨拿來給人作葬品。我們認爲"堯舜之典"與"忠孝之經"應是互文用法,泛指講論堯舜、忠孝之道的儒家經典。故舒先生雖以此試圖證明《忠經》作於唐代,但這條證據本身也很難成立。

二、海鵬《忠經》與馬融《忠經》之關係

《忠經》的歷代著録在王博凱的文章中已經梳理得非常清楚,[④]但其中有一關鍵問題尚待厘清,即海鵬《忠經》與馬融《忠經》的關係問題。

海鵬《忠經》最早著録在《崇文總目》子部小説類。不過今本《崇文總目》僅有"《忠經》一卷"[⑤]的簡單條目,按《崇文總目》的體例,條目之下應有介紹作者、内容的解題,這在今本中已經散佚,但從其他文獻的引用中可以略窺一二。南宋孫奕《履齋示兒編》卷七云:"配《孝經》者又有馬融之《忠經》(自注:林少穎群經辨惑云馬融作《忠經》,《崇文總目》又載'海鵬撰《忠經》,失其姓氏'。")[⑥]可見,《崇文總目》在"《忠經》一卷"之下尚有"海鵬撰,失

① 《〈忠經〉成書時代及相關問題研究》,第 4 頁。
② 《〈忠經〉成書時代及相關問題研究》,第 34 頁。
③ 舒大剛《至德要道:儒家孝悌文化》,濟南:山東教育出版社,2012 年,第 244 頁。
④ 《〈忠經〉成書時代及相關問題研究》,第 32 頁。
⑤ 王堯臣等《崇文總目》,《叢書集成初編》,上海:商務印書館,1937 年,第 166 頁。
⑥ 孫奕《履齋示兒編》卷七,《叢書集成初編》,上海:商務印書館,1935 年,第 63 頁。

其姓氏”一句。又王應麟《玉海》云：“兩朝志：海鵬《忠經》。”[①]《兩朝志》即《兩朝國史藝文志》(仁宗、英宗)，其書也載有海鵬《忠經》。而《兩朝志》又是在《崇文總目》的基礎上，别除《三朝志》(太祖、太宗、真宗)的重複之處編撰而成，因此《兩朝志》的這一條無疑是來自《崇文總目》。又南宋鄭樵的《通志・藝文略》將“《忠經》一卷”放在了子部儒家類，且加注“海鵬撰，失其姓名”，這完全是抄自《崇文總目》，但把原文的“失其姓氏”誤抄爲“失其姓名”，因爲《崇文總目》説“失其姓氏”，意爲海鵬是作者之名，而没有姓氏，《通志・藝文略》誤爲“失其姓名”就無法理解了。余嘉錫先生以《通志・藝文略》爲根據，進一步曲解爲“既云海鵬又云失其姓名者，蓋海鵬乃作者之字也”，[②]而清人孫志祖也以爲“海鵬姓海，何云失其姓氏”，[③]都不符合《崇文總目》的原意。又《宋史・藝文志》子部小説類有“海鵬《忠經》一卷”。《宋史・藝文志》是綜合宋代四部《國史藝文志》(三朝、兩朝、四朝、中興)而成，因此小説類的“海鵬《忠經》”應來自《兩朝志》。在此之後，海鵬《忠經》的著録幾乎消失，直到明代焦循的《國史藝文志》纔又出現，但焦循此書本來就是以《通志・藝文略》爲底本稍作增删而成，故也明顯是抄襲自《通志・藝文略》。綜上可見，“海鵬《忠經》”的歷代著録都可以追溯到《崇文總目》，而且《崇文總目》編者應該是見到了署名爲海鵬的《忠經》一書之後才著録的，而後來諸家都是輾轉抄襲，並没有親見原書。

但是，今本《忠經》的署名是馬融，書前還有以馬融的名義寫的一篇序，從全書看不到跟“海鵬”二字有任何關係。最早提到馬融《忠經》的，是王安石的弟弟王安國。今本《忠經》的較早版本附有王安國的一篇序，在序中提到他所見的《忠經》署名馬融。其序又云：“余先子昔曾與大丞相兄尋此經藏之家，固彌年矣，因示諸同僚令傳諸學者。”[④]這是説《忠經》是王安國的父親王益與其兄王安石一起在“經藏之家”尋找到的，考王益死於宋仁宗寶元二年(1039)，[⑤]則署名馬融之《忠經》至少在1039年之前已經出現，這與成書於慶曆元年(1041)但僅收録海鵬《忠經》的《崇文總目》，時間約略相近，似乎兩部《忠經》是並行於世的，只是前者在民間(經藏之家)，後者在官方書庫。馬融《忠經》正式被著録是在南宋初編寫的《中興館閣書目》，《玉海》載：“漢《忠經》，《書目》：儒家，一卷，馬融撰，鄭玄注。融述《孝經》之意作《忠經》，陳事君之要道，始於立德，終於成功，凡十八章。”[⑥]《書目》即《中興館閣書目》。據此可見，在《中興館閣書目》中，該書被納入儒家類，且有簡短解題。此外，

① 王應麟撰，武秀成、趙庶洋校證《玉海藝文校證》卷七，南京：鳳凰出版社，2013年，上册，第335頁。
② 余嘉錫《四庫提要辨證》卷十，香港：中華書局，1974年，第1册，第580頁。
③ 《履齋示兒編》卷七，《叢書集成初編》，第63頁志祖案語。
④ 王安國《忠經後序》，見顧起經等輯《正續小十三經》，鄭州：中州古籍出版社，1990年，第48頁。
⑤ 鄧廣銘《北宋政治改革家王安石》，石家莊：河北教育出版社，2000年，第21頁。
⑥ 《玉海藝文校證》卷七，第335頁。

據上文所引《履齋示兒編》,林少穎(即林之奇)《群經辨惑》也提到馬融作《忠經》。此後馬融《忠經》著録漸多,如《宋史·藝文志》等,而海鵬《忠經》則基本消失。

海鵬《忠經》與馬融《忠經》是否爲同一部書呢?《四庫全書總目》持肯定觀點:"《玉海》引宋《兩朝志》載有海鵬《忠經》,然則此書本有撰人,原非贋造,後人詐題馬鄭,掩其本名,轉使真本變僞耳。"[①]余嘉錫等人也認爲海鵬《忠經》即馬融《忠經》。其實斷定二者爲一書並無確鑿證據,因爲二書雖然書名相同,但署名不同,則其内容不同的可能性是很大的。又《崇文總目》將海鵬《忠經》列入小説類,在其前後有"武孝經""女孝經"和"酒孝經",都是模仿《孝經》的作品,看似海鵬《忠經》應也是模仿《孝經》之作,與今本一致,但另外三本都有小説的特點,如設有一定的問答場景,《女孝經》設定曹大家與人問答,《武孝經》"設太公、孫子問答,仿《孝經》篇章以述武事",[②]《酒孝經》雖然無傳,從酒這一題材看,其書也應有一定的故事情節,這也是這幾本書放入小説類的重要原因。由此推斷,海鵬《忠經》也應有一定的場景問答或故事情節,而今本《忠經》則完全是章節論述,看不到一點小説的特徵。因此,海鵬《忠經》與今本的馬融《忠經》極有可能是内容不同的兩本書。

除了以上兩種《忠經》,這裏略提另一個三卷本《忠經》。《崇文總目》除載有海鵬《忠經》,在子部儒家類還著録一部"《儒門誠節忠經》三卷",[③]《通志·藝文略》同載。《宋史·藝文志》又有"王向《忠經》三卷",筆者懷疑此二書實爲一書,《儒門誠節忠經》的作者就是王向,因爲二者卷數一致,而且《宋史·藝文志》跟《崇文總目》也有前後因襲的關係。

三、墓志材料與《忠經》作者新證

以上討論皆依據前人已利用的材料,以下依據筆者所見的新材料爲《忠經》作者問題提供一新的線索。檢周紹良、趙超主編的《唐代墓志彙編續集》載有《李述墓志銘》一篇,其文略云:

> 君諱述,字處直,趙郡元氏人……時侍郎劉奇深鑒人倫,有山濤之啓。君頃論封禪,草馬卿之書。雅重斯文,特降殊禮,故拔自江劍,遷於甸畿。未幾爲中書舍人韋嗣立所薦……俄拜太常博士……以開元十年二月十日遘疾,終於東都陶化里之私第,春秋五十有八……君又著《忠經》一卷,《經邦書》一部,並文集十卷,見行於代。其《經邦

① 永瑢等《四庫全書總目》卷九十五,北京:中華書局,1965,第801頁。
② 《玉海藝文校證》卷七,上册,第335頁。
③ 《崇文總目》,《叢書集成初編》,上海:商務印書館,1937年,第132頁。

書》數章未就，落簡猶存……移孝爲忠，經邦濟俗兮，聲成厥勳。[1]

此文明明白白記載李述曾作《忠經》一卷，就筆者寡見，尚未見有人將此條材料與今本《忠經》作者的考證聯係在一起，僅潘明福在整理唐代墓志中新見的唐人著述時提到，[2]但未作進一步考證。從此文所載的李述生平看，他所著《忠經》與今本《忠經》可能確有關係。首先，李述卒於開元十年，享年58歲，主要活動於武則天至開元前期，而今本《忠經》只避太宗高宗諱，而不避玄宗、肅宗諱，[3]相合者一。其二，李述的著作除了《忠經》一卷，尚有《經邦書》一部，今本《忠經》主要講以忠治國，與《經邦書》書名主旨有一定關聯，兩書都體現了李述治國平天下的抱負。第三，上引文最後一句"移孝爲忠，經邦濟俗兮，聲成厥勳"，這句話正是對他的兩部著作《忠經》和《經邦書》的概括，"移孝爲忠"指其所作的《忠經》是模仿《孝經》而作，這與今本《忠經》完全一致。最後，引文提到"頃論封禪，草馬卿之書"，可見他曾寫過一篇討論封禪的文章，在寫完這篇文章不久就爲中書舍人韋嗣立所推薦。考《舊唐書》卷八八《韋嗣立傳》云："長壽中，嗣立代承慶爲鳳閣舍人。"[4]鳳閣舍人即中書舍人，長壽年號使用時間爲692至694年，可見李述草封禪書應在這段時間前後不久。武則天封禪嵩山在天策萬歲元年(696)，但其關於封禪的策劃醞釀從其即位的天授元年(690)就已開始，李述寫封禪書正在這一時期。武則天革唐建周，其舉行封禪正是要體現武周天下的合法性，使天下臣民從心底裏服從、忠於武周王朝。此時李述撰寫文章支持武則天的封禪活動，實際上是在向新朝廷表忠心，由此出發，他極有可能在此基礎上進一步撰作一部《忠經》，來繼續向武則天表忠。王博凱已經論證了今本《忠經》與武則天所撰的《臣軌》之間的思想聯繫，[5]則李述撰寫《忠經》時，自然也應參考武則天的《臣軌》。從以上幾個方面看，今本《忠經》很有可能就是李述所作《忠經》。至於托名馬融的序和鄭玄的注，正如四庫總目所言，很可能是後人爲提高該書知名度所爲，因資料所限，已無從考證。

【作者簡介】曹景年，男，1983年生，山東大學儒學高等研究院博士研究生，主要研究領域爲儒家文獻學。

---

① 周紹良、趙超《唐代墓志彙編續集》，上海：上海古籍出版社，2001年，第522頁。
② 潘明福《唐代墓志中新見唐人著述輯考》，《文獻》第2期，2006年，第96頁。
③ 舒大剛《至德要道：儒家孝悌文化》，濟南：山東教育出版社，2012年，第244頁。
④ 劉昫等《舊唐書》卷八八，北京：中華書局，1975年，第2873頁。
⑤ 《〈忠經〉成書時代及相關問題研究》，第26—28頁。

《全宋文》失收《宛陵宦林梅氏宗譜》文考録*

李山嶺

宗譜是輯佚的一大淵藪。清代梅朝宗於宣統二年(1910)重修的《宛陵宦林梅氏宗譜》,[①]屬章務望譜(宣城梅氏始祖梅遠,唐昭宗時爲宣州掾,遂家焉。至北宋時第五世堯臣、禹臣、輔臣各爲一宗之祖,稱三望。禹臣之子曉徙居弋江章務里,後裔分十二房,皆稱章務望。)卷首譜序,卷一爲三望世系統宗圖,卷二至四章務望世系圖,卷五至九章務望世傳,卷十誥敕,卷十一奏議,卷十二宋梅詢、梅聖俞年譜(即二梅公年譜),卷十三祠宇,卷十四規約,卷十五碑銘,卷十六家傳,卷十七贈詩、贈序,卷十八詩文,卷末爲新增序跋。在卷十一、卷十二、卷十八中,有宋代梅詢《上仁宗論户口疏》《靈武不可輕棄疏》,錢藻《恩平縣君刁氏墓志銘》,饒虎臣《梅君元禮墓志銘》,宋績臣《梅聖俞外集序》,蘇頌《跋梅氏譜後》,司馬光《太子中舍梅公克遜像贊》,歐陽修《都官梅聖俞像贊》,王遂《淳祐元年辛丑祭文》《淳祐三年癸卯祭文》計 10 篇,《全宋文》未收。今標點輯録以爲補遺。譜中另有文 4 篇《全宋文》失收,已由湯華泉先生輯出,詳見後文。

梅詢(1):上仁宗論户口疏(寶元二年己卯二月)

臣伏覩前代户口之數,未有若今日之盛者也。蚩蚩生聚蕃息,衰耗皆由時政之陶化,故明主知其然也,必爲薄賦斂、寬力役、救荒餒,三者無失,然後幼有所養老有所終,無夭札之傷,無征役之苦。此由陛下日慎一日,以致其盛。若益與之休養,則可封之俗,當無減於二帝之時矣。(《宛陵宦林梅氏宗譜》卷十一"奏議")

按:宋范祖禹撰《帝學》卷四載梅詢上疏背景:"寶元二年三月壬寅,編修院與三司

---

* 本論文得到安徽省教育廳 2017 年度高校優秀青年人才支持計劃項目(gxyq2017114)資助。

① 梅朝宗《宛陵宦林梅氏宗譜》,宣統二年木刻活字印本,八册,上海圖書館藏。

上歷代天下户數。先是帝御邇英閣，讀《正説・養民篇》，見歷代户口登耗之數，顧謂侍臣曰：'今天下民籍幾何?'翰林侍讀學士梅詢對曰：'先帝作《正説》，蓋述前代帝王恭儉有節，則户口充羡；賦斂無度，則版圖衰減。五季生齒凋耗，太祖受命，太宗、真宗繼聖承祧，休養百姓，今天下户口之數，蓋倍於前矣。'因詔三司及編修院檢討以聞，至是上之。"①

梅詢(2)：靈武不可輕棄疏(咸平五年壬寅春三月)

靈武最西北關隘之區，戰兵控扼之處，尤爲重地。若一旦遽輕委之，則是自撤藩障之所。他日戎馬侵軼，雖我有百萬甲兵，亦莫能當。臣竊以爲棄之非便。(《宛陵宦林梅氏宗譜》卷十二"年譜上・許昌開國公年譜")

按：題爲筆者加。奏文前有文記其因由："春三月，趙保吉寇陷靈州，時裴濟知州事，州城被圍急，濟刺指血染奏求救。大軍不至，城遂陷，濟死之。初保吉兵衆日盛，有圖朔方之意，靈州孤危。帝詔群臣議棄守之宜。楊億奏以爲北虜方黠，其財猶豐，未可以歲月破也。須廢棄靈州，退保環慶，然後以計困之爾。帝又訪於左右輔臣。"公有此奏。

又按，《全宋文》第 10 册收梅詢文 13 篇，《乞與大臣商榷治化去尋常細務奏》《請將減省天下冗吏事付史館奏》《論河北河西邊事奏》《論北敵機宜奏》《乞將義倉米速行賑濟荆湖北路災民奏》《乞裁損宫中費用奏》《請移曹瑋居環慶措置出師奏》《乞罷雇珠玉匠奏》《論帝王爲學之本札子》《乞出知許昌奏》《昭亭廟記並銘》《公祖句兹字之魯人贈期思伯今進封即墨侯贊》《榮旂字子祺魯人贈雩婁伯今進封厭次侯贊》。湯華泉先生《〈二梅公年譜〉及其文獻價值》一文提及"完整的奏疏還有三篇失收：《上靈州軍事疏》(咸平五年三月)、《請賑給百姓疏》(大中祥符六年二月)、《乞宫中節用疏》(天禧元年八月)。"②經比對文字内容知，《請賑給百姓疏》(大中祥符六年二月)即是《乞將義倉米速行賑濟荆湖北路災民奏》，《乞宫中節用疏》(天禧元年八月)即是《乞裁損宫中費用奏》，《上靈州軍事疏》(咸平五年三月)即是《論河北河西邊事奏》，題目有不同。兹僅録《全宋文》失收的 2 篇，其中第 2 篇爲奏進《論河

① 范祖禹《帝學》，影印文淵閣《四庫全書》第 696 册，臺北：商務印書館，1986，第 750 頁。
② 湯華泉《〈二梅公年譜〉及其文獻價值》，見《第五届宋代文學國際研討會論文集》，廣州：暨南大學，2009 年，第 598 頁。

北河西邊事奏》前,對皇帝訪問的面陳。

錢藻(1):恩平縣君刁氏墓志銘(都官公繼配)

刁氏,金陵人,父渭,都官員外郎。逾笄歸聖俞。聖俞所與遊,皆世聞人,歐陽公與朝之賢士大夫至門無虚日。刁氏視鼎爨、調滋味,以稱其君子之心。聖俞過諸公飲,已夜乃歸,刁氏迎自屏間,恐不及。聖俞卒,哭三日,水漿不入口,遏飲食,誦佛書,領諸孤廬墓側,以終其喪。隨子增官閩清,及其夫遠,日輒蔬食如居喪之初,諸子泣諫乃止。初封渤海縣君,改恩平縣君。二男曰墹曰龜兒。卒年四十五,祔葬於聖俞之塋。銘曰:

婦道孔嫻,姆儀肅正。賢出天成,名隨夫起。僉曰賢哉,伊實女士。鯰上竹竿,傳頌無已。(《宛陵宦林梅氏宗譜》卷十五"碑銘")

按,《全宋文》第66册卷1427收錢藻文三篇,《乞一新五帝壇齋宫奏》《歐陽修謚議》《瑞石庵記》。刁氏歸聖俞在慶曆六年丙午,《宛陵都官公年譜》於"慶曆六年丙午"曰:"先生四十五歲。是歲暫入京,寓安上門外,與裴如晦胥平叔輩相見。時刁經臣將歸南徐,許先生尋謝夫人葬地。親朋以先生兒女幼稚,共勉娶刁氏爲夫人。"《年譜》此處亦録《墓志銘》,無"卒年四十五"以下文字。屬"宣城志錢醇老文"。《年譜》並收《歸田録》所記刁氏軼事一則,可釋銘辭:"梅聖俞以詩知名三十年,終不得一館職。晚年與修《唐書》,書成未奏而卒,士大夫莫不歎惜。其初受敕修《唐書》,語其妻刁氏曰:'吾之修書,可謂猢猻入布袋矣。'刁氏對曰:'君於仕宦,亦何異鯰魚上竹竿耶?'聞者皆以爲善對。"(《宛陵宦林梅氏宗譜》卷十二"年譜下・宛陵都官公年譜")刁氏歸梅聖俞時在1047年,以"逾笄"爲16歲估算,刁氏約生於1031年(宋仁宗天聖九年辛未),卒於1076年(宋神宗熙寧九年丙辰)。

饒虎臣(1):梅君元禮墓志銘(章務望,諱景先)

余年十七八肄業郡庠,與梅君元禮爲同舍生,契闊年深,元禮竟蹉跎不偶,每爲之竊慨。比歲,其子哀然、自然聯騎相過,彬彬儒雅,深喜。元禮雖不偶,而幸哉有子如此也。今年秋,某纔服來謁,泣告曰:"吾先君去秋逝矣,卜葬有日,不可無文以志其墓。子念舊弗替,敢以爲請。"乃出行狀一編示,曰:"先君束髮從師,授以戴經。既長,請業拙軒林先生之門,得異聞於舉子習外。一日,讀《孝經》有感云士大夫何必多學?能踐此足矣。故佩服爲終身之則。”其立身有如此者。父教以義，方能承其志，命以幹蠱，能竭其力。母楊氏，晚歲孀居，猶能順適其意，其侍親有如此者。族幾千指，奉長上以敬，訓子弟以學，作文一篇，相與規儆，至今和氣藹然，其睦族有如此者。倉使令參樞王公行義役，君主推排，一鄉道其公平；郡太守實齋王公行挽究，君授以規畫，視鄰都不擾，而其處鄉里有如此者。有田二頃，伏臘僅給，他用無不樽節簡約，惟延師教子靳，躬自程課，薰以箴訓，其教子有如此者。余昔與元禮居，已識其才氣磊磊，雅有遠志，後雖間闊，與其妹之夫同里奚仲遠遊，得聞元禮行實甚詳。今以所示之編，參之疇昔之所聞，信有是不誣也。乃叙而銘之。君諱景先，宣城章務里人。曾祖某，祖父某。娶吴氏，男三人，裒然自然，兩領鄉貢進士，怡然待補國學。孫男五人，女六人。生於淳熙乙巳，卒於淳祐丙午，享年六十有二。葬於丁未十月己酉。其兆則占塘東山之原。銘曰：

維梅氏，望宣城。在先朝，列儒林。紛後昆，挹前芬。君起家，力明經。郁壯志，迫頹齡。本義方，藹鄉評。庶耕穫，在後人。（《宛陵宣林梅氏宗譜》卷十五“碑銘”）

按，《全宋文》第 308 册卷 7043 收饒虎臣文 8 篇，《回南康遊太守》7 篇、《武夷山題名》1 篇。梅景先(1185—1246)，《宛陵宣林梅氏宗譜》卷十三“祠宇・附録・會慶堂碑”記：“咸淳七年，郡侯文公天祥將官中冗屋修建會慶堂，有記。董修裔孫：墨莊望梅文彬(平淮庫使)、善經望梅元發(庠生)、章務望梅景先(庠生)。”

宋績臣(1)：梅聖俞外集序（元符二年四月）

李而杜下有詩名世者，比肩並峙，不爲無人。而後世評議騷雅詞章，則必以李杜爲冠。雖韓愈高才，且相望詠歎不已。唐迄五季至於今，數百年間，日向太平，而文章風雅繼踵輩出，可謂富且盛矣，而名詩者未有先於聖俞。雖宗工大儒如歐陽永叔，嘗景慕畏服，不敢自爲比，數謂當時士無賢愚，語詩者必求之聖俞。而又以其詩既多，不自收拾，故其散亡遺失，在前日已爲可惜。永叔嗜聖俞詩，而患不能盡得之，乃因其妻之兄子謝景初取自洛陽至吴興以來所作，既已爲之序矣，而又書其詩稿之後，褒尚推與，反復無已，有所謂心得意會而未能至之者，豈服之無斁而尤不足之辭耶！其間贈送寄和，皆一時名士，而長篇麗句，諷詠雅正，旨趣高遠，真得古詩人之風。今其鏤傳者，十無四五，而遺編餘稿，泯没無聞。余遊宣城，得全集於聖俞家藏，且數年矣，欲廣其傳而未暇。今參考前集所不載者，古律歌詩共四百餘篇，舊稿以爲門類，而不分古律二體，此更不復詮次，總爲十卷。有志於詩者得之，可共喜也。元符二年四月序。（《宛陵宣林梅氏宗譜》卷十七“贈言中・詩文序”）

按,宋績臣事迹不可考,《全宋文》無載。《直齋書録解題》卷十七載"宛陵集六十卷、外集十卷","外集者,吴郡宋績臣所序,謂皆前集所不載,今考之首卷,諸賦已載前集,不可曉也"。①

蘇頌(1):跋梅氏譜後

予觀世之功名事業文章道德赫然於世者,未必無其人也。今觀梅氏譜牒,世澤相然之盛,濬哲流源之深,子孫綿綿不替,莫不爲當代人豪,挺生英雋。其所以顯祖宗、昌嗣胤、光祚族者,可謂至矣。尚幸嗣焉者,又能敷求遺逸,廣搜墜亡,光貽不朽,以衍正脉於無窮,其賢其智,又可嘉也。(《宛陵宣林梅氏宗譜》卷十七"贈言下·跋")

按,《全宋文》第60册至62册卷1308至1356收蘇頌文甚多,不載此文。

司馬光(1):太子中舍梅公克遜像贊(諱讓)

廉静寡欲而無聲色之營,和易端粹,不爲崖岸之行,偉哉!(《宛陵宣林梅氏宗譜》卷十七"贈言下·像贊")

按,《全宋文》第54册至56册卷1172至1230,收司馬光制、狀、疏、札子、書、啓、序、帖、記、論、墓志、祭文等各體文,失收此文。《黄氏日抄》卷六十一載"梅讓者,詢之兄,堯臣字聖俞之父"。② 事迹見歐陽修撰《太子中舍梅君墓志銘》。

歐陽修(1):都官梅聖俞像贊(諱堯臣)

湛然若寒潭之清,瑩然若琨山之玉。其莊重也類喬嶽之凝,其和厚也並陽春之燠,誠士類之儁英,信物中之瓊王蜀,才與山鬥齊高,名與孟韓踵躅。羡丹青寫先生之形不殊,惜丹青寫先生之心不足。(《宛陵宣林梅氏宗譜》卷十七"贈言下·像贊")

① 陳振孫《直齋書録解題》,上海:上海古籍出版社,1987年,第594頁。

② 黄震《黄氏日抄》,影印文淵閣《四庫全書》,臺北:商務印書館,1986年,第0708册,第512頁。

按,《全宋文》第 31 册至 36 册卷 663 至 763,收入歐陽修文,其中卷 745 收《魏國韓公真贊》《錢忠遜王像贊》,失收此文。

王遂(1):淳祐元年辛丑祭文

先生粹於文兮,沂韓柳之源;深於詩兮,拍沈謝之肩。其生而窮兮,位不豐於慶曆之諸賢;其殁而通兮,名與歐陽子而並傳。後數百載兮,陵陽之源,當封巍巍兮,草芊芊。眺蔥郁兮蒼煙,蹇夷猶兮䑋仙。惟有道之際兮,人心同然。矧守之於兹兮,禮敢不虔? 邦人告以古典兮,春季吉涓;薦桂酒之苾芬兮,粢盛潔鮮。幸靈遊之一來兮,或相象以周旋。豈大雅之不作兮,卒浩嘅於逸編。顧斯文之福兮,挽後學而儒先。庶百世之下聞風而興兮,尚將起先生於九原。(《宛陵宣林梅氏宗譜》卷十七"贈言下・祭文")

王遂(2):淳祐三年癸卯祭文

大雅不作,得聞正始之斯文可矣。先生生於慶曆、皇祐間,獨能爲古簡純粹,追商周魯頌之作。當時君子之論,豈苟云哉! 亦曰厚人倫、美教化、移風俗,庶幾焉耳。遂假守邦鄉,景行先哲。去歲春暮,祗拜堂封。今忽無幾,復逢此日。山空晝寂,宿草自芳,瞻仰徘徊,不能已也。精神如在,其鑒於兹。(《宛陵宣林梅氏宗譜》卷十七"贈言下・祭文")

按,王遂文收在《全宋文》第 304 册卷 6951 至 6953。其中卷 6953 有《祭宛陵先生文》,爲淳祐二年壬寅祭梅聖俞文,係從《二梅公年譜》收入,淳祐元年、三年祭文未收。屬"朝散大夫、顯謨閣待制、知寧國軍府事兼管内勸農營田使"。

另外,《宛陵宣林梅氏宗譜》卷十三"祠宇"收劉震孫《改作梅聖俞祠亭記》、文天祥《重修會慶堂記》,卷十所録文天祥《咸淳六年庚午祭文》《七年辛未三月祭文》,《全宋文》俱失收。按,《全宋文》第 338 册卷 7785 收劉震孫文四篇:《南華真經義海纂微序》《四明尊堯集跋》《存心堂銘並序》《祭宛陵先生文》,失收《改作梅聖俞祠亭記》。《全宋文》第 358、359 册卷 8298 至 8322 收文天祥文,上述 3 篇失收。上述計 4 篇,湯華泉先生《〈二梅公年譜〉及其文獻價值》一文,已校録,兹不録,不掠人之美。

又,《宛陵宣林梅氏宗譜》卷十七"贈言中・詩文序"有王安國《許昌梅公詩集序》,《全宋文》失收,亦見於湯華泉先生文。此處僅作考補。《宛陵宣林梅氏宗譜》卷十二"年譜上・許昌開國公年譜""康定二年辛巳"條載:"性喜爲詩,有《許昌集》,王平甫爲之序。又别有文集二十卷。”卷十八“藝文・詩・梅詢”條注曰:“全集凡二百九十篇,王安國序之,今散逸莫考,所存僅三十篇。典型攸在,悉載譜牒,用垂不朽云。”

以上所録疏、墓志銘、序、跋、像贊、祭文計10篇,爲《全宋文》所未收,僅見於此譜,又多出於名公之手,可補别集之不備,具有較高的文獻價值,故輯録以爲補遺。

【作者簡介】李山嶺,1979年生,碩士,亳州學院中文系副教授,主要從事宋代文學與文獻研究。

金《京兆府提學所帖碑》校注

任乃宏

【題解】西安碑林五室藏有金代《京兆府提學所帖碑》，金章宗明昌五年(1194)刻於宋代《文宣王廟贊》碑陰。碑高322厘米，寬105厘米，厚31厘米。碑文上下共6截，每截66～70行，每行20～58字不等，楷書。碑身横斷，多處漫漶。碑文内容爲京兆府路提學所簽發給京兆府學的一份“贍學房舍地土清册”，由府學驗收上石。《西安碑林全集》載有拓片；①《八瓊室金石補正》載有較爲完整的録文；②《寰宇訪碑録》等均見著録。辛德勇據以勾稽了金代京兆府城的街巷名稱和具體走向；③張虹冰據以找出了京兆府屬縣的部分鄉、村名稱；④吴冰據以考出了部分街巷的當代位置；⑤郭文毅等據以探討了長安縣桑、竹、棗、柿等經濟林木的種植情况；⑥李昌憲則據以印證了金代的城市管理機構及職能。⑦

西諺有云，一千個人眼中有一千個哈姆雷特。作爲一份内容豐富的古代文獻，《京兆府提學所帖碑》可供發掘之處，當不止於地名、經濟與政治史。中國政法大學法律古籍整理研究所李雪梅教授認爲，僅就形式論，該碑就兼具所帖、公據、薄書、契證的性質，是一份難得的“碑以載政”的樣本。此外，該碑亦含有部分社會、宗教、建築、水利史方面的資料。因此，對該碑加以整理，是有一定價值的。本次整理以《八瓊室金石補正》録文爲底本，核之以拓片，施以標點。因筆者古文書學底子較薄，錯誤之處在所難免，尚望方家不吝賜教。

---

① 高峽等《西安碑林全集》第三函二九卷，廣州：廣東經濟出版社、深圳：海天出版社，1999年。

② 陸增祥《八瓊室金石補正》卷一二六，北京：文物出版社，1985年。

③ 辛德勇《宋金元時期西安城街巷名稱考録》，見《古代交通與地理文獻研究》，北京：中華書局，1996年。

④ 張虹冰《一份珍貴的歷史地名資料——讀金〈京兆府提學所帖〉碑》，《碑林集刊》第五輯，1998年。

⑤ 吴冰《西安舊城街巷名稱研究》，西北大學碩士論文，2008年。

⑥ 郭文毅、秦竹《金代京兆府長安縣的經濟林木》，《中國歷史地理論叢》第1期，1999年。

⑦ 李昌憲《金朝京府州縣司制度述論》，《中國史研究》第3期，2012年。

【録文・校注】

京兆府學:[①]

先來蒙　教授廳[②]爲　廟學四至,並隨司縣[③]贍學房舍地土[④]數目,各有青册。[⑤] 除已於明昌四年四月間,將廟學四至於碑院西廊下　廟贊碑陰上石訖;於今年四月間蒙降到房舍地土青册,今驗數上石。所有　提學所帖,[⑥]開具如後:

提學所:

准　京兆府牒。准來牒。[⑦] 牒將司縣拘籍贍學地舍青册或貴府元籍文簿牒發前來,當府隨牒前去,請照驗。須至旨揮。[⑧]

---

① 金之府分爲三等,即京府、總管府、散府,各等之中又有上、中、下之别。《金史・地理志》:"京兆府,上。皇統二年(1142)置總管府。"又,《金史・選舉志》:"府學亦大定十六年(1176)置,凡十七處,共千人。……章宗大定二十九年(1189),於大定舊制京府十七處千人之外,置節鎮、防禦州學六十處,增養千人,……府學二十有四,學生九百五人。(……濟南、大名、京兆府各四十人)。"又,據金正隆二年(1157)《重修府學記》碑,京兆府學係宋崇寧二年(1103)由時任府帥虞策自舊址遷至府城東南隅;金貞元三年(1155),時任京兆府亞尹韓希甫進行了重修。

② 據金章宗泰和六年(1206)《京兆府學教授題名記》,時任教授有 18 位,領銜者爲"相台王闢",似即提學所帖中提到的"京兆府教授王登仕"。"相台"即"相州",治今河南安陽。"登仕",即"登仕郎",正九品上階文官。據此,則金代京兆府學設有"教授廳","廳長"應該就是王闢。據《金史・百官志》:"國子監,博士二員,正七品,分掌教授生員、考藝業。……太學,博士四員,正七品。"國子監和太學博士的官銜才正七品,正九品的府學教授,也不算太寒酸。

③ 《金史》中"司""縣"並稱。據李昌憲《金朝京府州縣司制度述論》,"司"即三院司:警巡院、録事司、司候司。其最初職能類似於宋代的廂巡,只負責巡捕盜賊、審理案件、維護城市社會治安。後三院司職能逐漸擴充,最遲承安三年(1198),其職權範圍已擴及賦役、鹽鈔、勸農墾田、榷茶、舉薦人才、入粟、救災、市易等方面。金代後期,三院司與縣一樣,已經成爲地方行政體系中的基本組成部分。三院司管城市,縣管鄉村。

④ 贍學房舍地土,亦即廣義上的學田。學田制度始於北宋,以後朝代基本沿用。中央政府通過勅授、地方官府通過撥付、民間人士通過捐助、學校通過自行購置的方式,使土地以及房産歸學校支配,然後學校以土地及房産的出租收入作爲辦學經費。

⑤ 青册,即"清册"。陸增祥跋:"青册字今作清,取清晰之意。前人或不爾也。"筆者以爲,"青册"與"黄册",早期或係用紙顔色不同。"青册"者,以青色紙爲之也。

⑥ 提學所是府學的上級管理機構。金代對贍學田産的管理似大致沿用宋代的制度。據張瑞傑《宋代學田制度綜論》,宋代負責地方官學管理的行政機構是提舉學事司,長官爲提舉學事使,其職責之一即對學田錢糧的數額進行統計。筆者以爲,金代的"提學所"似即宋代的"提舉學事司"。故,這裏的"提學所帖",實際上就是上級對下級申報事項的批復公文。

⑦ 由"准京兆府牒。准來牒"推斷,提學所在發帖之前曾向自己的上級"使所"行文請示並獲得批復。這裏的"京兆府牒",應即京兆府學打給提學所的請示報告,提學所在請示"使所"時,"京兆府牒"爲核心附件;"來牒"應即提學所打給"使所"的報告。故,文中的"李芾"似即京兆府路提學使;而文末用"押"的"使"有可能即京兆府路都總管,亦即"使所"的首長。

⑧ "須至旨揮",似爲公文結句習慣用語。清翟灝《通俗編・政治》釋"須至":"今公文中習爲定式。問其義,則無能言之。據《歐陽公集・相度銅利牒》云:'無至悞事者。'《五保牒》云:'無至張惶鹵莽者。'亦俱用之篇末。大抵戒之曰'無至',勸之曰'須至',其辭僅反正不同耳。"

右具如前所准來牒事。因使所已將上件發到，拘籍贍學地舍青册[1]隨此發去。今下京兆府教授王登仕照驗收管。仍後照用了日，一面申解京兆府收管，准行文狀申上。

明昌五年四月初一日　李芾等行

使　　　　　　　　　　　　　押

樓店巡[2]

舍：壹佰捌拾陸間柒分伍厘。每間貳椽，[3]計叁佰柒拾叁椽半。計叁佰柒拾叁步柒分伍厘。

地基：貳佰叁拾間陸尺伍寸。每壹丈爲壹間，計肆佰陸拾壹步壹尺伍寸。

左第一廂銀行街：[4]

史用佃東壁[5]地基，南北闊貳丈壹尺，東西長叁佰伍尺。内除騎渠[6]伍尺外，實長叁佰

---

① 《八瓊室金石補正》此處脱"青册"二字。

② "樓店巡"似爲低級職事官吏，主要職責應即負責清查城市中的房産土地，類似於當代的"房管局"。互聯網上有一枚金正隆五年十月内土府監造的"北京樓店巡"印章，可與此帖互相印證。《金朝京府州縣司制度述論》："金承遼制，在諸京置警巡院，在諸府、節鎮置録事司，在防、刺州置司候司，以治理城區獄訟、治安爲務。從傳世文獻來看，以上三種機構金初就已設置。"又，《金史・百官志》："諸京警巡院，使一員，正六品。掌平理獄訟、員警别部、總判院事。副一員，從七品掌警巡之事。判官二員，正九品。掌檢稽失，簽判院事。諸府節鎮録事司，録事一員，正八品。判官一員，正九品。掌同警巡使。（司吏，户萬以上設六人，以下爲率減之。凡府鎮二千户以上則依此置，以下則止設録事一員，不及百户者並省）。"又，金熙宗皇統五年(1145)，規定"警巡、市令、録事、司候"等爲"厘務官"。綜上，"樓店巡"應爲京兆府録事司屬吏，故其對府學資産的認定只包括府城内的房舍和地基，却不含京兆府屬縣内之土地。

③ 陸增祥跋："其稱房舍曰椽，蓋本'椽之登登'之椽。一椽猶言一版。或曰是椽字之省文。"筆者以爲，"椽"似類今天的"間"，而碑文中的"間"則類似今天的"排"或"棟"。證據就是，碑文中有時"一間"計"兩椽"，有時"一間"又計"五椽"，有時"兩間"又計"六椽"。如果我們把"椽"理解爲今天的"間"，把碑文中的"間"理解爲"排"或"棟"，"一排"房可以有"兩間"，當然也可以有"五間"。這樣一來似乎就通了。

④ 《宋金元時期西安城街巷名稱考録》："唐末朱全忠毁棄長安城，脅迫唐室東遷後，佑國軍節度使韓建利用唐皇城改建'新城'，經歷宋金元三朝，一直沿用到明初。……在《京兆府提學所帖碑》中，凡是記録街道兩旁地基，云其東西或南北闊若干，必是在與街道平行方向上量算；而云其東西或南北長若干，則必是在與街道垂直方向上量算。借此可以推導出帖中所有街道的走向。……金京兆府城分爲左第一廂、左第二廂、右第一廂和子城廂四個廂，……銀行街，南北街，左第一廂。……案李圖（元李好文《奉元城圖》）有'銀巷街'，陸耀遹、董祐誠以爲即銀行街，當是。"又，據《奉元城圖》，銀巷街與廣濟街南北對接，皆北對玄武門，其東側即録事司。含光街在銀巷街西，安上街在銀巷街東，均與之平行。

⑤ 《金史・百官志》："諸防刺州：軍轄一員，掌同（諸府鎮都軍司）都軍，兼巡捕，仍與司候同管城壁。"帖中的"東壁""南壁"等，應該就是這裏的"城壁"。就京兆府的城壁而言，負責巡察的應該是京兆府都軍司，負責物業管理的應該是京兆府録事司。

⑥ 董健橋《今西安城是'明城'還是'唐城'》："清嘉慶《咸寧縣志》卷四有如下記載：金代城郭制度無可考證，惟明昌五年《提學所帖》所載街道頗詳。帖云'東城牆''南騎渠'，當即龍首渠入城處。引龍首渠水入城，始於隋初，經唐末戰亂，五代後此渠已經乾涸。北宋大中祥符七年六月，陳堯咨知永興軍時，又對龍首渠加以修浚，引水入城。此渠至金代仍在使用，《金史・傅慎微傳》即有其'復修三白、龍首等渠以溉田'的記載。金代龍首渠入城處在京兆府城（今西安城）的東城牆下。"又，據帖中"騎渠伍尺"之語，可知龍首渠的大致寬度。

尺;並已東弩南堀子,[1]南北闊柒尺,東西長壹佰貳拾尺;又次東堀子弩南,闊壹丈陸尺,東西長三丈貳尺。

田士安於吴彦處兑到本街東壁地基貳間位,南北闊貳丈,東西長叁佰伍尺。除騎渠伍尺外,計長叁佰尺。

秦順佃本街舍貳間,計壹拾椓。並地基,東西長壹拾柒步,南北闊貳丈;並於王真處兑佃到東壁舍壹間,計五椓;並地基,南北闊壹丈,東西長捌拾伍尺。

秘榮於王富姪男王永處兑佃到本街西壁地基壹間位,東西長壹佰貳拾尺,南北闊玖尺伍寸。東街,西楊運使,南王永,北楊三郎。

魏和佃本街西壁地基壹間半,東西長陸拾尺,南北闊壹丈伍尺;又佃後面接連地,南北闊貳丈,東西長陸拾尺。東街,西楊都監,南李,北王永。

劉安佃東壁舍後地基,南北闊貳丈,東西長叁丈叁尺。東街,西劉,南自,北王實。

王清於郝阿仇、李謹處兑佃到地基各壹間,東西各長伍拾尺,南北各闊壹丈;又於劉儀處兑佃到壹間,東西長伍拾尺,南北闊壹丈。東街,西劉,南舊市曹官巷[2],北劉。

王永佃地,南北闊玖尺伍寸,東西長壹佰貳拾尺。並堀曲地,南北闊叁丈伍尺,東西長壹佰貳拾捌尺。東□…□[3]

王富佃地壹間,南北闊壹丈伍尺,東西長壹佰貳拾尺。東□…□

東柴市:[4]

馮元仲於關士通處兑到馬千元佃本街東壁地基,東西長壹佰陸拾肆尺,南北闊貳丈伍尺。東寺牆,西官街,南鐘府推,北金。

張全於周建弓處兑到東壁地基,闊貳丈伍尺,長壹佰陸拾肆尺。

棗行街:[5]

解守全佃地壹間半,東西闊壹丈伍尺,南北長壹佰柒拾叁尺。

傅家婆佃地基貳間,東西闊貳丈,南北長壹佰伍拾尺。

---

① 陸增祥跋:"堀者,突也,孔穴也。"銀行街爲南北街,地基又位於東壁,故"東弩南堀子",似指向東微凸、向南突出的不規則地塊。同理,"東堀子弩南",即向南微凸、向東突出的不規則地塊。據此,則民居與"城壁"之間似有一定距離。

② "舊市曹官巷"似即《奉元城圖》中與"銀巷街"相交的東西街,其南爲"録事司"。

③ "□…□"表示殘泐字數不清,下同。

④ 似即《奉元城圖》中與"銀巷街"相連的南北大街,在"銀行街"南。《西安舊城街巷名稱研究》:"宋元時期,(京兆府城區)街巷名稱一直比較穩定。唐末五代以後,先前封閉的、嚴格分離的坊市制度徹底崩潰,商業、手工業活動沿街巷開放進行,不少街巷以商業市場、手工作坊命名。如:宋金元時期的'草場街''藥市街''市北街''東柴市街'等。元奉元城的'藥市街'位於城中心地帶,在銀行街以西。明清時期亦因這裏藥店集中,遂以中藥之甘辛酸苦鹹五味而稱其街口爲'五味什字'。"

⑤ 亦作"棗行巷",似即《奉元城圖》中與水池街相連的東西大街,其北爲録事司。

傅安、傅真佃地貳間，東西闊貳丈，南北長壹佰伍拾尺。

□院街：[①]

張信佃本街南壁上舍貳間位，計陸椽，南北長壹伯尺，東西闊貳丈玖尺伍寸。東許，西劉，南營牆，[②]北官街。

張遇佃地，東西長捌拾伍尺，南北闊[③]貳丈玖尺。東官街，西營，南白雲寺牆，北韓。

劉直佃南壁地伍間，南北長玖拾尺，東西闊肆丈捌尺。東官，西庫，南營牆，北官街。[④]

南晞於張清佃南壁地，東西闊貳丈，南北長貳丈。東趙，西自，南自，北街。

趙昭信宅於王俣處兑到地貳間，長貳丈，闊貳丈，並舍貳椽。

鄭彦禮佃舍壹拾陸椽；並地基，東西闊貳丈，長壹佰伍拾伍尺；並續佃地，前闊貳尺，後闊柒尺。

安上街：[⑤]

駱彦先佃西壁地基壹間，闊壹丈，長陸拾尺。

馬康佃舍叁間；並地基，闊肆拾尺，長貳佰壹拾尺。計舍壹舍，壹拾伍椽。

草場街：[⑥]

僧廣均佃本街北壁上地基，南北長柒拾伍尺，東西闊三丈伍尺。東本院牆，西張，南官街，北本院牆。

毛順佃本街南壁上地，闊壹丈柒尺伍寸，長肆拾伍步；並接連堀子，闊壹丈貳尺伍寸，長壹拾柒步。

竇實於毛順處分兑到南壁上地，壹丈貳尺伍寸，長肆拾伍步；並接連堀子，闊壹丈貳尺伍寸，長壹拾柒步。

張立佃南壁上取土坑地壹間半，南北長貳佰伍拾尺，東西闊壹丈伍尺。東府學道，西竇，南府學牆，北官街。

竇實又佃地，東西闊壹丈伍尺，南北長貳佰伍拾尺。東張，西自，南府學牆，北官街。

---

① 疑即《奉元城圖》中與安上街交叉的東西大街。西接“棗行街”，東連草場街。

② 兵營之牆。

③ 此街其他各條均爲“東西闊、南北長”，獨此條爲“東西長、南北闊”。如碑文無誤，辛德勇發現的“根據長、闊方向判斷街道走向”的“規律”似亦有例外。

④ 由“東官，西庫，南營牆，北官街”的描述推斷，其東面的官街似即“安上街”，其北面的官街應即“□院街”。至於其西面的“庫”，因爲緊挨兵營，似爲軍器庫。

⑤ 南北大街，南接安上門。據《唐六典》卷七：皇城南面三門：中曰朱雀，左曰安上，右曰含光。東面二門：北曰延喜，南曰景風。西面二門：北曰安福，南曰順義。清嘉慶《咸寧縣志》據史料指出韓建修築新城時，“閉朱雀、延喜、安福，而不及景風、順義、安上、含光四門。蓋景風即新城東門，安上、含光即新城南面二門，順義即新城西門。”

⑥ 東西街，其南側即京兆府學。又，《八瓊室金石補正》誤録爲“草場廠”。

張儀同宅勾當人[①]張顯佃南壁上地叁間位,南北長貳佰伍拾尺,東西闊叁丈。東自,西府學道,南府學牆,北官街。

酒務街:[②]

馬定於任禧處兑佃到舍貳間,計肆椽;地基,南北長壹佰貳拾伍尺,東西闊貳丈。東王,西□,南官街,北官地。

張□佃北壁地基,東西闊叁丈貳尺,南北長肆拾尺;又佃地,東西闊捌尺,南北長叁丈貳尺。

東南城巷:[③]

吴祐於李順處兑佃到地基叁間,南北長壹佰伍拾尺,東西闊叁丈;上有舍玖椽。東□,□自房地,西巷,南城巷,[④]北李□。

(小注:以上爲第1截)

□進佃地,東西闊肆丈,南北長壹佰伍拾尺;及次後接連堀地,闊玖拾伍尺,長壹佰柒拾尺;又後面,闊叁丈,長玖拾尺;又於王安處兑佃到,東西闊貳丈,長壹佰伍拾尺。

劉及於王立處兑到本巷北壁上地基叁間位,南北長壹佰捌拾伍尺,東西闊叁丈叁尺柒寸半;及於張昌處兑佃到北壁地基貳間位,南北長壹佰玖拾伍尺,東西闊貳丈貳尺伍寸。東劉,西趙,南城巷,北府學地。

韋俊於田俊處兑佃到東壁上地基壹間,東西長玖拾尺,南北闊壹丈。東牆,西街,南自,北□。

李詵佃地,東西闊壹丈,南北長陸拾尺;又於雷安處兑佃到地基壹間,南北闊壹丈,東西長捌拾尺;又於李一娘處佃到地,東西闊壹丈,南北長壹佰貳拾尺。

趙琪於雷仲弓兑到本巷地基貳間,東西闊貳丈,南北長壹佰捌拾伍尺。

米全於張厚處兑佃到地,東西闊伍間,内壹間,闊玖尺叁寸,南北□□丈捌尺;又貳間,闊貳丈,長壹佰貳拾伍尺;又貳間,東西闊貳丈,南北長壹佰伍拾尺。

張儀同宅勾當人張顯佃地,東西闊壹佰肆拾捌尺,南北中長叁佰伍拾尺。東府學道,

① 此句應斷爲"張儀同宅"的"勾當人",此時"勾當人"可做"管家""管事人"解。如斷爲與張儀"同宅"的"勾當人",則無法解釋。"儀同","儀同三司"之簡稱。

② 東西街,位置大致應在城區東南角一帶。由"南官街,北官地"的描述推斷,"酒務街"南面的官街似即指"草場街"的東延部分,其北面的官地似即位於東城牆附近。

③ "東南城巷"既有北壁,又有東壁,當爲反"L"形街。辛德勇以爲該巷跨左第一廂和左第二廂,則該巷的南北段應該北延至"景風門"附近。京兆府學在該巷東西段的北側。府學西臨官道(安上街),南有南北向"府學道"通東南城巷。東城牆在南北段道東九十尺外,有些地段傍牆下有小巷。

④ 據吴冰文,宋長安城内城牆附近出現了一些城巷:在城西南順城牆方位有南北走向的"西城巷",東北和東南城牆有"北城巷"和"南城巷"。

西宋，南城巷，北官。

宋安於雷永處兑到地壹間，南北長壹佰捌拾伍尺，東西闊壹丈叁尺柒寸半。上有竹竿一仰，瓦舍壹間，[1]計貳椽。東趙琪，西自佃省房地，南城巷，北府學。

魏守清於劉及處兑到地，東西闊叁丈，長壹佰陸拾尺；並續佃地，長伍拾尺。

李禎佃地，東西闊貳丈，長壹佰柒拾尺。東魏守清，西官道，南城巷官道，北府學。

城南鎮：[2]

趙進兑東壁地基貳間位，東西長貳佰捌拾尺，南北闊貳丈貳尺；於羅進處兑到地貳間，東西長貳佰伍拾尺，南北闊壹丈捌尺。東鎮牆，西官街，南趙，北羅。

張立佃東壁地基貳間半，東西長陸拾叁尺，南北闊貳丈伍尺；又佃，東西長陸拾叁步，南北闊陸尺。東鎮牆，西官街，南朱，北自。

左第二廂章臺街：[3]

張迪佃本街地基，南北闊貳丈玖尺，東西長壹佰壹佰陸拾貳尺；並接連堀曲，南北闊叁丈叁尺，東西長陸拾尺。東官，西自，南劉，北楊。

員起於王公正處兑到東壁地基，南北闊貳丈肆尺，東西長壹佰肆拾尺。東統，西官街，南賈開，北自。

賈開佃東壁地叁間半，東西長壹佰尺，南北前闊壹丈玖尺；並後面堀子，闊伍尺，東西長伍拾尺。東自，西官街，南朱，北任。

楊華佃本街地基伍間位，東西長伍拾伍尺，南北闊伍拾柒尺。東賈，西官街，南張，北朱。

朱再立於田仲處兑到東壁地基貳間，東西長陸拾壹尺，南北闊貳丈壹尺。東賈開，西步，南楊，北賈開；又於賈開處分佃到次南堀子，南北闊壹丈壹尺，東西長伍拾尺。東賈，西自，南自，北賈。

九耀街：[4]

---

① 宋代民間演出場所稱“勾欄瓦舍”，疑“竹竿一仰”或指演出場所用竹竿支撐的幌子。

② 南北街，位置不明，既云“城南”，又西臨官街，疑其位置當在“安上門”外以東，在城外。這裏的“官街”似即指“安上門”的南延部分。

③ 疑即《奉元城圖》中與“后土祠”相接的南北街，與“安上街”一條直線；或再偏東一些，與《奉元城圖》中的立政坊相接。後一種可能更大，因爲其東側爲元代的“行御史台”。

④ 亦作“九曜街”，東西街，位於今西安市西五路一帶。《奉元城圖》中的九耀街在安上街北延長線以西，金代的“九耀街”當在其東，理由就是它屬於“左第二廂”。“九耀街”北壁南面的官街與南壁北面的官街，所指即“九耀街”。金木水火土合稱“五曜”；加上“日、月”爲“七曜”；再加上“羅喉”“計都”爲“九曜”。吴冰：景風門和順義門連接的城内東西中軸街道由景風街、指揮東街、指揮西街構成。此街之北與其平行的街道有九耀街、府城街、後街、衙後街，這 4 個街名所連成的街道實際上在城内東西方向一條直線上。

王存佃舍壹間,計柒椽,南北長捌拾壹尺,東西闊壹丈肆寸。

郭暉於段㝗處佃到本街北壁舍貳間位,計壹拾壹椽;並地基,南北長陸拾伍尺,東西闊貳丈。東渠河街,①西杜,南官街,北王。

申世昌佃地肆間位,東西闊肆丈,南北長肆佰尺。

小王立於李文政處兑到本街北壁地基貳間位,南北長伍拾尺,東西闊貳丈伍尺。東段,西自,南官街,北自。

景風街:②

劉清佃北壁地,東西闊壹丈,南北長捌拾陸尺。

張珪於劉清處兑佃地壹間位,闊壹丈,南北長捌拾陸尺;並中腰堀曲壹間,東西闊壹丈,南北長貳丈捌尺;以北又堀子間,闊伍尺,南北長壹丈伍尺。

任清佃北壁地貳間位,東西闊貳丈,南北長捌拾陸尺。其地被西畔佃户劉清中腰堀東西,闊壹間,南北長貳丈捌尺;又有劉清堀在任清所佃地内小堀子,東西闊伍尺,南北長壹丈伍尺。東寇,西劉,南下街,北田。

龐大鈐轄宅於王道成處兑到本街北壁上地基貳間位,東西闊貳丈貳尺,南北長捌拾叁尺;又接連往西堀曲壹間,闊壹丈壹尺,南北長伍拾玖尺。東劉十八,西張五,南官街,北元三郎。

安順佃本街南壁地基,東西闊壹丈,南北長壹佰叁拾貳尺。東張,西張,南張,北下街。

張安於蘇立處兑到本街南壁地壹間,南北長壹佰叁拾貳尺,東西闊壹丈。東、西至張,南自,北官街。

王再興佃舍叁椽;並地基,闊玖尺伍寸,長壹佰叁拾尺。

劉琮佃舍叁椽;地基,闊玖尺伍寸,長壹佰叁拾尺;並獨扇門壹具。

張立於蘇立處兑佃到地壹間,南北長壹佰叁拾貳尺,東西闊壹丈;並續佃地,闊壹尺。東安,西張,南資聖寺③牆,北官街。

太倉巷:④

---

① 渠河街,南北街,南通九耀街,在城區東北部。

② 東西中軸大街的東段,東接景風門。開元寺在街南,玄都宫在街北。參見《奉元城圖》。

③ 嘉慶《咸寧縣志》卷四:"顯德二年(955)《永興軍牒》,在城寺院已有資聖寺。資聖寺在今通化坊。"《今西安城是'明城'還是'唐城'》:"資聖寺是唐代著名的寺院,宋敏求《長安志》卷八在'崇仁坊'條記有'坊東南隅資聖寺,本太尉、趙國公長孫無忌宅。龍朔三年(663),爲文德皇后追福,立爲尼寺。咸亨四年(673),改爲僧寺。長安三年(703)七月,火焚之,灰中得經數部,不損一字。百姓施捨,數日之間,所獲巨萬,遂營造如故'。崇仁坊在唐皇城城牆東南角之外,臨近東市,本不在皇城内。韓建修建新城時,將皇城東牆向外擴展,使得原在皇城外的崇仁坊和資聖寺都被擴入城中。"又,據《奉元城圖》,資聖寺位於景風門西南側,距離很近。

④ 南北街,疑即《奉元城圖》中的"立政坊"街。

李植佃西壁舍陸椽;並地基貳間,闊貳丈,長肆拾伍尺。東官,西道,南郤,北王。

郤師文佃舍貳間,計貳椽;地基壹間,闊壹丈,長貳丈伍尺。東　西　南　北。

牛羊巷:[①]

王清佃本街西壁地基貳間,東西長壹佰尺,南北闊貳丈。東街,西官,南自,北。

竇文政佃西壁地,南北闊貳丈,東西長壹佰尺。東　西　南　北。

李士安於孫秀處兑到本巷西壁地壹間,東西長壹佰尺,南北闊壹丈。東官街,西朱,南鄭,北竇;又佃西壁上地基貳間位,東西長壹佰尺,南北闊貳丈。東官街,西朱,南鄭,北竇。

北城巷:[②]

楊順於廉安處兑到本巷東壁舍壹間,計柒椽半;並地基,東西長陸拾尺,南北闊壹丈。東城牆,西官街,南劉,北官街。

東南(北)城巷:[③]

秦文保於焦立處兑本巷東壁地基貳間位,東西長玖拾尺,南北闊貳丈。東城牆,西官街,南官,北孫。

孫千於喬重處兑到地叁間,東西長玖拾尺,南北闊叁丈。東城牆,西官街,南秦,北張。

田成佃本街東壁地,南北闊叁丈,東西長玖拾尺。東城巷,西街,南劉,北李。

范安佃吴政元佃本巷東壁地從南半間,闊伍尺,東西長玖拾尺。東楊興,西街,南李順,北王忠。

楊士成兑吴政元佃東壁地,南北闊壹丈,東西長玖拾尺;又佃李永元佃地,貳丈,長玖拾尺。東官,西街,南騎渠,北自。

李□佃地貳間,闊壹丈肆尺,長玖拾尺。

李越佃地壹間,闊壹丈,長玖拾尺;又佃退水渠地壹間,南北闊壹丈叁尺,東西長玖拾尺。東城牆火巷,[④]西大街,南元佃人,北張。

張全兑佃李阿成元佃本街東壁北貳間,東西長玖拾尺,南北闊貳丈。東城巷,西街,南孫,北李。

李安佃地,東西長玖拾尺,南北闊貳丈。

---

① 南北街,疑即《奉元城圖》中的"馬巷口"街,與安上街在一條南北綫上。

② 南北街,街北通官道,東城牆在街東六十尺外(見辛德勇文)。

③ 此處"東南城巷"似係"東北城巷"之誤。南北街。下文言及"城牆火巷"。據吴冰文,明清西安北郭城有"東(西)火巷",因臨近火神廟而得名,1922年製作門牌時將"火"誤爲"大"字,此後一直稱"東(西)大巷"。

④ 此"城牆火巷"爲城巷與城牆之間的一條通道,應即北郭城的"東(西)火巷"。

右第一廂南巷:[1]

莫晞佃南壁舍叁間,計壹拾伍椽;並地基,東西闊叁丈,南北長叁丈;中間長肆拾柒尺,闊壹丈。

孫成佃南壁舍壹間,計□椽;地基,東西闊壹丈,南北長肆拾柒尺;南壹間,闊壹丈,南北長叁丈伍尺。

北坡子街:[2]

張信兑阿茹元佃本街舍壹間,前座伍椽,並□間板踏;後座叁椽,有大窗壹座;地基壹間,東西闊壹丈,南北長壹佰伍拾伍尺。

王興祖兑佃任彦宗元佃舍壹間,計貳拾壹椽;地基,東西闊壹丈,南北長壹佰伍拾尺。

魏順佃北壁舍後地,南北長貳拾尺,東西闊伍拾尺。

楊清佃舍壹間,計壹拾貳椽;地基,闊□丈,[3]南北長柒拾伍尺;已來堀子,南北長壹佰叁拾伍尺,東西闊壹丈;次東堀子,南北長陸拾伍尺,闊壹丈;並雙扇門壹合。

王一娘佃舍貳間,計貳拾壹椽;□有窗子大小肆座;雙扇板門壹合;雀□□片窗□壹片;坐板壹條;地基,東西闊壹丈,長壹佰伍拾伍尺;東壹間,從向街至後座。

(小注:以上爲第 2 截)

□…□舍□…□南□貳尺。

王義佃地舍□…□計舍壹□肆椽;地基,東西 壹丈□…□捌□尺,長壹丈。舍下有獨□□…□壹間;並□…□伍尺及□…□闊伍尺。

南坡子街:[4]

阿鄒佃北壁舍壹□…□地基,東西闊貳丈叁尺,南北長伍拾尺。

阿二佃北壁舍壹拾壹椽半;地基,東西□…□丈伍尺捌寸,南北長貳丈□尺;並後□□,南北長□丈□尺,東西闊壹丈玖尺肆寸;弩西堀子,東西闊陸尺肆寸,南北長陸尺。

毛五娘佃舍肆椽;並後堀子地基,南北長□拾肆尺□□,東西闊壹丈玖尺。

□之□佃舍陸椽;地基,東西闊壹丈柒尺,南北長叁丈叁尺。

阿郭佃舍伍椽半;並地基,東西闊貳丈壹尺,南北長□□伍寸。

阿王又佃□定地方,闊壹丈壹尺。

---

① 東西街,位置不明。筆者以爲,"左第一廂"似即府城的東南部,大致即銀行街以東(含銀行街)、景風街以南;"左第二廂"似即府城的東北部,大致即景風街以北(含景風街),安上街北延長線以東。

② 東西街,位置不明,大致在城區西南部。

③ 《八瓊室金石補正》録"闊□丈"爲"闊寔",誤。

④ 東西街,位置不明,大致在城區西南部。

□□佃地，南北長壹丈陸尺，闊伍尺。

録務街：[①]

張師皋兑□□元佃西壁舍壹間，計陸椽半；並地□，南北闊玖□…□，東西長□拾尺。東街，西□，南□，北段。

李秀佃地基，南北闊壹丈，東西長□…□南官，北自。

□□□劉義兑楊裕元佃舍壹間半；地基，闊壹丈，長貳丈肆尺。

□…□於吴□處兑到地基壹間，闊貳步，中長陸步伍分。

吴真兑張謹元佃舍壹間，計肆椽；地基，東西闊壹丈，南北長肆拾貳尺；又佃吴中地基壹間，東西闊壹丈，南北長叁丈玖尺。

劉源兑曹順元佃舍壹間，計肆椽；地基，東西闊壹丈，南北長肆拾貳尺；又兑吴中元佃地壹間，東西闊壹丈，南北長叁丈玖尺。

□子院街：[②]

王立兑劉再成元佃本街南壁舍貳椽，並地基，東西闊壹丈，南北長伍拾尺；及本後地□西□□□丈，南北長三丈伍尺；並口西堀子，南北長貳丈，東西闊壹丈。

蘇立佃□鎮菜圃地捌□捌分。

含光街：[③]

党千佃地壹間位，南北闊壹□，東西長壹佰伍拾伍尺。

張士平佃地壹間，闊壹丈，長壹佰伍拾伍尺。

張勝佃西壁地壹間，南北闊壹尺，東西長壹佰伍拾伍尺。

水池街：[④]

鐘府推宅佃地貳間，東西闊貳丈，南北長壹佰伍拾尺。

侯官人佃地肆間，東西闊肆丈，南北長壹佰肆拾尺。

楊安民佃南壁地陸間，東西闊陸拾尺，南北長貳佰貳拾尺。東陳，西朱，南水坑，北街。

西城巷：[⑤]李進兑張士平元佃地，東西闊肆丈伍尺，南北長壹佰伍拾尺。

漆器市：[⑥]

---

① 南北街，疑與録事司有關。既屬右第一廂，應在銀行街以西。疑此街當在指揮街南、水池街北、含光街東、銀行街西，理由是離録事司最近，僅隔一條銀行街。

② 東西街，位置不明，大致在城區西南部。

③ 南北大街，南接含光門，銀行街在其東，爲府城西部的主幹道。

④ 與"棗行街"東西相接，東與銀行街交叉，西與含光街交叉，與草場街在一條東西線上。

⑤ 東西街。疑與北城巷、東南城巷、東北城巷性質相同，近西城牆。

⑥ 南北街，漆器集散地，疑與"含光街"相接，在其北。《奉元城圖》中的"含光街"或即金代的"漆器市街"+"含光街"。

陳可裕兑阿曲元佃西壁地壹間,東西長捌拾尺,南北闊壹丈;又於賀政處兑到地壹間,東西長捌拾尺,南北闊壹丈。東　西街,南張,北李。

臺院街:①

淡忠勇②於番譯孔目官范伯望處兑佃到地基,東西闊叁丈肆尺,南北長壹佰玖拾伍尺;並向街舍③肆小間,長短不等,計舍捌椽;並接簷短低④壹小椽;舍下方眼開閉窗一座,計貳扇雙扇門壹合;並東偏次壹厦,⑤大小椽不等,計貳小椽;並中座舍叁間位,計舍壹拾貳椽,長短椽不等;舍下雙扇門壹合,立子窗大小貳座,次後東偏次一厦,計舍大小椽不等,叁椽;後座舍叁間位,計舍壹拾貳椽,長短不等;舍下立子窗壹座,獨扇門壹具。東閔,西王,南牆,北街。

市北街:⑥

王謹佃南壁舍貳間,計壹拾肆椽;並地基,東西闊壹丈玖尺陸寸,南北長柒拾玖尺伍寸。東楊,西衡守忠,南北街。

王林佃南壁地基,東西闊壹丈伍尺,南北長捌拾陸尺。東梁,西　南北街。

楊興佃南壁舍壹間,計柒椽;並地基,東西闊玖尺,南北長柒拾玖尺。東楊,西王,南北街。

周文政佃地基,闊貳尺玖寸,長壹丈柒尺。

鐵爐巷:⑦龐修武兑曹立元佃西壁地基,南北闊叁丈,東西長伍拾尺。

掖庭街:⑧

王昱佃東壁地基,闊伍拾伍尺,東西長貳佰陸拾尺。

---

① 東西街,南城牆在街南一百九十五尺外(見辛德勇文)。

② 《八瓊室金石補正》録"淡忠勇"爲"淡忠一男",似誤。

③ 此"向街舍"應係面向"臺院街"向北開門,似可作爲金代城市已有臨街門面房之證據。

④ "接簷短低"似爲房屋的一種建築型式,惜不知其結構如何。

⑤ 厦,大屋子。

⑥ 東西街,在今西安市西大街西羊市一帶。嘉慶《咸寧縣志》卷四:"市北街當即《奉元城圖》内羊市、馬市北街。"元駱天驤《類編長安志》卷五:"靈應觀,《新説》曰:在府城市北街。宋迎祥觀,大元丙子(1276)始改爲靈應觀。"《奉元城圖》中的"靈應觀"位置就在玄武門的西南側。網名"歌者"撰有《重重迷霧裏的迎祥觀》一文:"在清光緒十九年《西安府圖》中,今西羊市街西段叫羊市,東段叫古京兆巷。1932年《西安市區域全圖》中,這裏叫羊市街。以此大致可以認定:奉元城的羊市、馬市和金代的市北街,就是今西羊市一帶,宋金元迎祥觀與明清迎祥觀在同一區域内。"

⑦ 南北街。吴冰文云:"金代的'鐵爐巷街',明清時發展爲'鐵爐坊',位於今西安勞武巷灑金橋一帶。此處是隋時修築大興城的基點。"

⑧ 辛德勇認爲掖庭街是南北街,附近有宋金元時期的玉清宫和安衆禪院(寇準花園)。但《奉元城圖》標出的驛亭(掖庭)街爲東西街,在府城西南角"秦川驛"的南側。吴冰文云:"金元時期的'掖庭街'(驛亭街),位於城内秦川驛南側,其街正北方正對隋唐長安宫城掖庭宫。"據此看來,似乎辛德勇錯了。《奉元城圖》中明確標出了玉清宫和安衆禪院的位置,玉清宫在掖庭街南,安衆禪院在掖庭街北。又,"掖庭街"既屬於"右第一廂",表明"右第一廂"的管轄範圍較大,基本上就是銀行街及其延長線以西的"西半城"。

張遵佃地，南北闊貳丈貳尺伍寸，長貳佰陸拾尺；並續佃地，闊肆尺伍寸。

指揮街：①

楊昇兑祝振元佃舍半間，伍大椽，計壹拾小椽；並地基，東西闊伍尺，南北長壹佰柒拾伍尺。

子城廂正街：②

沈邦彦兑郭阿武元佃舍貳間，計壹舍椽；並舍下地基，東西闊貳丈，南北長伍拾肆尺；又東北空閑地，東北角下地，東西闊壹丈貳尺伍寸，南北長貳丈伍尺；又舍後西空閑院子，東西闊貳丈，南北長伍拾尺；又接連弩東堀曲空閑院子地，東西闊壹丈貳尺伍寸，南北長捌拾伍尺。東頒春廳，西安，南街，北衙牆。

安安僧佃北壁舍壹間，計伍椽；並地基，東西闊壹丈伍寸，南北長壹佰壹拾尺。東沈，西衛，南見佃官舍，北府衙牆。

張子明兑蕭提點生前兑到仵成元佃北壁地叁間，東西闊叁丈貳尺，南北長壹佰叁拾尺。東王四娘，西曹彦，南下街，北曹彦。

通政坊：③

阿劉兑吕厚元佃西壁地貳間半，東西長肆拾尺，南北闊貳丈伍尺。東街，西王，南蔣，北蕭。

莫從佃東壁地叁間，東西長陸拾尺，南北闊叁丈伍尺。東李，西街，南曹，北劉。

李士明兑員師悦地，東西長壹佰壹拾陸尺，南北闊貳丈。東張，西街，南張，北李。

---

① 指揮街的位置比較明確，《奉元城圖》顯示其與景風街在一條直線上，爲府城的東西中軸大街，景風街在東，指揮街在西。問題在於，《奉元城圖》中的指揮街有兩段，分别是指揮西街和指揮東街。筆者以爲，碑文既然只言"指揮街"，則金代似無東、西之别，因此，這裏的指揮東街有可能是金代的"子城廂正街"，指揮西街才是金代的"指揮街"。

② 東西街，京兆府衙在街北，衙内有蓮池。頒春廳在街北衙牆外。"正"者，大也，中也。《奉元城圖》中的指揮東街恰在衙前，且位於府城東西中軸線的正中，以其當之，較爲合理。辛德勇認爲："《長安圖志》卷上載韓建改建的新城：'城之制，内外二重。'這是韓建新城的一個重要布局特徵。……在城中構築衙城，這起碼可以説是唐代後期城市建設中的普遍現象。"吴宏岐《論唐末五代長安城的形制和布局特點》："《京兆府提學所帖碑》中就提到金京兆府城中有'子城廂正街'。嘉慶《咸寧縣志》卷四《金京兆府城圖》中將其繪爲'京兆府署'正南的東西街，並考證云：'其子城廂則爲鐘樓東西街以北地。'這個説法大致是不錯的。從《京兆府提學所帖碑》中的有關記載分析可知，金京兆府城内分爲五廂：安上街以東、景風街以南爲'左第一廂'；景風街以北爲'左第二廂'；銀行街以西、指揮街以南爲'右第一廂'；廣濟街以西、指揮街以北爲'右第二廂'；安上街與銀行街和廣濟街之間爲'子城廂'（包括今鐘樓東西街以南地）。這個'子城廂'，顯然是因'京兆府署'所在的'子城'而得名的。金代未有修築城池之事，'京兆府署'的'子城'，只能是唐末五代長安城的遺制。其之所以稱作'子城'，就是相對於由唐長安皇城改建來的外郭城而言的。"筆者以爲，《京兆府提學所帖碑》上未見"右第二廂"，吴宏岐關於城分五廂的説法似誤。

③ 南北街。《奉元城圖》將其繪在銀行街、安上街之間，北與指揮東街亦即"子城廂正街"交，南與草場街西延長線交。筆者以爲，銀行街既屬"左第一廂"，就不應再屬"子城廂"。金代的通政坊街似在"子城廂正街"以北，位於廣濟街、馬巷口之間，較《奉元城圖》標出的通政坊街更靠北一些。這樣以來，以"子城廂正街"爲子城廂的南界豈非十分合理？

劉義兑到楊士謹元佃本街東壁地基壹間,東西長壹佰壹拾陸尺,南北壹丈。東李,西街,南莫,北李。

吕賁佃本街東壁地貳間,東西長陸拾尺,南北闊貳丈貳尺。東李□,西街,南柏,北莫。

柏用佃東壁地基貳間,東西長陸拾尺,南北闊貳丈貳尺。東曹,西街,南楊,北曹。

齊福兑蔣立舍貳間,計玖椽貳分半;壹間,計舍伍椽柒分半;地基,東西長伍拾貳尺,南北闊壹丈;南壹間,計舍叁椽半;地基,東西長叁丈,南北闊壹丈;舍下有板踏門①貳間,獨扇門壹具,窗壹座,石頂壹塊。東街,西王玠,南齊,北阿劉。

張立兑蔣立元佃舍壹間,計舍伍椽柒分半;地,東西長伍拾貳尺,南北闊壹丈;舍下有板踏門壹間,雙扇門壹合,窗壹座,磑壹扇。東街,西王玠,南齊,北阿劉。

周建威兑楊總管宅元佃馬千東裹角②地,南北長柒拾伍尺,東西闊伍拾柒尺,中間陸拾貳尺,北闊陸拾貳尺。

蕭澤民佃地,南北闊叁丈,長肆拾尺;又續佃地,闊叁丈捌尺。

光華門:③

李遇佃舍壹間,計柒椽;地基,南北闊玖尺伍寸,東西長壹佰肆拾尺。東街,西蘇順,南北亦蘇順。

王永康佃西壁地基壹間位,東西長壹佰肆拾尺,南北闊壹丈。東街,西李,南朱清,北李遇。

李澤兑蘇順元佃舍壹間,計柒椽;舍下有獨扇門貳具;並地基,東西長壹佰肆拾尺,南北闊玖尺伍寸。東街,西官藥局,南李,北元。

强承事於張保、阿南處兑到西壁舍各壹間,計伍椽、計壹拾椽;地基,東西長壹佰肆拾伍尺,南北闊壹丈捌尺。東街,西觀,④南李,北徐。

李遇又佃地壹間,南北闊壹丈,東西長壹佰肆拾尺。

朱清佃地,南北闊貳丈,長壹佰尺;並續佃地,長叁丈伍尺。

咸寧縣:⑤

---

① 何謂"板踏門"? 詢問老父親,説過去有一種臨街門市,它的"門"就是一塊塊互相插合起來的門板。疑是。

② 東裹角,即東拐角。元鄭廷玉《後庭花》第四折:"我出的這衙門來,轉過隅頭,抹過裹角,來到李順家裏。"

③ 南北街,《奉元城圖》標爲"光化坊",位於廣濟街與通政坊之間,南與指揮東街交,北與九耀街交。碑文言其東爲"街",而非"官"或"官街",説明通政坊與光華門的街道較窄。故所謂"官街",當指東西、南北貫通的大街。據李瑞《唐宋都城空間形態研究》:景風門街寬 88.2 米,坊里的十字街或一字街寬 15 米。

④ 此"觀"似即"市北街"附近的"迎祥觀"。如這一判斷成立,《奉元城圖》中的"靈應觀"位置似畫得偏北了。莫非金代的"市北街"與掖庭街和九耀街在一條東西線上?

⑤ 《金史·地理志》:"京兆府縣十二:長安(倚)、咸寧(倚)、興平、涇陽、臨潼、藍田、雲陽、高陵、終南、櫟陽、鄠、咸陽。"

洪固鄉孫村：[①]

澄衿院僧有信佃地壹拾肆畝，貳段。壹段東西畛，捌畝。東道，西官，南官道，北寺；壹段南北畛，陸畝。東李，西道，南官，北寺。

苑東鄉白花屯：王珍地土，東西畛壹段，叁拾畝。東道，西道，南道，北劉。

東陵鄉嚴來村：

李彦地，南北畛壹段，壹頃貳拾畝。東武，西荒，南道，北何。

韋立佃地貳段壹頃。壹段東西畛接連地計伍拾畝。東張，西官，南韋，北阡；壹段南北畛伍拾畝。東石，西李，南党，北道。續佃地叁段。壹段南北畛壹拾貳畝，東道，西何，南北丁；壹段南北畛壹拾肆畝，東道，西王，南阡，北道；壹段南北畛柒畝，東西並道，南道，北官。

段進地肆段柒拾伍畝。壹段南北畛壹拾叁畝，東吕，西道，南何，北道；壹段東西畛捌畝，東姚，西道，南北常；壹段南北畛肆拾畝，東常，西張，南北道；壹段南北畛壹拾肆畝，東姚，西常，南道，北常。

（小注：以上爲第 3 截）

段謹地壹段貳拾□…□北何。

韋進地貳段。壹段東西畛壹拾伍畝，東西道，南吕，北丁；壹□…□北道。

張善地肆段。壹段東西畛壹拾畝，東孫，西郭，南□…□道，南墳，北道；壹段南北畛壹拾畝，東姚，西宗，南道，北□…□北成。

火燒村：

楊義地叁段。壹段東西畛肆拾畝，東□…□東西丁，南楊，北張；壹段東西畛貳拾畝，東道，西南北並丁。

李萬地壹段，□…□毫伍系，東李，西楊，南道，北丁；壹段佃嚴來村，東西畛，壹拾畝，東埈，西□…□地壹段，南北畛貳拾畝，東西丁，南楊，北道。

孫安地貳段壹頃貳畝。壹□…□西丁，南北道；壹段東西畛叁拾伍畝，東道，西南北並丁。

白安地貳段。壹段□…□道，西何，南北丁；壹段東西畛叁拾伍畝，東道，西何，南時，北嚴。

韋進地□…□拾叁畝，東李，西劉，南北道；壹段南北畛壹拾捌畝，東董，西李，南北道。

□…□頃壹拾畝内佃訖肆拾畝。

---

① 張虹冰：咸寧縣今已不存，據宋宋敏求《長安志》，咸寧初名萬年縣，天寶七年（748）改名咸寧縣，北宋末曾改名樊川縣，金代又改名咸寧，1914 年併入長安縣。《長安志》記載萬年縣有洪固、龍首、少陵、白鹿、薄陵、東陵、苑東等七鄉，碑文中出現了其中的洪固、苑東、東陵、薄陵四鄉。

丁顯地叁段。壹段壹頃壹拾畝,東丁,西張,南□…□壹段南北畛伍畝,東張,西丁,南北道;壹段南北畛柒畝,東西丁,南荒,北道。

丁□…□畛叁拾伍畝,東何,西墳,南北道。内佃貳拾畝。

李格地貳段。壹段丁貴所□…□壹拾伍畝;壹段南北畛壹拾畝,東西丁,南道,北吕。

成鎮地壹段南北畛□…□南北並道。

薄陵鄉東西李趙村:成鎬地壹段七畝南北畛,東武,西張,南□…□

長安縣:①

一竹園壹頃壹拾畝伍分;②熟白地貳拾肆頃伍拾貳畝伍分陸毫。□…□元村李涇莊東場前東西畛白地壹段,計肆分,東王,西南自,北王。

小元□…□地肆段,計玖畝。内有棗壹拾伍根,桑柒根;壹段村心内南北畛壹畝,棗柒□…□壹段次東南北畛壹畝伍分,内有棗柒根,桑貳根,③東曹,西李,南道,北□…□棗壹根,東馮,西道,南孔,北馮;壹段村南南(北)畛伍畝,桑伍根,東趙,西荒□…□

□…□兑佃張順元佃白地陸段,計地貳拾壹畝壹分。壹段□南東西畛壹拾□…□村南南北畛肆畝,東道,西官,南河,北渠;壹段村西南北畛壹畝伍分,東□…□村南南北畛叁畝,東官,西渠,南道,北辛。

孫珪兑佃姚順元佃竹園地□…□壹段村西南北畛捌畝伍分,東渠,西堎,南北張;壹段村西南北畛貳畝,東西南辛,北□…□佃李子明竹園地壹段南北畛,計地貳拾捌畝,東西荒,南堎,北官。④

江村:

齊喜佃村□…□壹段竹園捌畝,東齊,西南北胡。

李立佃村心白地壹段,南北畛伍畝,東趙,西北官,南道。

□…□壹段,南北畛貳拾畝,東西道,南北郭。

龐松佃白地叁段肆拾叁畝捌分。壹段東□…□東趙,西道,南北官;壹段村西,南北畛,貳拾貳畝,東符,西牛,南墳,北道;壹段村西□…□陸畝,東龐,西郭,南墳,北道。

牛立佃白地叁段陸拾肆畝。壹段東西畛伍畝□…□北□;壹段南北畛伍拾柒畝,東

---

① 《長安志》記長安縣有義陽、善政、同洛、苑西、華林、豐邑等六鄉,碑文中出現了其中的義陽、華林、善政三鄉。

② 金代長安縣尚有成頃的竹園,可見當時氣候較現在温暖。又,《金代京兆府長安縣的經濟林木》:"長安縣贍學地中有'一竹園,壹頃壹拾畝伍分',其中元村孫珪兑佃兩段 36.5 畝,江村齊喜兑佃一段 8 畝,居安坊馬進兑佃江村張進原佃欒村竹園地一段 65 畝,以上三人共兑佃竹園地 109.5 畝,比竹園實際面積少了 1 畝,應係兑佃中丈量誤差所致。"

③ 由"棗柒根,桑貳根"等的登記可知,古代社會對經濟林木的管理遠較當代仔細。

④ "東西荒"者,租佃土地的東面和西面皆爲荒地也。"南堎"者,租佃土地的南面有一個大土棱也。陸增祥跋:"字書無堎字,當即棱字。""北官"者,北面是"官道"也。

官，西李，南官，北寺；壹段南北畛貳畝，東張，西南官□…□。

□…□白地壹段，南北畛貳拾伍畝，東河，西官，南河，北埄。

劉琮佃白地壹段，村東，南北□…□東官，西南道，北齊。

牛清佃白地壹段，南北畛貳拾畝，東阡，西秦，南道，北官。

□…□地伍段，計貳拾玖畝壹分。王用兑佃，内有桑壹拾根。壹段村東，南北畛叁畝壹分，東□…□北道，内有桑陸根；壹段村後，南北畛，東牛，西秦，南紀，北河，内有桑壹根；壹段官□…□畝，東孫，西杜，南道，北官；壹段長條墳，南北畛壹拾肆畝，東龐，西墳，南阡，北道，有桑叁□…□南北畛叁畝，東田，西牛，南北道。

王順佃白地壹段，東西畛捌分，東西南道，北□…□。

□…□有佃白地貳段，内有桑壹拾伍根。壹段村心，南北畛，捌畝，東王，西彭，南道，北張；壹段□…□西畛，東彭，西官，南元王，北官。

吴村：

吕真佃白地三段，[①]彭成承佃壹段南北畛捌畝□…□南王，北官；壹段南北畛壹拾壹畝，東羅，西□，南道，北阡；壹段南北畛伍畝，東道，西羅，南王，北□…□成佃地叁段。壹段南北畛柒畝，東道，西南北吕；壹段南北畛□畝，東南北西吕；壹段東西畛壹拾□…□北羅，南官。

辛村：

張順佃白地壹段，村東北上，東西畛，柒拾貳畝，内有桑壹拾根。東□…□南墳，北道。

王千佃白地壹段，村西，南北畛，壹拾貳畝，東郭，西李，南墳，北張。

安豐□…□地叁段，計捌拾畝伍分，内有桑肆根，大小林木貳拾根。一段竹園西，東西畛，肆拾叁畝，内有□…□西阡，南北官；壹段次西，南北畛，貳拾壹畝，内有桑壹根；壹段竹園南，壹拾陸畝，内有□…□拾根。

南小楊村：

范立佃白地貳段。壹段村東南北畛叁拾畝，東西吕，南道，北河；壹□…□北畛壹拾貳畝，東官，西南北河。

郭清佃白地貳段。壹段村東南北畛壹拾□…□西郭，北道；壹段村東南北畛壹拾畝，東郭，西南官，北道。

趙院保(堡)：

牛興佃白地三段。壹段□…□畛壹拾肆畝，東牛，西北墳，南道。桑壹拾根；壹段村東

---

① 《八瓊室金石補正》録文脱“吴村吕真佃白地三段”等9字。

南北畛壹拾肆畝玖分,東西官,南道,□…□段村東,南北畛,叁拾壹畝壹分,東西南北官。

楊沂佃白地肆段。壹段村南東西畛捌拾畝□…□劉,南道,北阡;壹段村東南北畛捌拾壹畝,東穆,西墳,南官,北道;壹段村南龐家墳南口□…□畝,東龐,西寺,南阡,北道;壹段村南東西畛陸畝,東道,西阡,南北穆。

成村:

陶得真□…□段南北畛,計肆拾貳畝,東西南北官。

陶志佃白地壹段,南北畛貳拾捌畝,東西□…□北道。

楊榮佃白地壹段,南北畛,計壹拾捌畝,東王,西党,南阡,北渠。

杜海佃□…□南北畛叁拾貳畝,東杜,西北官,南道。

馮立佃白地壹段南北畛叁拾壹畝,東西□…□阡。

趙琮佃白地貳段。壹段村北南北畛叁拾叁畝,東張,西北官,南阡;壹段村北南□…□北官,南道。

王通佃白地壹段,南北畛,計肆拾畝,内有桑壹根,東官,西張,南北□…□佃白地貳段。壹段村北東西畛柒畝伍分,桑叁根,東官,西邵,南崖,北河;壹段村北次東□…□伍分,東邵,西史,南崖,北河。

楊志佃地壹段,南北畛陸拾伍畝,係孟福處□…□北阡。

郭定佃村北白地壹段,南北畛壹拾伍畝,東西官,南張,北韓。

大□…□佃白地叁段。壹段南北畛貳拾畝,東自,西王,南北道;壹段南北畛壹拾畝,東官,西高,南北□…□南北畛叁畝肆分,東習,西北道,南官。

張信佃白地壹段,東西畛,計壹拾畝。東□…□官,北道。

大杜村:

王用佃白地壹段,計壹拾捌畝,東西北道,西河。

張□…□段。一段壹畝陸分,東道,西自,南阡,北自;[①]貳畝玖分,東道,西北河,南阡。

義陽鄉:

□…□白地肆段。一段莊南,南北畛,叁畝陸分,東河,西阡,南王,北自;壹段莊東,南北畛,捌□…□南阡,北張;一段南北畛貳畝壹分,東陰,西河,南北陰;一段南北畛壹畝叁分,東陰,□…□北自。

---

① “東道,西自,南阡,北自”者,租佃土地的東面是鄉間道路,西面和北面都是自家的地,南面是田間的小路。一般而言,阡的方向爲南北。

王承宣佃白地貳段。即目[1]劉信忠承佃一段，南北畛柒畝，東河，西道，南莊，北□。

□…□北畛陸畝，東河，西道，南王，北陰。

王清佃桑壹拾貳根。劉信忠見佃。

義陽鄉：

祝□…□希佃白地壹段，南北畛壹拾壹畝，東田，西南道，北阡。

耿立佃白地壹段，南北畛壹拾肆畝，東□…□南道，北官。

耿淵佃白地貳段。一段南北畛壹拾捌畝，

（小注：以上爲第 4 截）

東姚，西道，南祝，北道；一段次西，南北畛壹拾貳畝，東王，西劉，南北道。

祝念佃白地壹段，村心西，南北畛，計貳拾伍畝伍分，東趙，西李，南阡，北道。

李遠佃白地貳段。一段莊西，南北畛陸畝捌分，東王，西王，南道，北官；一段莊東，東西畛陸分，東西李，南李，北官。

趙安佃白地壹段，南北畛，壹畝，東西南道，北阡。

大郭村：吴保佃白地壹段，莊南，南北畛，柒畝柒分，東趙，西北道，南趙。

鄧店：李永等佃白地壹段，東西畛柒畝柒分，東曹，西辛，南道，北曹。

開王村：

王僅佃白地壹拾段。一段村西沿河，東西畛壹畝貳分，東楊，西河，南河，北郤；一段次東，南北畛壹畝，東東，西王，南道，北官；一段次東，東西畛伍分伍厘，東官，西王，南道，北王；一段村北，東西畛伍畝，東道，西蘭，南北自；一段村南，南北畛叁拾畝捌分，東竇，西官，南河，北道；一段次東，南北畛貳畝肆分，東趙，西竇，南道，北竇；一段村東，東西畛陸畝，東竇，西自，南河，北竇；一段南北畛貳拾壹畝柒分伍厘，東竇，西自，南北道；一段南北畛，肆畝陸分肆厘壹毫，東張，西荒，南河，北道；一段東西畛，捌畝叁分陸厘伍毫，東竇，西自，南北竇。

禮泉坊：馬清佃莊南白地壹段，東西畛壹拾壹畝，東垓，西毋，南官，北裴。

華林鄉任村：

張安佃白地四段，内有桑壹拾根。一段南北畛壹拾捌畝，東西北官，南道；一段南北畛叁畝伍分，東西南北官；一段南北畛玖畝，東趙，西南北官；一段南北畛壹拾壹畝，東王，西趙，南[2]北阡。

---

① “即目”不通，疑爲“即日”之訛。

② 此前《八瓊室金石補正》缺 7 字。

郭定佃白地叁段。一段南北畛叁拾貳畝肆分,東西官,南北道;一段南北畛壹拾壹畝,東西官,南北道;一段南北畛壹拾畝,東李,西趙,南北道。

常海佃白地壹段,東西畛壹拾畝,東張,西道,南北官。

白忠佃白地壹段,南北畛壹拾畝,東劉,西道,南官,北道。

薛興佃白地柒段,内柿、栗、[①]棗木柒拾壹根,桑叁拾叁根。一段南北畛壹頃伍拾畝,東官,西趙,南道,北自;一段東[②]西畛肆拾畝,四至官,一段[③]南北畛陸拾畝,東西官,南道,北官;一段南北畛壹拾伍畝,東西官,南北道;一段南北畛肆拾畝,東趙,西官,南北道;一段南北畛叁拾伍畝,東官,西駱,南北道;一段東西畛伍拾壹畝陸分,東張,南范,西北官。

范進佃地捌段。一段南北畛壹拾伍畝,東西官,南道,北張;一段南北畛捌畝伍分,東趙,西官,南自,北道;一段南北畛叁畝伍分,東南北道,西官;一段東西畛肆畝伍分,東西南道,北官;一段東西畛貳畝,東西道,南官,北道;一段南北畛壹拾捌畝,東自,西官,南道,北官;一段東西畛陸畝伍分,東官,西自,南北官;一段南北畛肆畝,東道,西自,北河,南道。

張海佃白地貳段。一段南北畛三拾伍畝,東西官,南道,北官;一段南北畛壹拾伍畝,東官,西張,南北官。

高惟住佃白地伍段,内桑壹拾叁根。一段東西畛壹拾貳畝,東西南北官;一段南北畛壹拾柒畝,東自,西官,南道,北官;一段南北畛壹拾壹畝,東西官,南北道;一段南北畛壹拾貳畝,東西官,南北道;一段南北畛壹拾畝,東西官,南北道。

趙真佃白地貳段。一段南北畛壹拾伍畝,東西官,南道,北阡;一段南北畛貳拾肆畝,東邵,西官,南阡,北道。

趙海佃白地壹段,南北畛,計貳拾伍畝,東西官,南道,北阡。

張進佃白地叁段,内桑貳拾根。一段南北畛柒畝伍分,東西南北張;一段南北畛捌畝,東道,西薛,南官,北道;一段南北畛肆畝,東道,西自,南官,北道。

駱俊佃白地叁段,内桑壹拾伍根。一段南北畛壹拾叁畝,東官,西范,南北官;一段南北畛貳畝,東西自,南北官;一段東西畛貳畝,四至官。

張立佃東西畛壹拾伍畝,東西南北道,係白地。

王立佃白地壹段,南北畛三拾壹畝,東西官,南北道。

焦用佃白地壹段,東西畛壹拾畝,東邵,西自,南北道。

李永佃白地肆段。一段南北畛壹拾柒畝,東西官,南北道;一段南北畛壹拾畝,東西

---

① 此處《八瓊室金石補正》誤"栗"爲"果"。

② 此前《八瓊室金石補正》缺 7 字。

③ 此前《八瓊室金石補正》缺 5 字。

范，南北道；一段南北畛貳拾肆畝，東西官，南北道；一段堀子，南北畛貳畝伍分，東范，西駱，南官，北道。

胡貴佃白地壹段，計三拾肆畝玖分，東范，西南墳，北道，桑貳拾柒根。

居安坊：

馬進佃江村張進元佃欒村竹園地壹段，南北畛陸拾伍畝，東西荒，南北道。

北梁村：

薛祐佃李佃白地壹段，南北畛叁拾伍畝，東西阡，南杜，北荒。

程整佃白地貳段。一段莊西壹拾貳畝，東程，西道，南李，北程；一段次西伍畝，東西道，南李，北官。

小杜村：

杜安佃白地貳段。一段南北畛壹拾陸畝伍分，東杜，西官，南北道；一段南北畛柒畝伍分，東西杜，南道，北官。

辛明兑[1]王興白地壹段，南北畛叁拾伍畝，東西北官，南道。

善政鄉楊軍莊：段彦一段，南北畛壹拾貳畝，東官，西李，南河，北道。

東馬坊村：馮阿韓一段，東西畛貳畝，東西道，南許，北自。

西田村：楊海桑壹拾根。

臨潼縣：

一□□城學田壹頃伍畝。戚榮佃一段，南北畛叁拾畝，東魏，西戚，南道，北□；[2]張榮佃一段，南北畛柒拾伍畝，東道，西魏，南道，北□。

一郭下地基壹拾貳間。田榮佃地基叁間，東馬阿樊，西李明，南官道，北城牆；成全佃地基陸間，東寇，西學廟，南官道，北城牆；李明佃地基壹間，東田榮，西田，南官道，北城牆；馬阿樊佃地基壹間，東李祐，西田榮，南官街，北學廟；李祐佃地（基）壹間，東學廟，西馬阿樊，南官街，北廟。

興平縣：[3]

一人户請佃地叁拾玖段，計陸頃玖拾陸畝壹分貳厘。

更祠鄉□村：

蔣珣佃温陽坊地肆段。一段村北，東西畛，叁拾柒畝陸分三厘，東西道，南于，北魯；一段村西北，東西畛，叁拾伍畝叁分，東西道，南北張；一段村西北，東西畛，貳拾畝陸分壹厘，

---

① 此處《八瓊室金石補正》誤“兑”爲“佃”。

② “□”字結構爲左“土”右“僉”，不知何音，亦不明意義。共兩處，在同一行内。

③ 《長安志》記興平縣有被化、耿祠、零保、文渭、保安、崇節等六鄉，碑文中出現更祠、陂化、零保三鄉，音同字異。

東西道,南北張;一段村北,東西畛,叁拾玖畝肆分肆厘,東西道,南北趙。

趙信地肆段。一段村東北,東西畛貳拾捌畝叁分,東西道,南劉,北石;一段村北,東西畛堀伍畝捌分壹厘,東道,西楊,南道,北尹;一段村北,東西畛壹拾伍畝陸分,東西道,南馬,北劉;一段村東北,東西畛伍畝貳分貳厘,東道,西墓,南李,北官。

南向村:

寧廣佃温陽坊地叁段。一段村西,東西畛陸畝叁分,東西道,南李,北王;一段村西北,東西畛貳拾叁畝,東道,西墓,南楊,北張;一段村西北,東西畛貳畝,東道,西墓,南北王。

張均地一段,村西,東西畛壹拾叁畝陸分,東西道,南王,北樊。

西張村:

劉涓佃温陽坊地玖段。一段村北,東西畛壹拾柒畝肆分貳厘,東陳,西道,南陳,北楊;一段村北,①東西畛伍畝捌分伍厘,東西道,南江,北王;一段村東北,南北畛堀壹拾叁畝貳分叁厘,東道,西尹,南道,北薛;一段村西,東西畛壹拾肆畝肆分,東西道,南北張;一段村西,東西畛壹拾肆畝肆分,東西道,南陳,北劉;一段村西北,東西畛堀柒畝壹分,東道,西陳,南北王;一段村西,東西畛伍畝肆分,東西道,南劉,北王;一段村西,東西畛壹拾壹畝,東西道,南官,北陳;一段村西,東西畛陸畝捌分陸厘,東西道,南馬,北王。

大趙保(堡):

馬海伍段。一段村南,東西畛叁拾捌畝,東西道,南北趙;一段村東,②東西畛壹拾畝,東西道,南趙,北張;一段村東,東西畛捌畝,東西道,南道,③北輔;一段村北,東西畛壹拾捌畝,東西道,南李,北馬;一段村北,東西畛伍畝肆分,東西道,南馬,北向。

陂化鄉王馬村:

劉辛佃零保鄉輔蓋西地貳段。一段村西,東西畛伍拾壹畝陸分,東西阡道,南阡,北元;一段村西,東西畛叁拾叁畝柒分,東西阡,南元,北陳。

吴李村:

吴保貳段。一段村北,南北畛肆拾陸畝,東西董,南道,北墳;一段村次北,東西畛肆畝,東西道,南曹,北史。

大王順肆段。一段村北,南北畛貳拾肆畝柒分,東西吴,南北阡;一段村西,南北畛陸畝,東張,西李,南北阡;一段村□,南北畛伍畝伍分,東西吴,南北阡;一段村南,南北畛伍畝伍分,東史,西王,南於,北阡。

---

① 《八瓊室金石補正》此處脱"北"字。

② 《八瓊室金石補正》此處脱"東"字。

③ 《八瓊室金石補正》此處誤"道"爲"趙"。

陳義貳段。一段村南，東西畛捌畝，東西道，南張，北陳；一段村北，南北畛肆畝伍分，東盧，西符，南道，北李。

趙下地一段，村北南北畛柒畝貳分伍厘，東楊，西盧，南阡，北墳。

趙淵地一段，村北南北畛玖畝柒分，東于，西吴，南北道。

郭下：

王滋佃零保鄉輔大南地壹段，計捌拾壹畝捌分，南北畛，東張，西鄭，南張，北程。一無人佃地玖段，計壹頃貳畝陸分柒厘，並係零保鄉田監村巷内。一段村東北，南北畛壹拾壹畝陸分，東張，西劉，南北阡；一段村北，南北畛叁畝柒分伍厘，東南，西段，南阡，北祁；一段村北，南北畛叁畝陸分，東西陳，南阡，北祁；一段村北，南北畛壹拾肆畝貳分，東祁，西楊，南北阡；一段村北，南北畛壹拾伍畝，東楊，西祁，南北阡。一段

（小注：以上爲第 5 截）

村北南北畛貳拾畝貳分，東李，西任，南北阡；一段村西，南北畛壹拾畝貳分，東趙，西張，南北阡；一段村西，南北畛壹拾畝貳分，□…□阡；一段村北，東西[1]畛肆畝肆分貳厘，東吕，西道，南祁，北李；一段村西，南北畛壹拾玖畝柒分，東劉，西張，南墳，北道。

鄠縣：[2]

萯陽鄉龐光村：

程㞐一段，南北畛肆分，東官，西北自，南王。

王義方一段，南北畛三畝，東李，西[3]官，南道，北李。

西陽村：

曹立肆段。一段村東，東西畛壹拾伍畝壹分，東道，西劉，南趙，北自；一段村西東西畛叁畝玖分，東道，西南北高；一段村南東西畛貳拾捌畝，東道，西趙，南劉，北高；一段村東東西畛壹畝，東學田，西姚，南北高。

孝義坊：

吕雄貳段。一段東西畛壹拾畝叁分肆厘，東西道，南張，北王；一段東西畛壹拾畝柒[4]分，東西監，南邢，北阡。

百社元村：

張琮玖段。一段村東東西畛伍畝叁分柒厘伍毫，東趙，西陳，南張，北高；一段村南南

① 此處據拓片照片補録 16 字。

② 《長安志》記户縣有宜善、扈亭、太平、萯陽、珍藏等五鄉，碑文中出現萯陽、太平兩鄉。

③ 此處據拓片照片補録 5 字。

④ 此處《八瓊室金石補正》誤“柒”爲“玖”。

北畛貳畝捌分伍厘玖毫，東楊，西道，南鮑，北道；一段村東南北畛壹畝捌分陸厘，東王，西楊，南周，北道；一段次東，南北畛貳畝叁分伍厘，東彭，西張，南道，北千；[①]一段村南[②]南北畛陸畝伍分貳厘陸毫，東員，西韓，南北道；一段村北南北畛壹畝柒分貳厘，東高，西梁，南道，北千；一段村南東西畛貳畝肆分捌厘，東張，西道，南鮑，北千；一段村西南北畛貳畝貳分伍厘，東元，西王，南元，北荒墳；一段莊東南北畛壹畝柒分伍厘，東陳，西道，南王，北道。[③]

孔村：

鄭莊陸段。一段南北畛陸畝，東鄭，西南李，北王；一段南北畛肆畝，東北李，西王，南寺；一段東西畛壹[④]拾壹畝，東李，西南鄭，北王；一段東西畛壹拾畝，東李，西南鄭，北王；一段東西畛四[⑤]拾畝，東道，西南鄭，[⑥]北王；一段東西畛柒畝，東西鄭，南北王。

崔立叁段。一段東西畛壹拾捌畝，東西南鄭，北魏；一段東西畛壹畝貳分伍厘，東道，西鄭，南趙，北王；一段南北畛壹拾捌畝，東張，西元，南李，北王。

鄭寅貳段。[⑦] 一段南北畛捌畝，東鄭，西趙，南范，北闕；一段南北畛壹畝伍分，東鄭，西趙，南道，北魏。

趙宗貳段。一段南北畛肆畝，東鄭，西王，南趙，北闕；一段東西畛壹畝柒分伍厘，東道，西鄭，南趙，北王。

樊成一段，南北畛壹畝伍分，東鄭，西趙，南道，北魏。

太平鄉[⑧]秀林村：

田及[⑨]一段，東西畛捌畝，東駱，西張，南王，北徐。

元再興叁段。一段莊東，南北畛壹畝伍分貳厘肆毫，東道，西自，南徐，北張；一段莊西，南北畛，並堀地，伍分壹厘，東西元，南徐，北寺；一段村東北，東西畛陸畝貳分伍厘，東南官，西道，北駱。

趙[⑩]卞叁段。一段南北畛壹畝，東西南李，北安；一段南北畛叁畝貳分貳厘肆毫，東南

---

① 此後碑文多處均以"千"代"阡"。
② 此處《八瓊室金石補正》脱"南"字。
③ 此處《八瓊室金石補正》誤"道"爲"荒"。
④ 此處《八瓊室金石補正》誤"壹"爲"貳"。
⑤ 此處碑文開始以"四"代"肆"，此後還有多處。
⑥ 此處《八瓊室金石補正》誤"鄭"爲"道"。
⑦ 此處《八瓊室金石補正》脱"貳段"2 字。
⑧ 此處《八瓊室金石補正》誤"太平鄉"爲"太子鄉"。
⑨ 此處《八瓊室金石補正》誤"及"爲"友"。
⑩ 此前據拓片照片補足 4 字。

趙，[1]西李，北李；一段東西畛伍分四厘七[2]毫，東道，西李，南道，北徐。

小李興貳段。一段東西畛壹畝陸分貳厘伍毫，東駱，西張，南王，北徐。一段南北畛貳[3]畝肆分七厘伍毫，東北西李，南寺。

王興一段，南北畛捌畝，東北西王，南李。

大櫟村：

陳德[4]貳段。一段南北畛貳拾畝捌分，東孟，西趙，南墳，北史；一段東西畛壹拾伍畝，東鄭，西郭，南獨孤，北史。

王放村：[5]

劉政叁段。一段南北畛叁拾畝，東西程，南北道；一段南北畛壹拾叁畝，東楊，西宋，南北道；一段次北，南北畛貳拾柒畝，[6]東楊，西程，南道，北傅。

王殊村：

張弓叁段。一段南北畛叁畝捌分七厘，東楊，西張，南道，北孟；一段大趙村巷内，南北畛捌畝陸分，東石，西南北道；一段大趙村巷内，南北畛貳畝；東西畛，[7]東西趙，南道，北荒。

梁忠一段，南北畛貳拾畝，東道，西梁，南楊，北道。

孟珍一段，南北畛壹拾畝，東□學地，西官，南孟，北荒。

孟海一段，南北畛肆拾畝，東西學地，南千，北道。

李信貳段。一段南北畛壹拾畝，東西南學地，北孟；一段南北畛伍拾畝，東王，西北學地，南[8]道。

巨千一段，南北畛貳畝，東李，西楊，南李，北楊。

楊忠一段，南北畛貳拾畝，東西南楊，北道。

楊□一段，南北畛貳拾[9]畝，東西學地，南楊，北道。

楊寶一段，南北畛貳拾畝，東西學地，南楊，北道。

楊海叁段。一段南北畛貳□畝，東楊，西□學地，北道；一段東西畛捌拾貳畝，東藥，西

---

① 此處《八瓊室金石補正》誤“趙”爲“道”。

② 碑文自此開始以“七”代“柒”。

③ 此處《八瓊室金石補正》誤“貳”爲“肆”。

④ 此前據拓片照片補足4字。

⑤ 此村名據拓片補。

⑥ 此前據拓片補足4字。

⑦ 此3字疑衍，當爲筆誤。

⑧ 此前據拓片補足5字。

⑨ 此前據拓片補足9字。又，此處《八瓊室金石補正》誤“貳拾”爲“柒”。

魏,南北道;一段南北畛四十畝,東西官,南惠,北千。

孟達二段。一段村北,南北畛四十四畝二分,東西楊,南孟,北米;一段南北畛伍畝,東楊,西官,南千,北米。

孟喜一段,□□畛五十畝,東學地,西王,南道,北官。

孟宗一段,南北畛四十六畝二分五厘,東楊,西李,南鄭,北米。

孟清一段,南北畛貳拾畝,東楊,西李,南鄭,北米。

王大宥一段,村西,南北畛貳拾畝,東西王,南北千。

李信□□胡村北,東西畛三拾陸畝貳分,東孟,西南千,北墳。

楊昇一段,村東,東西畛六畝六分七厘,東西北楊,南道。①

大趙村:

田遠叁段,並南北畛。一段捌畝壹分,東道,西田,南闞,北道;一段七畝七分,東田,西趙,南北田;一段壹拾肆畝玖分,東西田,南千,北石。

李興四段。一段南北畛壹拾壹畝壹分,東官,西南李,北道;一段南北畛壹拾玖畝玖分,東祁,西北道,南趙;一段南北畛四畝五分,東李,西石,南道,北闞;一段東西畛壹拾畝貳分壹厘,東官,西闞,南李,北祁。

趙全陸段。一段南北畛壹拾壹畝壹分,東北道,西官,南趙,北道;一段南北畛貳拾貳畝伍分,東石,西趙,南馬,北千;一段東西畛伍畝二分,東西趙,南鄭,北道;一段東西畛六畝一分一厘,東官,西南北道;一段南北畛貳拾壹畝七分五厘,東西趙,南北千;一段南北畛七畝,東軍人,西牛,南闞,北千。

趙安肆段。一段南北畛七畝八分,東南祁,西北趙;一段東西畛壹拾伍畝六分,東石,西千,南北趙;一段東西畛伍畝柒分,東南祁,西千,北趙;一段東西畛壹拾畝四分,東石,西千,南北道。

孟興伍段,並南北畛。一段八畝壹分壹厘,東西祁,南北道;一段六畝伍分壹厘,東尹,西趙,南道,北劉;一段壹拾壹畝玖分壹厘,東西趙,南道,北劉;一段五畝,東田,西□,南道,北祁;一段肆畝壹分,東趙,西南北道。

邢海四段。一段南北畛玖畝貳分,東石,西趙,南千,北道;一段南北畛壹拾陸畝貳厘,東席,西南北千;一段東西畛柒畝伍分,東千,西鄒,南趙,北楊;一段南北畛壹拾貳畝貳厘,東祁,西趙,南千,北道。

田宥貳段。一段南北畛陸畝,東田,西北趙,南祁;一段南北畛壹畝柒分壹厘,東田,西

① 此前一大段,《八瓊室金石補正》誤、漏多處,均據拓片補足。以下類似情況徑改,不再出校記。

趙,南北千。

許村:

許真貳段。一段南北畛壹拾柒畝貳分,東官,西王,南張,北道;一段東西畛壹拾柒畝叁分柒厘,東道,西千,南王,北渠。

真受村並王殊村巷内:

安選一段,南北畛伍拾柒畝,東官,西劉,南官,北渠。

李彦一段,南北畛貳拾捌畝,東西學地,南千,北道。

王琮一段,南北畛柒拾貳畝,東王,西劉,南千,北官。

巨勝一段,南北畛貳拾畝,東學地,西王,南闕,北斜道。

巨立一段,南北畛貳拾畝,東學地,西王,南斜道,北道。

李顯一段,南北畛肆拾肆畝三分陸厘,東王,西學地,南斜,北千。

興仁坊:

宋永佃王殊村一段,南北畛壹頃,東楊,西官,南千,北渠。

雲陽縣:①

金龜鄉甘澤村:王□一段叁畝叁分。

王孟村:高立貳畝壹分。

河下村:

李昭貳拾貳畝伍分。車厚地玖畝陸厘九毫。馮金叁分八厘。車□貳畝六分三厘,二段。劉彦國壹畝壹分。趙懷二段,三畝七厘。張宗安壹十二畝三分三厘,二段。樊順一畝七分七厘。馬琮□畝九分四厘。趙顯壹畝陸分柒厘。仇安四畝七分。王義四段,五畝六分三厘。李順三段,二畝九分三厘。韓遇二畝三分。趙進貳畝叁分。侯泰叁畝叁分肆厘。楊彦壹拾畝柒分陸厘。僧嘉慧陸畝,伍段。

趙村:李永貳畝。徐安壹畝陸分。

周家莊:李琪壹畝貳分。李進貳畝陸分。

仇村:同再興三畝捌分。

温豐鄉西門村:僧普璁二段,壹拾壹畝捌分。

李家莊:党勝叁畝玖分。李志壹拾畝。

---

① 《長安志》記雲陽縣有流金、嵯峨、萬善、武康、青龍等五鄉,而碑文中出現金龜、温豐、甘延、清流四鄉,無一相同,也許是在金代雲陽縣的鄉名已全改。顧祖禹《讀史方輿紀要》卷五三:"後周置雲陽郡。隋開皇初郡廢,縣屬雍州。唐貞觀元年改爲池陽縣,八年復曰雲陽,天授二年置鼎州於此。大足初州廢,縣仍屬雍州。……五代時(雲陽)縣屬耀州,宋因之,金屬京兆府,元至元初併入涇陽(縣)。"筆者以爲,宋代雲陽縣鄉名與金代雲陽縣鄉名不一致,似與雲陽縣政區不穩有關。

崇陵村:吳呈壹畝四分。

魏村:張成貳畝柒分。

宋里村:沈宣陸畝,貳段。

南里村:盧惟嵩四畝。

西朱村:郭立貳畝。

丁梁村:僧道源叁畝。

朱北坊:劉堅伍畝。

朱馮村:朱元捌分。

坊南村:劉信貳畝伍分。

甘延鄉大里村:僧智存壹拾貳畝玖分。

海青村:僧德基貳拾畝,二段。劉皋陸分三厘。

仙里村:僧洪修玖畝。

賈村:馮達壹拾捌畝,二段。

小里村:輔秀貳畝伍分。輔海壹畝貳分。

張保村:王俊捌分。

馮王村:張益伍畝壹分。

辛官磑村:張有貳畝。

都天村:向立壹畝柒分。曹師志貳畝伍分。

劉午村:僧澄清陸畝叁分。

同仁村:杜林貳畝。

三王村:王安叁畝叁分。

清流鄉夜留村:高萬叁畝捌分。

西中村:僧智圓貳畝。

高頻村:鄒安貳畝叁分。

回村:周勝叁畝。

王村:石俊壹拾貳畝叁分。邵醜奇陸畝。

丈八村:尼惠杲四畝壹分。

居知村:僧智遠柒畝伍分。

涇陽縣:①

宜善鄉陳王村:錡堅伍畝伍分。

廣吉上鄉西王村:白成伍畝貳分。

北劉村:郭勝伍畝伍分。

廣吉下鄉南吴村:紀淵壹拾肆畝柒分。

獨張村:程勝叁拾伍畝叁分。雷宬貳拾肆畝。

大里村:劉萬捌畝。劉興伍畝。

侯張村:魏奴兒四畝伍分。

田村:成順貳畝。党順貳畝。王再立叁畝。榮再立叁畝伍分。

白樣村:李宗貳畝。李□貳畝。李進四畝七分。

---

①《長安志》記涇陽縣有瑞寧、永順、會仙、廣吉、河池、宜善等六鄉,碑文中出現了宜善、廣吉上鄉、廣吉下鄉、瑞寧等四鄉,看來金代將宋時的廣吉鄉,分爲上下兩鄉。

瑞寧鄉大宋村：

賈立五段柒畝三分捌厘叁毫。賈再立五段柒畝叁分捌厘叁毫。

賈志五段柒畝三分捌厘叁毫。鄧超一段壹拾畝。

夏興一段肆畝。李再一段貳畝。辛用三段伍畝。

大馬村：劉皋一段，柒畝貳分。

華陽莊：雷保一段陸畝。

郭下：强規一段肆畝伍分。

已上貳拾陸户，通計地壹頃捌拾柒畝柒分玖厘玖毫。

（小注：以上爲第6截）

小結

校注收獲大致如下：

一是確認了碑文中的"子城廂正街"即《奉元城圖》中的"指揮東街"。

二是確認了金代京兆府的行政區域只有四廂：即左第一廂、左第二廂、右第一廂和子城廂。其中，左第一廂位於城區東南部，其管轄範圍大致爲《奉元城圖》中的銀巷街以東（含銀巷街），指揮東街（景風街）以南，治安管理的重點當爲安上門；左第二廂位於城區東北部，其管轄範圍大致爲《奉元城圖》中的景風街以北（含景風街），馬巷口以東，九耀街以北，治安管理的重點當爲景風門和玄武門；右第一廂的管轄範圍最大，大致即《奉元城圖》中的銀巷街及其延長線以西的"西半城"，北至北城牆，南至南城牆，西至西城牆，其治安管理重點當爲含光門和順義門；子城廂的管轄範圍最小，只負責指揮東街以北、九耀街以南、馬巷口以西、廣濟街以東的"内城"管理。

三是校出了《八瓊室金石補正》所載録文中的多處關鍵錯誤。譬如，《八瓊室金石補正》誤録"淡忠勇"爲"淡忠一男"，誤録"栗（木）"爲"果（木）"等，誤録"草場街"爲"草場廠"，都容易引起誤會。

四是確認了金代京兆府的"樓店巡"隸屬於"録事司"。

五是由碑文中的"壹"和"一"互代，"貳"和"二"互代，"拾"和"十"互代等，悟出文字的逐漸簡化實爲必然趨勢。以繁體字爲正統的所謂"潮流"，實有"逆流"之嫌。

六是發現了一些有待深入探討的問題。譬如，金代京兆府的"城壁"是個什麼樣子？有何作用？如何管理？與唐代以前的"坊市制"有何不同？這些現在都還不太清楚。再如，碑文中出現了許多僧尼租佃土地、房産的情況，既然是租佃，自然要交租，莫非金代對佛教徒的政策有什麼特殊之處?還有,金代的贍學地産是如何劃撥的?與唐、宋有何不同?這些也不太清楚。此外,諸如"接簷短低""板踏門"之類的建築形式到底什麼樣子,有興趣的朋友也不妨探討一下。

附1:金正隆五年"北京樓店巡"印影

【作者簡介】任乃宏,男,1963年生,邯鄲學院特聘教授,主要從事先秦史、金石文獻研究。

元明之際文士張籌散佚詩文及生平事迹補考

王馨振華

張籌，字惟中，號一梧主人，無錫人。約生於元延祐間(1314—1320)。至正廿五年(1365)舉江浙省試第一。明洪武四年(1371)以詹同薦，授翰林應奉，改禮部主事。奉詔與尚書陶凱編集漢、唐以來藩王事迹爲《昭鑑録》。洪武九年，由員外郎進尚書，與學士宋濂定諸王妃喪服之制。後出湖廣參政。洪武十年，坐事罰輸作。洪武十二年，仍起禮部員外郎。後復官，以事免。其後事迹不詳。傳見《明史》卷一百三十六。[①] 張籌作品流傳於今者甚少，《全元文》僅據《宛委别藏》本《青雲梯》收録張籌《禹門賦》一文，並有小傳云："張籌，字惟中，任職禮部，兼晉相府録事。至正時在世。"[②]此小傳不僅過於簡略，而且容易使人誤會其所任之職爲元朝所授，實則其人入明時間甚長，且身居高位。無論按照古人出處隱仕之原則，或依據今人生活時代之標準，遽定其爲元人皆有可商之處。僅此一端，亦可以見當時學術界對其生平尚不甚了了。近年此方面較詳細的研究可以參見趙彧《張籌年譜》(以下簡稱"趙《譜》")。[③]該文爲我們描述了張籌主要生平事迹及相關作品，但部分問題尚欠深入。通過進一步對所裒輯詩文的分析，本文期望獲得一些對其生平作品更加深入的認識。

一、《義犬志》

趙《譜》曾提及《江南通志》所收張籌佚文一篇，並以"義犬冢記"名之，現迻録如下：

> 無錫有義犬冢。張籌遇毒蛇，犬嚙殺蛇，中毒死。籌葬之，勒石以志。云："洪武元年，余以尚書禮部奔先考喪歸，講喪禮時，則鄰姻得菴費翁數相過從。六月既望，時雨新霽，余因訪得菴於弓河草堂。步行新橋，委巷泥濘没屐齒。余踞盤石濯足，有蛇

---

① 張廷玉等《明史》卷一三六，北京：中華書局，1974年，第3932—3933頁。

② 李修生《全元文》，南京：鳳凰出版社，2004年，第54册，第70—71頁。此文爲傅慶芬點校。

③ 趙彧《張籌年譜》，未刊稿。此文曾於北京師範大學古籍與傳統文化研究院學術論文大賽中宣讀並獲二等獎。

蟠石,交縛余左足。事出不意,時惟一黄犬隨余行。余顧犬太息,犬解余意,嚙蛇數段死。犬亦旋死。余相河南隅一丘,用筦席四襲坎葬云。嗚呼!銜結之報,書傳所載,非誣也。乃余親受此犬脱非常之厄,謹朱書元石,追而納之壙,與得菴親臨視焉。余乃一梧主人,姓張氏。葬之爲六月二十四日。"①

文中提及洪武元年張籌以尚書禮部奔父喪事,據宋濂所撰《張府君墓志銘》,知其父張翼"卒於洪武二年四月二十七日",②與此不同。實際上,此文又見於《(乾隆)無錫縣志》和光緒七年刊本《無錫金匱縣志》,③内容與上引文略有不同。現以刊刻較早的《(乾隆)無錫縣志》所載爲主,校以《無錫金匱縣志》所引,全文迻録如下:

張籌《義犬志》曰:"大明開天,建元洪武。余以徵召赴京師,待罪翰林應奉,超拜尚書禮部。明年己酉夏四月二十七日,先考背棄。五月五日,奔歸喪次,訾卜宅兆。講服喪禮時,則有鄰姍得庵費翁數相過從。④ 六月既望,時雨兼旬初霽,余訪得庵於弓河草堂。步行新橋,委巷泥濘没履齒。⑤ 余踞盤石濯足,呼得庵,欸柴關,而有蛇蟠石,交縛余左足。事出不意,時惟一黄犬隨余行。余顧犬太息,犬解余意,嚙蛇數段。犬伏毒就斃,得庵始出,見驚駭,相慰謂古人有帷葢之義,⑥俾余掩之。余相盛河南隅一北,⑦用筦席四襲坎葬云。嗚呼!古有銜結之報,書傳所載,非誣也。乃余親受此犬脱非常之厄,謹朱書玄石,⑧追而納之壙,與得庵親臨視焉。雖然,余負此犬多矣。余乃一梧主人,姓張氏。葬之爲六月二十四日。"

二志所載異文主要是異體字及避諱方式不同所致,僅有"履"作"屐"文意稍有不同,然差别甚微。可以肯定地説,後出之《無錫金匱縣志》應是承襲《(乾隆)無錫縣志》而來,當然也許並非直接抄録,但後志參考前志乃修志常法。二志紀事詳於《江南通志》,尤其開頭幾

① 趙弘恩等監修,黄之雋等編纂《江南通志》卷一九五《雜類志》,景印《文淵閣四庫全書》,臺北:商務印書館,1983年,第512册,第738—739頁。

② 宋濂《文憲集》卷二一,景印《文淵閣四庫全書》,臺北:商務印書館,1983年,第1224册,第233頁。

③ 王鎬等修,華希閔等纂:《(乾隆)無錫縣志》,見《無錫文庫》第一輯,南京:鳳凰出版社,2011年,第577—578頁;斐大中等修,秦湘業等纂《無錫金匱縣志》,見《中國方志叢書》華中地方第一一一號,臺北:成文出版社,1970年,第702—703頁。需要指出的是,下文所引更早之《(弘治)重修無錫縣志》却無此文。

④ 庵,《無錫金匱縣志》作菴,下同。

⑤ 履,《無錫金匱縣志》作屐。

⑥ 葢,《無錫金匱縣志》作蓋。

⑦ 北,《無錫金匱縣志》作邱。

⑧ 玄,《無錫金匱縣志》作元。

句，叙述了作者歸鄉奔喪的過程，明言其父卒年月日，與宋濂所記一致。推測其緣由，《江南通志》作爲一省之通志，叙述下轄縣的内容往往要比該縣縣志凝練，引用文獻亦常常採用概引方式，遂以"洪武元年"置换"建元洪武"一語，而將其他信息略去，致有此誤。《（乾隆）無錫縣志》既引此文作《義犬志》，則《義犬冢記》之名可廢。不過志文内容尚有可辨之處，文中"余以徵召赴京師，待罪翰林應奉，超拜尚書禮部"一句上承"建元洪武"，下啓"明年己酉夏四月二十七日"，似乎是發生在這兩個時間點之内的事件，實則並非如此。張籌以洪武四年以詹同薦，授翰林應奉。又據《禮部志稿》記載，洪武元年任禮部尚書者爲錢用壬，當年即致仕；旋由崔亮接任，二年卒於官；三年，由陶凱接任；四年，楊訓文任；五年，牛諒任；六年，劉昭先任；七年，吕本、趙著先後任；八年，章善任；九年，張籌始任。[①] 由此可知，"待罪翰林應奉，超拜尚書禮部"並非洪武一二年間事，而是由"余以徵召赴京師"連帶引出的話頭，屬於概括性的追述，不能將其坐實。

二、"題惠麓秋晴圖"

趙《譜》"洪武七年甲寅"條收録張籌爲朱芾《惠麓秋晴圖》所題之詩：

> 湖上群山幻九龍，泉頭一客坐雙松。定知别後還相憶，夢入秋雲第幾重。鄉人張籌。

此詩無題，所謂"題惠麓秋晴圖"，係本人所擬。此詩廣爲各種題畫詩集選録，但爲此畫題詩者非止一人，惟《趙氏鐵珊瑚網》[②]俱載諸人姓名，爲日後《式古堂書畫彙考》、[③]《大觀録》[④]所承襲，據其記載，題畫者尚有牛諒、劉仙客、朱夢炎、瞿莊、吴伯宗。朱芾生平附見《明史·趙撝謙傳》，僅寥寥數字："朱芾，字孟辨，洪武初，官編修，改中書舍人。"[⑤]前揭《趙氏鐵珊瑚網》等三書於諸人題詩之前有朱芾自題之詩，落款爲"甲寅秋立冬日雲間朱孟辨爲志學聘

① 林堯俞等纂修，俞汝楫等編撰《禮部志稿》卷四一，景印《文淵閣四庫全書》，臺北：商務印書館，1983年，第597册，第744頁。

② 朱存理撰，趙琦美編《趙氏鐵珊瑚網》卷十四，景印《文淵閣四庫全書》，臺北：商務印書館，1983年，第815册，第735頁。

③ 卞永譽《式古堂書畫彙考》卷五四，景印《文淵閣四庫全書》，臺北：商務印書館，1983年，第829册，第315—316頁。

④ 吴升《大觀録》卷十九，《續修四庫全書》，上海：上海古籍出版社，1995—2002年，第1066册，第802頁。

⑤ 《明史》卷二八五，第7324頁。關於朱芾的生平，可參閲趙晶《明代畫院研究》，清華大學博士學位論文，2013年6月，第131頁。

君并書詩於建業之青谿一曲”。據此可知,此畫係朱芾爲吴志學所作,時在洪武七年(甲寅)秋立冬日。[①] 上述題畫之人極有可能是在同一時間雅集觀畫而題,若然,則循此思路查考諸人産生交集的最可能時間,即可大致推定張簡此詩作年。考牛諒於洪武七年降禮部主事,尋復尚書之職,[②]朱夢炎時任禮部左侍郎,十年任員外郎,十二年任尚書,十三年卒官,[③]瞿莊曾任翰林院典簿,時間不詳,[④]九年曾任禮部員外郎,當年即“升福建行省参政”,[⑤]吴伯宗“洪武四年狀元及第,授禮部員外郎”,[⑥]日後任職情況不詳,也許一直未改官。劉仙客情况較特殊,其人原爲山林隱逸之士,後應徵出山,時間不詳。[⑦] 但其與馮寅賓交善,寅賓於“洪武七年卒於泰和”,[⑧]推測劉仙客或於此前後應徵赴京並於禮部任職,故得以参與題詩。上述諸人大多任職禮部,從張簡、朱芾等人經歷可知,他們平生交遊之人,頗多在禮部任職者。凡此種種皆説明,這極有可能是一次集體觀畫活動留下的痕迹。題詩之人當時都應在禮部任職,故以官職最高的牛諒之詩居首,其他人依次列後。題詩時間下限不可能爲十三年,因其時朱夢炎已死;不可能爲十年,因其時張簡已罰輸作;不可能爲九年瞿莊赴福建任職之後的時間;最可能的時間,即牛諒降主事又尋復尚書,而劉仙客應徵赴京的洪武七年秋季立冬日朱芾題跋之後的時間。還需説明的是,上引《明史·趙撝謙傳》稱朱芾爲“華亭朱芾”,其落款稱“雲間朱孟辨”,明松江府下轄華亭縣,雲間即華亭别稱,而張簡乃無錫人,其自稱“鄉人”,也許是着眼於大的地域概念而言。趙《譜》據張簡籍貫推測朱芾爲無錫人,顯然不妥。

三、“送楊象賢歸鄉”

除趙《譜》所列上述詩文外,本人近又輯得張簡佚詩二首。一見於《述善集》行實卷之三:

江上花飛委緑波,送君奈此别愁何,一杯且干麻姑酒,萬里須經瓠子河。

① 《趙氏鐵珊瑚網》卷十四有吴志學“徐幼文惠山圖”跋,即此人。

② 《禮部志稿》卷四一,第744頁。

③ 《禮部志稿》卷四一,第746、750、744頁。“國初禮部員外郎”條記其洪武十年任員外郎,“本年爲本部尚書”,或其在十年亦曾有尚書之任,備考。

④ 黄佐《翰林記》卷七,景印《文淵閣四庫全書》,臺北:商務印書館,1983年,第596册,第937頁。

⑤ 《禮部志稿》卷四一,第750頁。

⑥ 《禮部志稿》卷四一,第750頁。

⑦ 陳謨《海桑集》卷五,景印《文淵閣四庫全書》,臺北:商務印書館,1983年,第1232册,第586—587頁。

⑧ 楊士奇《東里續集》卷十九《題贈馮寅賓詩卷後》,景印《文淵閣四庫全書》,臺北:商務印書館,1983年,第1238册,第622頁。

某水某山宜獵釣，我疆我理足委佗。白頭歸隱真奇事，不愧詩人賦在阿。[①]

此詩爲送楊象賢歸鄉里而作，題目爲本人所擬。楊象賢，本姓唐兀，元明之際的西夏遺民，明初曾遊京師，依其侄楊大本。據陶凱於洪武五年三月朔日所作《送楊公象賢歸澶淵序》記載，“其猶子曰大本，仕禮部侍郎”，“象賢行，與大本爲同僚者，咸歌以送之”。[②] 陶凱序後除張籌詩外，尚收魏觀詩一首、曾魯詩二首、李顔詩一首、項駕詩一首、陳信之詩一首、張孟兼詩二首。按陶凱序文所説，此數人當爲楊大本的禮部同僚，如魏觀洪武五年任禮部員外郎，[③]曾魯此年任禮部侍郎，[④]而據趙《譜》考訂，張籌該年應任禮部主事。這是一次典型的同僚賦詩送行活動。楊象賢自京師出發的季節爲江上花飛的陽春三月，聯繫陶凱序文的撰作日期洪武五年三月朔日，張籌此詩創作時間自不待言。楊象賢身份特殊，爲研究西夏遺民在後世的活動提供了資料較爲翔實的個案，已經引起學術界的重視。[⑤] 但尚未有學者對他晚年這次歸鄉所引起的賦詩送行活動給予關注。因此從其同僚賦詩送行的角度入手，探索西夏遺民在明初官場的人際交往關係，似乎是一個新的學術增長點。

四、《泰伯祠送張守》

另一首佚詩《泰伯祠送張守》見於《（弘治）重修無錫縣志》及光緒七年刊本《無錫金匱縣志》，[⑥]抄録於下：

泰伯遺墟在梅里，[⑦]井邑依然舊山水。當時三以天下讓，周家緜延八百祀。[⑧]
可憐有廟附南郭，社鼓鼕鼕歲時樂。[⑨] 兵火年來草棘深，惆悵神明竟誰托。[⑩]
張侯一郡民父母，此固無嫌我鄉土。豈惟墜典興自今，要使流風亦還古。

① 焦進文、楊富學《元代西夏遺民文獻〈述善集〉校注》，蘭州：甘肅人民出版社，2001 年，第 222 頁。
② 《元代西夏遺民文獻〈述善集〉校注》，第 213—214 頁。
③ 《禮部志稿》卷四一，第 752 頁。
④ 《禮部志稿》卷四一，第 746 頁。
⑤ 相關研究論文可以參看《元代西夏遺民文獻〈述善集〉校注》所附《主要參考文獻》第四部分。
⑥ 吴翀、李庶《（弘治）重修無錫縣志》卷三一，見南京圖書館編《南京圖書館藏稀見方志叢刊》，北京：國家圖書館出版社，2012 年，第 47 册，第 132 頁；《無錫金匱縣志》，第 563 頁。
⑦ 里，《無錫金匱縣志》作李。
⑧ 緜，《無錫金匱縣志》作綿；祀，《無錫金匱縣志》作禩。
⑨ 皷鼕鼕，《無錫金匱縣志》作鼓鼕鼕。
⑩ 神，《無錫金匱縣志》作文。

二者異文,多爲異體字,於詩意關涉甚小。詩中言"張侯一郡民父母",則所謂張守應指時任常州府知府的張度。[①] 關於張度,《(萬曆)重修常州府志》曾有小傳:"張度,字景儀,增城人。好學有文。洪武九年涖郡爲政。公勤興學造士,徵拜吏部尚書。在郡嘗續修郡志。"[②]記載十分簡略。其實張度當時曾先後請宋濂、鄭真爲其父志墓,即宋濂《贈承事郎吏部侍郎張府君墓志銘》及鄭真集中之《故清河張處士墓志銘》。[③] 綜合此二文,可以考知張度生平如下:張度本廣東番禺人,世居番禺之黄岐角。高祖張塄始遷居禮園社。[④] 曾祖張一飛,通《周易》,配麥氏。祖張彬甫,與弟鄰甫皆善傳父經,配羅氏。父張復禮,即名爲字,又號禮庭,爲彬甫仲子,善《易》,配林氏。生子四人,長即張度。張度約於元至正十六年中鄉試,授肇慶路高要縣儒學教諭。[⑤] 元末兵亂,避居增城,因葬其父於此。明洪武三年,張度以《尚書》就試廣東行省,恐怕即以增城生員身份與試,故上引小傳稱其爲增城人。四年,徵詣京師,再試吏部,中選後拜監察御史,先後分守北京,巡歷中京,約在六年之後、九年之前曾任吏部侍郎。[⑥] 其後事迹便可與小傳銜接。[⑦]

《(弘治)重修無錫縣志》記泰伯祠(又名至德廟)"舊在縣東南三十里梅里鄉",相傳爲泰伯之"宅基故井猶存",[⑧]即對詩中"泰伯遺墟在梅里,井邑依然舊山水""可憐有廟附南郭"等語的最佳注脚。又云"國朝洪武十年移建今地",[⑨]恰好在張度涖政期間,再結合詩中所言"豈惟墜典興自今,要使流風亦還古"之語,當係其重修無疑。張籌於洪武十年免官罰輸作,之後可能曾短暫回鄉,故在新建之泰伯祠内作此送行之詩。但該詩時間下限不能晚於十二年,因十二年張籌重新起復,不可能在無錫。

綜上所述,張籌除《禹門賦》之外,尚有《義犬志》一文以及"題惠麓秋晴圖""送楊象賢

① 劉廣生修,唐鶴徵纂《(萬曆)重修常州府志》卷之九上《職官二》,見《南京圖書館藏稀見方志叢刊》,北京:國家圖書館出版社,2012年,第56册,第606頁。

② 《(萬曆)重修常州府志》卷之九上《職官二》,第220頁。

③ 《文憲集》卷十九,第1224册,第139—140頁;鄭真撰《滎陽外史集》卷四三,景印《文淵閣四庫全書》,臺北:商務印書館,1983年,第1234册,第264—266頁。奇怪的是,文中敘張度偶遇浚儀趙某,因請其爲父作墓志銘。故知此係鄭真代趙某所作之文。但鄭真當時文名與宋濂相埒,張度未直接請於鄭真,因緣際會,可遇不可求。

④ 塄,鄭真文作楞,未知孰是。

⑤ 宋文云:"已而度舉茂才,去而爲肇慶路高要縣學教諭,迎養甫六齡,而府君殁矣。時至正二十一年辛丑四月二十三日也。"由張復禮卒年上推六年左右,則張度中鄉試之年只能在至正十六年。鄭文大意亦相當。

⑥ 貝瓊《送徐真卿赴羅山縣儒學教諭序》曾言張度於洪武六年尚任御史,見貝瓊撰《清江文集》卷二十,景印《文淵閣四庫全書》,臺北:商務印書館,1983年,第1228册,第420頁。

⑦ 明謝應芳《續毘陵志序》"洪武十年春,郡守中憲大夫張度涖政之初"云云,又《送孫太守奔喪歸濟南序》記張度前任孫用以"洪武丙辰九月既望"奔母喪去官,丙辰即九年,則張度之任當在九年九月既望之後,其任命之下達與其實際到任時間必有錯位,謝氏以實際到任時間爲準,《(萬曆)重修常州府志》則以官方任命時間爲準。謝氏二文見謝應芳撰《龜巢稿》卷九,景印《文淵閣四庫全書》,臺北:商務印書館,1983年,第1218册,第213—214頁。

⑧ 《(弘治)重修無錫縣志》,第578頁。

⑨ 《(弘治)重修無錫縣志》,第579頁。

歸鄉”、《泰伯祠送張守》三詩略可考其行迹。趙《譜》尚輯有《題美人春睡圖》及《劍石歌贈鳳山》二詩，因其中所含有關其行實信息太少，無法深考。儘管如此，本文對張籌的認識亦已超出《全元文》小傳及趙《譜》的範疇。

2018年9月20日定稿

附注：本文寫作過程中，得到厦門大學人文學院歷史學系趙永磊先生、中國社會科學院歷史研究所王天然女士指正，謹致謝忱。

【作者簡介】王馨振華，真實姓名王振華，1984年生，西北大學歷史學院講師。

清代《國語》輯佚概觀[*]

郭萬青

梁啓超在《清代學者整理舊學之總成績》中説:“書籍遞嬗散亡,好學之士,每讀前代著録,按索不獲,深致慨惜,於是乎有輯佚之業。”①對輯佚産生的原因進行了表述。朱季海云:“輯佚之作,所以扶微起絶,飾閑補亡,誠有不得已者也。溯其濫觴,蓋起有宋。”②對輯佚的功能及輯佚工作的興起作了概括論述。“輯佚”作爲術語出現得比較晚,但輯佚工作很早就出現了。今見《中華大典·文獻目録典·文獻學分典·輯佚總部》所收文獻論及此者較早的有韓愈,而以宋元以來漸次增多,清代輯佚達到空前繁榮。曹書杰《中國古代輯佚學論稿》用兩章的篇幅來探討清代輯佚的繁榮,此外中國大陸地區有兩部專著專門以清代輯佚爲研究對象,喻春龍《清代輯佚研究》和郭國慶《清代輯佚研究》都是以清代輯佚作爲研究對象的。另外,中國台灣地區陳惠美博士學位論文《清代輯佚學》也以清代輯佚作爲研究對象。③ 此外,學術刊物上發表的清代輯佚方面的論文也具有相當數量。從這些

* 本文爲2015年度教育部人文社會科學研究規劃基金項目“《國語》研究史”(15YJA770004)階段性成果。

① 梁啓超《清代學者整理舊學之總成績》,北京:商務印書館,1999年,第96頁。

② 朱季海《輯佚書議》,見氏著《初照樓文集》,北京:中華書局,2011年,第315頁。

③ 喻春龍《清代輯佚研究》,上海:上海古籍出版社,2010年。郭國慶《清代輯佚研究》,北京:民族出版社,2011年。陳惠美是中國文化大學劉兆祐教授指導博士生,其博士論文2004年完成,共559頁。其摘要謂:全文凡七章。内容大要如下:第一章“緒論”:叙述本題研究之動機旨趣與範圍,並追溯清代學者承襲自宋元明以來輯佚觀念之根源。第二章“清代輯佚興盛之原因”:大凡任何一種學術之所以能形成風潮,必有支持此一學術活動之外在條件,與促使學者積極投入此一學術活動之内在因素存在。前賢研究清代輯佚興起原因,或曰導源於宋代考據之遺緒,或曰發端於漢學家之治經,或曰受《四庫全書》編纂之啓發。本文就學術發展之内在理路與當時社會所能提供之資源,歸納清代輯佚興盛原因有四:一、回歸原典觀念之普及,二、四庫全書纂修之影響,三、圖書輯刻風氣之盛行,四、前代輯佚經驗之累積。第三章“清代輯佚活動概述”:清人輯佚,有官輯與私輯之不同。乾隆時四庫館臣據《永樂大典》採集亡書,爲朝廷明令辦理之工作;乾隆以降直至清末,則私家輯佚活動大爲風行。四庫館臣輯佚與私家輯佚,各自有其成果及特點,約略言之:二者所據以輯佚之資料不同,四庫館臣憑藉之資料主要爲《永樂大典》嘉隆副本殘卷,而私家所據則遍及唐宋類書、漢唐箋注義疏及諸史、總集;又二者輯録範圍不同:四庫館臣所輯偏重於宋元人所著四部典籍,而私家輯録多集中於唐以前經史類撰述。是以本章分就二者發生之緣起、發展之歷程、輯佚之成就與特色、重要私家輯佚學者生平撰述,一一予以探討。第四章“清人輯佚之法則”:輯佚爲清代考據重要之一環,治輯佚者,須具備辨僞、校勘、(注轉下頁)

側面也可以看出清代輯佚的繁榮局面。

關於清代輯佚的總體特點，曹書杰曾總結了八個方面：1. 輯佚工作者的隊伍壯大；2. 出現了以輯佚爲主業的學者；3. 輯佚的對象和範圍十分廣泛；4. 卷帙浩繁的大部頭輯佚著作開始出現；5. 輯佚類型多有創獲；6. 輯佚學者有師門傳承；7. 輯佚的體例和方法更趨完善；8. 輯佚的工作得到了朝廷的支持和重視。①

具體到《國語》一書及其早期研究著作的輯佚而言，清代是《國語》輯佚的黄金階段和重要時期。清代中後期的一些學者進行了《國語》輯佚的工作。當然，由於學者的具體學術背景、學術旨趣、學術動機、輯佚材料、輯佚方法以及相關的原因，表現在具體輯佚方面，也有很多差别。當代學者中，較早且較系統對《國語》輯佚進行總結和研究的是張以仁，張先生同時也是《國語》舊注輯佚的集大成者。張以仁《〈國語〉舊注的輯佚工作及其產生的問題》是《國語》舊注輯佚方面較早的總結之作，該文的第三部分"以往《國語》舊注輯佚的情形"和第四部分"以往輯佚成果之檢討"，對馬國翰、王謨、黄奭、蔣曰豫和汪遠孫等五位清代《國語》舊注輯佚的成就以及存在的問題進行了梳理總結。當然，由於張先生主要關注《國語》舊注輯佚，並非關注《國語》本文、《國語》韋注和《國語》舊音等，其梳理也主要爲其《國語舊注輯校》作理論鋪墊，因此並不全面。

從内容上而言，清代《國語》輯佚分爲三個主要方面：1.《國語》佚文輯佚；2.《國語》佚注輯佚；4.《國語》韋昭注輯佚；5.《國語舊音》輯佚。當然，在這些内容中，以《國語》佚注輯佚成就最大。

(續上頁注)版本、目録等相關知識，方能有所成就。而今人誤以輯佚爲純就圖籍所載資料逐一掇拾抄録，毫無方法原則可言，遂有以清儒輯佚爲"鈔書匠之能事耳"之謬説。本章乃就清人輯本合勘比對，尋出清儒輯佚之法則有五：曰廣搜博取、曰考辨佚文真僞、曰覈校佚文異同、曰推斷佚文歸屬、曰編排佚文次第，庶可正前世學者之誤説。第五章"清人輯佚之缺失"：輯佚所須考證之内容甚廣，故學者咸以爲易熟而難精。民國初，劉咸炘著《目録學》一書，糾舉清儒輯佚之失有四：一曰"漏"、二曰"濫"、三曰"誤"、四曰"陋"。自是以後，指摘清儒輯本誤失之作甚多，而所見悉遵劉氏之説而無所發明。本章取清人輯本逐一對勘，考知清人缺誤有七：一、佚文歸屬有誤，二、編次失序，三、牽合附會，四、漏輯，五、引文出處標注有誤，六、誤題作者，七、因襲前人之誤而未改。而導致清人輯佚之有謬誤者，其原因亦有七：一、不明古書引文體例，二、不審時代，三、不明佚書體例源流，四、誤讀古書文句，五、疏略失校，六、未能善用前人考證成果，七、文獻本身訛謬造成輯佚失真。知清人輯佚之法則，可爲今日從事輯佚之導引；知清人輯佚之缺失，可爲今日從事輯佚之龜鑑。此本文寫作用心之所在。第六章"清代輯佚之價值"：前人論及輯佚價值，僅知就其恢復古書面貌立説。本章就其它學科實際運用輯佚資料之部分，考知清代輯佚之貢獻有五：即搜古籍之散佚、補史料之不足、正文獻之訛誤、明古學之淵流、辨古書之真僞。第七章"結論"：略述本文研究所得成果，與提示輯佚未來發展之方向。

① 曹書杰《中國古籍輯佚學論稿》，長春：東北師範大學出版社，1998 年，第 129—130 頁。

一、《國語》佚文輯佚

《國語》這部書首尾全具,從《漢書·藝文志》流傳到現在,至少在篇卷上保持着相對的一致性,其各篇内文本並没有發生因文句脱漏而無法讀通的現象。從這個角度而言,《國語》佚文的存在是需要慎重看待的,而《國語》佚文的輯佚工作開展空間相對較小。故清人《國語》佚文輯佚,無論從作者數量還是輯佚成果上,都甚爲微薄。關於這一點,董增齡曾經進行過探討,他在《國語正義叙》中説:

> 班氏《藝文志》既載《國語》二十一篇,又載《新國語》五十四篇,劉向所分。則漢時《國語》有兩本,今所傳二十一篇與班《志》合。然《公羊疏》第六卷引《國語》曰:"懿始受譖而烹哀公。"《公羊疏》第二十一卷引《國語》曰:"專諸膳宰,僚嗜炙魚,因進魚而刺之。"《史記·夏本紀》裴駰《集解》引《國語》曰:"敷淺原一名博陽山,在豫章。"《水經·河水》注引《國語》曰:"華岳本一山,當河,河水過而曲行,河神巨靈手盪脚蹋,開而爲兩,今掌足之迹仍存。"《水經·瓠子河》注引《國語》曰:"曹沫挾匕首劫齊桓公返遂邑。"《史記·補三皇本紀》索隱引《國語》曰:"伏羲風姓。"《夏本紀》正義引《國語》曰:"滿於巢湖。"《鄒魯列傳》索隱引《國語》曰:"楚人卞和得玉璞。"《禮·祭法》疏引《國語》曰:"神農之子名柱,作農官,因名農。"《文選·東京賦》注引《國語》曰:"分魯公以少帛綪茷。"《文選·盧諶·贈劉琨詩》注引《國語》曰:"齊大夫子高適魯,見孔子曰:'而今而後,知泰山之爲高,淵海之爲大也。'"今本皆無之,則逸者不少矣。然裴駰引"敷淺原"一條,酈道元引"華岳"一條,《文選》注引"子高"一條,其文與《國語》絶不類,議者疑之。

清代進行《國語》佚文輯佚的只有王仁俊一人。

王仁俊(1866—1913),吴縣東山人,字捍鄭,號籀。受業於俞樾、雷浚,初爲幕僚,光緒十八年(1892)中進士,授翰林院庶吉士,改吏部主事。曾在上海創辦《實學報》,又於1903年赴日本考察教育。曾任學部行走、禮學館纂修、存古學堂教務長、京師大學堂教習、學部圖書局副局長等。生平著作宏富。《蘇州民國藝文志》列其著述80種,[①]侯紀萍列其已刊未刊著作共85種,可見其著述之宏大,遍及四部。其生平輯佚著作匯編爲《玉函山房輯佚

① 張耘田、陳巍《蘇州民國藝文志》,揚州:廣陵書社,2005年,第34—39頁。

書續編》《玉函山房輯佚書補編》《經籍佚文》《十三經漢注四十種輯佚書》《小學鈎沉補》等書。關於王仁俊在輯佚方面的貢獻，張升、臧其猛、侯紀萍都有論述，可以參考。①《經籍佚文》"專門輯補現存古籍或佚書古輯本缺脱之文，分爲經史子集四編"，經編有 13 種，史編有 21 種，子編 78 種，集編 2 種。其中《國語》佚文收在史編，僅一條，如下：

華岳當河，河神鉅靈手盪脚踏開而爲兩之(《路史前紀》三注)

俊按：《路史》"鉅靈氏或云治蜀，蓋以其迹躔焉"，注曰：薛綜以鉅靈爲河神，蓋本《水經》所引，謂《國語》云云。今《國語》無此文。

按："脚踏"一類用法不見於先秦。《説文・肉部》："脚，脛也。"指小腿。"脚踏"之"脚"明顯指足，"脚"指"足"是中古的事情。今檢陳橋驛《水經注校證》卷四正文："左丘明《國語》云：華岳本一山當河，河水過而曲行，河神巨靈手盪脚蹋，開而爲兩。"楊守敬謂："朱作左邱明《國語》云，《箋》曰：按巨靈事在薛綜《西京賦・注》，引古語云云，非左氏《國語》也，此誤記耳。守敬按：《初學記》五、《御覽》三十九引薛綜《注》，亦作古語云，不第本書足據也。"②從這個角度而言，輯佚者需要對輯佚材料進行多個版本的比對，並且對相應研究著作進行必要的關注。也就是説，王仁俊本條輯佚是不成立的。類似的佚文材料還見於《太平御覽》《太平廣記》諸書。如《文淵閣四庫全書》本《太平廣記》卷四九九《衲衣道人》全文云：

唐有士人退朝詣友生，見衲衣道人在坐，不懌而去。他日，謂友生曰："公好毳褐夫何也？吾不知其言，適且覺其臭。"友生答曰："毳褐之外也，豈甚銅乳。銅乳之臭，並肩而立，接迹而趨。公處其間，曾不嫌耻，乃譏予與山野有道之士遊乎？南朝高人，以蛙鳴及蒿菜勝鼓吹。吾視毳褐，愈于今之朱紫遠矣。"(出《國語》)③

民國時期哈佛燕京學社編纂的《太平廣記引書引得》即標注爲"國語【左邱明(魯)；四部叢刊及四部備要本等】"④即是想當然而爲之了。即便不看篇章風格、語言，僅僅從朝代

① 張升《王仁俊的輯書》，《江蘇圖書館學報》第 4 期，1996 年，第 44—46 頁。臧其猛《王仁俊的輯佚學成就》，《淮北煤炭師範學院學報》第 4 期，2005 年，第 71—72 頁。侯紀萍《王仁俊的輯佚成就初探》，《有鳳初鳴年刊》第 3 期，2007 年，第 135—148 頁。

② 陳橋驛《水經注校證》，北京：中華書局，2007 年，第 108 頁、第 123 頁。

③ 李昉等《太平廣記》卷四九九，上海：上海古籍出版社，1987 年，影印《文淵閣四庫全書》本，第 1043 册，第 3 頁。

④ 《引書引得》，上海：上海古籍出版社，1990 年，影印《太平廣記》後附，第 12 頁。

記録上就可以判斷出,此非先秦之《國語》甚明。若據此以之爲《國語》佚文,恐怕會貽笑大方的。類似的例子在《太平御覽》中同様存在。我在《唐宋類書引〈國語〉研究》中對《太平御覽》引述《國語》的情形進行過簡單總結,如下:

> 根據《太平御覽》的引書體例,得《太平御覽》引《國語》共 263 條。263 條中有 11 條非今傳《國語》所有。這,11 條可以分作兩類:一類是出自其他傳世文獻如《戰國策》《淮南子》《説苑》《新書》等書而誤書作《國語》者;另外一類則未知出處者,亦或爲《國語》佚文。另外 252 條皆見於今本《國語》。[①]

《太平御覽》標引作《國語》而不能明出處的一則如下:

> 又曰:飄風之末,不能舉鴻毛。(卷九,頁九)

本句確實找不到出處。該句是一句陳述句,"飄風之末"是主語,"不能舉"是謂語,"鴻毛"是賓語。本句即便確實是《國語》的佚文,恐怕也是引述前人或者諺語格言之類。

王仁俊的輯佚成果長期以來只有稿本行世,外界難睹。故張以仁謂:"清人王仁俊輯有賈逵的《國語解詁》,此書傳係手稿,現存上海圖書館,無法取得。"[②]由於顧廷龍先生的推薦,上海古籍出版社於 1989 年 9 月出版《玉函山房輯佚書續編三種》影印本,臺北大化書局於 1990 年 3 月改名爲《玉函山房輯佚書補遺》翻印,這一重要輯佚學著作纔爲廣大學人所知。

二、《國語》佚注輯佚

張以仁先生把《國語》佚注稱作"舊注",謂:"'國語舊注',是指今傳《國語》韋氏解之外,時間在韋昭前後不遠,專爲《國語》一書所作的注解而言。"[③]按説,談到"舊",韋昭注也當包括在内,但韋昭注存留最爲完整,即便有散佚現象,也是隻字片語,不像韋昭前後的其他注解,已經不見完本。所以張先生就在涉及舊注時排除掉韋昭注。既然如此,不如直接

---

① 郭萬青《唐宋類書引〈國語〉研究》,南京師範大學博士學位論文,2013 年,第 116 頁。

② 張以仁《張以仁語文學論集》,上海:上海古籍出版社,2012 年,第 207 頁。

③ 張以仁《左傳國語論集》,臺北:東昇出版事業公司,1980 年,第 163 頁。這個觀點和其《〈國語〉舊注的輯佚工作及其産生的問題》一文表述完全相同。

用“《國語》佚注”更爲直接明白。

張以仁統計《國語》佚注一共七家，分别爲鄭衆、賈逵、服虔、王肅、虞翻、唐固、孔晁。①但清人輯佚只涉及到鄭衆、賈逵、王肅、虞翻、唐固、孔晁六家。

從内容上看，多數輯佚者輯佚衆家，如王謨(1731—1817)、汪遠孫(1794—1836)、馬國翰(1794—1857)、黄奭(1809—1853)、蔣曰豫(1830—1875)、王仁俊(1866—1913)；只有曾國藩(1811—1872)、労格(1819—1864)只對賈逵注進行了輯佚。從學者旨趣上而言，前幾位是專門從事輯佚工作或《國語》研究工作的學者，而曾國藩和勞格只是讀書所及，並非專門從事此項活動。

輯佚衆家者中，具體方式也不一樣。有的以佚注者爲單位，每一家自成一卷，按照《國語》原文次序輯列佚注，如王謨、馬國翰、黄奭、王仁俊；有的則以《國語》原文爲次序，把相應佚注編次在《國語》相應正文之下，如汪遠孫和蔣曰豫即是這種輯佚方式。

其基本輯佚體例大體相同，先臚列《國語》原文，然後將所輯佚注列於《國語》原文之後。王謨、馬國翰、黄奭、汪遠孫、王仁俊輯録都是正文一行、佚注一行，蔣曰豫則是《國語》原文大字，佚注小字。下面分别來看。

(一) 王 謨

王謨(1731—1817)，字仁圃，江西金溪縣人。乾隆三十三年(1768)舉人，乾隆四十三年進士。著述宏富，又輯佚漢魏佚籍，編成《漢魏遺書鈔》。根據褚贛生研究，王謨《漢魏遺書鈔》有四個輯佚特點：1. 按録鈎索，分類探求；2. 博覽群書，廣泛搜討；3. 綜合排比，編次整理；4. 考辨訂正，相互校勘。② 謝國楨則謂：“惜其書選擇未精，不無遺憾，然搜輯賅博，可供後人輯佚採輯之資。”③所輯《國語》佚注在《經翼》第三册，該册收録《春秋三傳翼》二十二種，其中賈逵《國語注》收在第二十一種。其《序録》先引述《隋書・經籍志》著録賈逵《春秋外傳國語》二十卷，次引述韋昭《國語解叙》學術史梳理部分，後加案語云：

> 宋庠《國語補注叙録》云：今惟韋氏所解傳於世，諸家章句遂無存者。然當唐世，賈書實自别行，故李善注《文選》每引賈逵、韋昭《國語》注，而韋解多即賈注，猶斑斑可考。且載賈注，則賈書固不以韋廢也。今故仍從韋解内鈔出八十一條，又《文選注》九

① 張以仁《〈國語〉舊注的輯佚工作及其産生的問題》，《張以仁語文學論集》，2012 年，第 203 頁。

② 褚贛生《王謨及其文獻輯佚活動評述》，《文獻》第 2 期，1987 年。

③ 吴格等《續修四庫全書總目提要・叢書部》，北京：北京圖書館出版社，2010 年，第 199 頁。

十條,《史記集解》十二條,《後漢書注》三條,《經典釋文》三條,《類聚》一條,《書鈔》七條,《初學記》二條。(内附唐注三十餘條)

大致交待了輯佚賈逵注的動機,運用的輯佚材料等。王謨認爲"賈書固不以韋廢"這一點是通達的。實際上這種現象在後世當中也存在。比如日本冢田虎《增注國語》一共一千多條,而秦鼎《國語定本》只引述了冢田虎增注 64 條,佔到冢田虎所有條目的二十分之一左右。後世引録前人注釋的時候,總有選擇傾向性,其選擇固不能淹没原書。從其《序録》來看,王謨輯佚所用材料七種,其中《文選注》和《國語解》爲其輯佚的主要來源,分别爲 90 條和 81 條,其他則零零星星,僅數條而已,另外還用到了《史記索隱》。其輯佚部分應該是分兩次進行,先輯佚出者順次録出,此後又進行核對,把漏掉的條目又順次録出作爲"補輯"部分附在後面,並没有隸到前此輯録相應條目之下。這類條目共 19 條,體例同前一致。

王謨輯賈逵注 196 條,輯唐固注 44 條,檢其體例,先臚列《國語》原文,空一格録賈逵注,多條佚注輯佚自一種書且注文順次排列者,於最後一條注文之後注明輯佚來源,如:

先王耀德不觀兵　耀,明也。
戢戢干戈　戢,藏也。(並《文選注》)
載櫜弓矢　唐云:櫜,韜也。
昔我先世后稷　唐云:父子相繼曰世。(並《史記集解》)

在補輯部分中,也出現不録《國語》正文的情況,則在注文之後注明注文當在的位置。如:

子朝,景王之長子也。(《文選注》。按:此注當在"景王既殺下門子"篇)

揭明其應在篇章。如其叙録所云,唐固注是附屬的,故條目中明標"唐云"。如果唐固注和賈逵注出於同一條目下,唐固注雙行小注出之。如:

宣王欲得國子之能導訓諸侯者　國子,諸侯之嗣子。或云:國子,諸侯之子,欲使訓導諸侯子也。(唐云:國子,謂諸侯能治國子養百姓者。〇韋昭《國語解》)

爲了使唐注和出處有所區别,以"〇"隔開。凡韋昭注非直引賈逵注、以轉述形式出之者,亦以小字出之。如:

十月惠公卒，十二月秦伯納公子　（韋昭云：四傳魯僖公二十三年九月，晉惠公卒。而此云十月。賈侍中以爲閏餘十八，閏在十二月，後魯失閏，以閏月爲正月，晉以九月爲十月而置閏也。秦伯以十二月始納公子，公子以二十四年正月入晉桑泉。）

因爲賈逵注是韋昭注文轉述之辭，故小字出之以示區别。

又有引文文字不同而出校勘者。如：

作轅田　轅，易也。（《文選注》："爰，易也。""轅""爰"字通）爲易田之法賞衆以田，易其疆界也。

大刑用甲兵　謂諸侯不式王命，則以六師移之。（《國語解》。《書·舜典》疏引賈逵注：用甲兵者，諸侯逆命征討之致也。）

第一條指出《文選注》引述用字與《國語》本文用字不同，但是二字字通。第二條則指出《尚書正義》引述賈注與《國語解》引述注文不同。

尚有校勘《國語》原文者，如：

天地之所祚　祚，禄也。（今本作"胙"，無"之"字。《文選注》）

這是校勘《國語》正文。張以仁云："《慧琳》46、72 及《玄應》1、9、18 引'地'下皆有'之'字，蓋賈本如是。"①

經過粗略對照發現，王謨撮録《國語》本文有以意爲之的現象。如"今自大畢伯士之終也"，《國語》公序本"士"作"仕"；"流王於彘"之"於"，公序本作"于"；"廩於藉東南"，公序本、明道本"於"作"于"，明道本"藉"作"籍"；"王勞之以地，文公辭，請隧焉"，今本《國語》無"文公"二字；"景王將鑄大錢"，今本《國語》無"景王"二字。而這後兩條，王謨都標注引自《國語解》，而與今《國語》文字皆有不同。當然，有的文字録自輯佚來源，如"繯山於有牢"，《國語》作"環"，《後漢書注》引作"繯"，王謨明顯根據《後漢書》注録文。

綜上可見，王謨在輯録佚注時，撮録原文比較具有隨意性，並没有根據某一《國語》本子進行文字的厘定，而且還存在臆改的問題。但就《國語》佚注輯録而言，王謨是今天能見到的第一個確立基本體例和規範的，具有開拓之功。而且所輯録的賈逵與唐固注文並非

① 張以仁《張以仁先秦史論集》，上海：上海古籍出版社，2010 年，第 198 頁。

少數,爲學者認識和研究賈逵注提供了基本材料。這些,都是值得稱道的地方。雖然王謨在輯佚時"選擇未精,不無遺憾",但又確實"可供後人輯佚採輯之資"。

(二) 馬國翰

馬國翰(1794—1857),字詞溪,號竹吾,祖籍章丘,至其曾祖父時始定居歷城。馬國翰之父馬錦曾任寧鄉、武鄉、天鎮等縣知縣,馬國翰自幼隨父讀書。道光十一年(1831)中舉,道光十二年舉進士,此後任陝西省知縣、隴州知州等職,咸豐二年(1852)致仕還鄉,咸豐七年卒。其生平大略及其撰述,王重民《清代兩個大輯佚書家評傳》、邱麗玟《馬國翰及其〈玉函山房藏書簿録〉研究》、趙晨《馬國翰研究》言之較詳,讀者可參。[①] 馬國翰一生勤於著述,影響最大的還是《玉函山房輯佚書》,有傳言此書是馬國翰攘竊自章宗源者,晚清學者蔣士瑆、楊守敬、胡玉縉等力辨此説之誣,王重民、王君南、邱麗玟、趙晨也都提出新的證據,可證《玉函山房輯佚書》確實是馬氏自己的著作,並非剽竊他人。該書卷帙浩繁,搜羅極富,是清代輯佚書中部頭最大的一部著作。這樣一位學者,《清史稿》並未爲之立傳,王重民先生認爲是《清史稿》"最大的缺點"[②],王重民爲專門書寫傳記,並譽之爲清代輯佚第一家。從王重民先生梳理的材料可知,馬國翰從二十二歲開始即從事輯佚工作。邱麗玟著録了《玉函山房輯佚書》的八個刊本,分别爲濟南原刊本、清同治十年(1871)濟南皇華館

---

① 邱麗玟《馬國翰及其"玉函山房藏書簿録"研究》,臺北大學碩士學位論文,2005年,第7—38頁。趙晨《馬國翰研究》,山東大學博士學位論文,2015年,第13—30頁。臺北市立教育大學應用語言文學研究所2007屆碩士王音琇論文《馬國翰文獻學之研究》共333頁,唯碩博論文網不提供電子文本,故無法看到。其摘要謂:言"輯佚",必稱"馬國翰",其著名的《玉函山房輯佚書》輯隋、唐以前經、史、子三部佚書近六百種,有"清代輯佚第一"之美譽。馬國翰《玉函山房輯佚書》不僅在輯佚方面有所成就,其校勘、辨僞、考據學,亦有特色。馬氏文獻廣徵博引的資料,實賴於五萬七千餘卷的家藏,其替家藏編製的《玉函山房藏書簿録》二十五卷,替其文獻學奠立厚實的基礎。本論文主要在討論清代中晚期學者——馬國翰,探究其在文獻學上的特色、貢獻及地位。全文近三十萬言,分爲九章,論文提要如下:第一章"緒論",敘述論文寫作的動機、目的、範疇、方法,將歷來關於馬國翰的研究成果撰述"研究綜述"一篇,並進行檢討。第二章"馬國翰生平及著作考述",介紹馬國翰的生平及交遊,考述馬氏著作、版本流衍及後世整理馬氏文獻的情形。第三章"馬國翰的學術思想",概述馬國翰身處時代的環境背景,進一步詮釋馬國翰的治學方法及態度。第四章"馬國翰的藏書",分析馬國翰藏書的特色,據相關文獻考述馬氏藏書的聚散及現存情況。第五章"馬國翰的目録學及版本學",探究《玉函山房藏書簿録》的分類、編目、版本學,彰顯馬國翰的目録及版本學價值。第六章"馬國翰的校勘及辨僞學",透過馬國翰的著作文獻,研究其校勘、辨僞學的方法,解釋校勘、辨僞學與其文獻的關係並進行評析。第七章"馬國翰的輯佚學",介紹輯佚學之源流,歸納馬國翰《玉函山房輯佚書》的輯佚方法及體例,探討《玉函山房輯佚書》的缺失與成就。此外,又介紹王仁俊補遺四書與馬國翰《玉函山房輯佚書》的關係及得失。第八章"《玉函山房輯佚書》相關問題之研究",將歷來《玉函山房輯佚書》的版本、卷數、書目等問題進行考述,建構馬國翰輯佚藍圖,將"馬是否竊章説"之始末進行交待及厘清。第九章"馬國翰文獻學之總評",彰顯馬國翰文獻在文獻學上的貢獻及探究其對後世的影響。可以想見,該論文的博洽翔實,相信研究也比較充分。

② 王重民《清代兩個大輯佚書家評傳》,《輔仁學志》第3卷第1期,1932年,第1—45頁。

書局補刊本、清同治十三年刻本、清光緒九年長沙嫏嬛館補校刊本、清光緒十年楚南湘遠堂刊巾箱本、清光緒十年綉江李氏補刊本/章邱李氏據馬氏刊版重印本、清光緒十五年綉江李氏補刊本、清光緒十八年湖南思賢書局本。邱氏根據《杭州大學圖書館藏線裝書書目》著録同治十三年刻本,趙晨亦進行了考訂,直接隸於"同治十年濟南皇華館書局補刻本"之下。以上諸本中,唯湖南思賢書局本與前幾種差别較大,邱麗玟謂:"此本之類目較他本多出'國語'一類,乃將補遺中它本皆入春秋類的《國語章句》《國語解詁》《春秋外傳國語虞氏注》《春秋外傳國語唐氏注》《春秋外傳國語孔氏注》《國語音》等 6 種,改列國語類,置於經編小學類之後。"[①]恐怕還是該刻本不審,以先秦要籍之"國語"混同於小學之"國語"之故。

根據王君南研究,《玉函山房輯佚書》有如下特點:1. 詳注出處;2. 删除繁蕪;3. 確定歸屬;4. 注重淵流;5. 精於校勘,具體體現在:(1) 補亡;(2) 糾繆;(3) 存異。6. 綴合佚文;7. 恢復篇第;8. 撰寫提要。同時也指出馬國翰輯佚的不足之處主要表現爲:1. 漏收;2. 誤輯。[②]

根據邱麗玟對皇華館本統計,《玉函山房輯佚書》著録書籍種數及卷數共 573 種,684 卷,加入補遺則有 593 種、705 卷。其中經編 415 種 519 卷,史編 8 種,子編 150 種。[③] 趙晨統計了《玉函山房輯佚書》《玉函山房輯佚書補遺》和《玉函山房輯佚書目耕帖續補》三書,最終得出馬國翰所輯佚書的實際數量爲 607 種 695 卷。[④]

檢點《續修四庫全書》所收《玉函山房輯佚書》,可知馬國翰輯佚《國語》部分在《玉函山房輯佚書補編》春秋類中,計後漢鄭衆《國語章句》一卷、後漢賈逵《春秋外傳國語解詁》二卷、吴虞翻《春秋外傳國語虞氏注》一卷、吴唐固《春秋外傳國語唐氏注》一卷、吴孔晁《春秋外傳國語孔氏注》一卷、《國語音》一卷。

和王謨相比:1. 馬國翰《國語》佚注注家比王謨增多了三家,即鄭衆、虞翻、孔晁。2. 相同的兩家,輯佚内容有所增多。賈逵注比王謨增多 80 條,唐固注比王謨所輯增多 50 條。3. 輯佚材料比王謨要豐富。以賈逵注輯佚爲例,王謨所用輯佚材料爲韋昭《國語解》《史記集解》《史記索隱》《初學記》《藝文類聚》《北堂書鈔》《文選注》《經典釋文》《後漢書注》,馬國翰則增加了《一切經音義》《禮記正義》《國語補音》《玉篇》《太平御覽》《開元占經》《左傳正義》《書正義》《列子釋文》《通志》《廣韻》等。類書擴大到宋代,經學正義成爲輯佚

① 《馬國翰及其〈玉函山房藏書簿録〉研究》,第 220 頁。

② 王君南《〈玉函山房輯佚書〉研究》,《書目季刊》第 1 期,1997 年,第 40—50 頁。

③ 《馬國翰及其〈玉函山房藏書簿録〉研究》,第 225 頁。

④ 《馬國翰研究》,第 176 頁。

來源之一,小學書成爲另外一個重要的輯佚來源。此外,還增進了志書等等。4. 標注出處比王謨要具體。王謨只標注書名,馬國翰標注已經具體到篇卷,爲檢核原書提供了方便。

馬國翰所輯注文,正文頂格一行,注文低一格一行,注文後小字標注出處。説明文字,亦於小字注中言之。如:

周文公之詩曰:兄弟鬩於牆,外禦其侮

常棣,穆公所作。(韋昭《國語解》引賈鄭)

此處不僅僅標出該條注文的出處,而且還説明爲什麽可以列入到鄭衆中,即韋昭引述時稱"賈鄭"。這就需要揣摩韋昭《國語解》,對韋注表述進行比較仔細地閱讀與分析。如下例:

侯,侯圻也。衛,衛圻也。言自侯圻至衛圻,其間凡五圻,圻五百里,五五二千五百里,中國之界也。謂之賓服,常以服貢賓見於王。五圻者,侯圻之外曰甸圻,甸圻之外曰男圻,男圻之外曰采圻,采圻之外曰衛圻。《周書·康誥》曰"侯、甸、男、采、衛"是也。(韋昭《國語解》云:"凡此服數,諸家之説皆紛錯不同,唯賈君近之。"則韋解用賈氏也。據補)

也有的不同來源,文字稍有不同,也於注末小字中予以説明。如:

其詩曰:昊天有成命,二后受之,成王不敢康。

昊天,天大號也。二后,文武也。康,安也。言昊天有所成命,文武則能受之,謂修己自勤,以成其王功,非謂周成王身也。(韋昭解云:鄭、賈、唐説皆然。《詩·周頌·昊天有成命》正義引作"謂文武修己自勤"云云)

其中"《詩·周頌·昊大有成命》正義引作'謂文武修己自勤'云云"就是對鄭衆注異文的著録。可見,馬國翰在輯佚過程中,參考多本,不僅僅輯佚條目,還提供不同出處的異文資料,爲學者使用進一步提供了方便。由於參考到的輯佚材料比較多,同條注文就會出現異文問題,故而在標注出處之後,往往會記其異文。如:

阜其財求

皐，長也(《文選·左太沖·魏都賦》李善注)，厚也，亦盛也，大也。(釋玄應《大愛道般洹經音義》，《文選·陸佐公·石闕銘》注引：皐，厚也)

本條對賈逵注的輯佚出自三個文本，其中以《左思·魏都賦》李善注、《玄應音義》爲正文，而以《石闕銘》注所引作爲異文附於小注之中。另外，本條輯佚條目還顯示出馬國翰在輯佚方面的另外嘗試，即所輯佚文屬於同條注釋，但是文字不同，如何排比的問題，類似於綴合。

有的佚注，韋昭《國語解》已經引述，而其他文獻中也予以引述者，在韋昭《國語解》之後同時標注出其他來源。如：

虢文公諫曰

文公，文王母弟虢仲之後，爲王卿士。(韋昭解，《史記·周本紀》裴駰集解)

從其撮録《國語》正文與注文來看，所用《國語》爲公序本系統。他書輯佚者，也多用他書所引《國語》正文，而於正文最後小字標注該文字與今傳《國語》之異。如：

飾牲爲載書(《北堂書鈔》引《齊語》有"書"字)

飾牲，陳其牲。爲載書，加于牲上而已，不歃血也。(虞世南《北堂書鈔》卷八十一)

這是揭明《北堂書鈔》引用文字和今傳《齊語》不同。從馬國翰所引《北堂書鈔》來看，他所依據的是陳禹謨序刊本。又：

既填其甕矣(宋庠《補音》：鎮，或作填)

這是根據宋庠《國語補音》的異文材料進行説明。可見，馬國翰在輯佚方面，不僅僅提供給讀者一定的初級材料，還打算進行初步考證，提供給讀者更爲豐富的信息。甚至還用他書異文進行比對，如：

公孫雄(今《國語》作"王孫"，《史記》引作"公孫")

公孫雄，吴大夫。(《史記·越世家》集解)

此外,還有少數條目並不提供佚注,只是提供正文異文。如:

> 南至於陶陰(宋庠《補音》:匋陰,賈作"陶"。)
> 吾伏弢峈血
> 《左傳》作"嘔血",面汙血曰嘔。(宋庠《補音》)
> 趙簡子田于萋。(宋庠《補音》"于螻",賈、孔本並作"萋")
> 趙簡子問於莊馳兹。(宋庠《補音》:壯音莊。賈、孔本同)
> 東方之士孰爲愈?(宋庠《補音》:爲瘉,賈、孔並作"愈")
> 惡角犀豐盈(宋庠《補音》:角犀,賈、唐、孔本作犀)
> 而黿鼉之與同渚(宋庠《補音》:陼,唐、賈、孔作"渚")

由於馬國翰輯佚《國語舊音》,故在輯佚《國語》佚注之時,注意到了不同注家用字的不同。不僅豐富了佚注,而且豐富了《國語》文本信息。

馬國翰輯佚鄭衆注 5 條都來自韋昭《國語解》,輯佚賈逵《國語解詁》來源比較複雜。經過檢核,輯佚自韋昭《國語解》者 65 條,輯佚自《文選》注者 96 條,輯自佛經音義(包括《玄應音義》、《惠苑音義》等)者 28 處,輯自《國語補音》者 10 條,輯佚自《左傳正義》12 條、《尚書正義》2 條、《詩經正義》1 條、《史記集解》者 3 條、《後漢書注》3 條,輯佚自《北堂書鈔》1 條、《太平御覽》4 條、《初學記》4 條、《通志》2 條,輯佚自《説文》1 條、《玉篇》1 條、《廣韻》2 條、《經典釋文》1 條。還參考到《集韻》等小學著作。

馬國翰輯佚虞翻注 36 條。其中輯佚自《國語解》17 條,輯佚自《初學記》1 條,自陳祥道《禮書》1 條,自《左傳正義》3 條,自《史記集解》14 條,自《後漢書注》1 條,自《水經注》2 條。

馬國翰輯佚唐固注共 93 條,其中輯自《史記集解》8 條,輯自《國語解》80 條,《後漢書》注、《詩經正義》各 1 條,《國語補音》5 條。其中僅爲臚列各本正文文字不同者 4 條。由於大量條目輯自《國語解》,故注文末注明"韋昭《國語解》",下幾個條目都相同者,則在最後一個條目後注"並同上",爲了避免讀者遺忘,接連出自《國語解》較多者,則隔幾個條目之後重新標注。

輯録孔晁注 36 條。其中輯自《左傳正義》22 條,輯自《國語補音》13 條,輯自《經典釋文》1 條。輯《補音》者多以明不同注本文字不同。輯自《經典釋文》者實輯自《左傳》釋文。

另外,馬國翰還依據《國語補音》輯佚《國語音》一卷,並爲撰寫叙録云:

《國語音》一卷，撰人姓名闕。宋庠《國語補音序》云："近世傳《舊音》一篇，不著撰人名氏。尋其説，乃唐人也。何以證之？據解'犬戎樹惇'，引鄯州羌爲説。夫改'善'爲'鄯'，'國'爲'州'，自唐始耳。"此編《唐志》及各家書目皆不著録，世無行本，惟庠《補音》謂因舊本而廣之。今檢庠書全載《舊音》，其自爲廣續者，必加"補音"或"今按"以别之，就中録出，仍完故帙。其體例與陸德明《經典釋文》不殊。雖涉簡略，而賈逵、唐固、孔晁諸家説猶及引徵，可與韋注互考，又間引《字苑》《韻集》《珠叢》《纂文》等書，皆散佚僅見者。唐時諸書尚存，故作音者得以援據。庠多空言排斥，似未爲允論也。歷城馬國翰竹吾甫。

《國語音》和賈逵、鄭衆、唐固、虞翻等不同，這些學者名注雖然有的也不見於本傳，但韋昭《國語解》往往徵引。而《國語音》則宋庠之前並無專門且明晰的記載，馬國翰因宋庠《補音叙録》及其《補音》撰寫體例而輯佚出《國語音》一卷，實在難能可貴。馬國翰叙録中揭示了《國語音》的特徵與價值：1.《國語音》體例與《經典釋文》相同，都屬於音義體訓詁著作；2. 宋庠撰寫《國語補音》是在《國語音》的基礎上加"補音""今按"而成，可以認定宋庠《補音》完整保存了《國語音》的内容；3.《國語音》保存的一定數量賈逵、唐固、孔晁注本情況，可與韋昭注本相比勘，具有很重要的學術價值；4.《國語音》徵引的小學書，今已不存，故《國語音》具有文獻保存與輯佚價值；5. 對宋庠"簡陋不足名書"之説提出批評，肯定了《國語音》的學術價值。

稿本《續修四庫全書提要》也對《國語音》進行了著録，其中内容多有參考馬序之處，云："《國語音》一卷（《玉函山房叢書》本），清馬國翰輯，撰人姓名不傳。按宋庠《國語補音》三卷，前編已著録。其書自序云：'近世傳《舊音》一篇，不著撰人名氏。尋其説，乃唐人也。何以證之？據解"犬戎樹惇"，引鄯州羌爲説。夫改"善"爲"鄯"，"國"爲"州"，自唐始耳。'庠所論是矣，而《國語音》不見於《唐志》及各家書目。庠以其簡略，乃采《經典釋文》及《説文》《集韻》等書補成三卷。唐人《舊音》，世無傳本。庠書初附韋昭集解，宋刻尚有單行。《四庫》所收乃清乾隆時衍聖公孔昭焕家藏本，唐編宋補賴此僅存。國翰既爲魯人，此輯蓋得自孔氏。《舊音》所引者，有李斯《倉頡篇》、服虔《通俗文》、吕忱《字林》、吕静《韻集》、何承天《纂文》、諸葛穎《桂苑珠叢》並後世不傳之笈。考隋唐志，曹侯彦、謝康樂、葛洪、馮幹四家皆名《字苑》，此書所引不知何氏。要之，葛洪近是。國翰廣輯佚書，取此以備一家，固非不當。而考求《國語》音注者，亦何必捨庠書之全而刻舟求劍哉？"（《續修四庫全書總目・史部雜史類存目》）也對該書的價值提出了商榷，認爲進行學術研究還是參考《國語補音》，不必以馬國翰所輯爲依據，這個認識是有道理的。

馬國翰所輯《國語音》共1053條,如果算上周、魯、齊、晉、鄭、楚、吴、越八語的音義條目,則爲1061條。僅從數量上來看,《國語音》就不是宋庠所説的“簡陋不足名書”,實際上《舊音》還是有很大學術價值的。首先,《舊音》保留了很多音切,不論是唐人的音切還是唐代以前,都能爲漢語語音史的研究提供一定的資料參照。其次,《舊音》引録或者比較了賈逵、唐固、孔晁和韋昭注本文字的不同,爲我們提供了今傳韋昭注本之外的其他各家注本的一些資料,爲進一步研究《國語》的流傳脉絡提供了材料。再次,《舊音》指出了韋注的一些問題,爲後來的進一步研究提供了維度。如對“犬戎樹惇”的解釋,一直到清代,還有一些學者在這個基礎上進行進一步探討。此外,也提供了一些歷史背景材料,爲漢語史研究或史學研究提供了資料。如云“梁主以佛有悖音,乃改悖爲背”,宋庠以爲難以斷定。而且,《舊音》還對涉及到的注文進行了疏證解説,如“彘之亂,公卿相與共和而修政事。按《汲冢書》,‘共’音‘恭’,共伯名和”即是對韋注“共和”的疏解等。

無論從整體數量還是從輯佚的精細程度上而言,馬國翰都遠遠超過了王謨。

(三) 汪遠孫

汪遠孫(1794—1836),[①]字久也,號小米,又號借閑漫士,浙江錢塘人。嘉慶二十一年中舉,曾官内閣中書。著有《國語校注本三種》《漢書地理志校補》《詩考補遺》《借閑生詩詞》《借閑生隨筆》《經典釋文補續偶存》等。據載,汪家先世是安徽黟縣雷港宏村人,明末時,汪元臺因爲販鹽始遷於杭州,繫籍杭郡錢塘。至汪光豫時,始居薦橋館驛之後,有振綺堂之名。自汪憲開始藏書,汪氏振綺堂成爲清朝中後期影響巨大的藏書樓之一。“汪遠孫是推動振綺堂汪氏文獻事業走向鼎盛的第四代中心人物”。[②] 汪遠孫勤於著述,精於藏書,還刊刻圖籍多種。胡敬《内閣中書小米汪君傳》載之頗詳,可以參看。

---

① 有以汪遠孫生年爲1789年者。如《清史列傳》卷六九則云:“汪遠孫,字久也。……道光十五年,病革,以遺書囑奂,遂卒,年四十七。”按照這個記載,則汪遠孫生於清高宗乾隆五十四年(1789),卒於清宣宗道光十五年(1835)。檢《國語校注本三種》前有陳奂(1786—1863)道光二十五年(1845)乙巳春月所作序,其中所記年歲:“昔余壬申歲受業於金壇段先生。”“甲申至武林,與汪中書小米遇,時往還吴越,未嘗晨夕與居也。癸巳,小米爲吴氏校刊杭郡詩輯,余遂館宿其家。”“丙申四月十二日,小米與余共立課程,炷香刻度,晨起得齒痛,余曰:‘外疾也。’不可醫,醫之不效,延入内疾,疾篤,猶自注釋密無已。五月八日遂卒,卒年僅四十有三耳。”汪遠孫卒後,其子曾撰亦於甲申卒,其書乃其族弟汪邁孫爲其刊刻行世。《補疑年録》卷四云:“汪久也,四十三,遠孫,乾隆五十九年甲寅生,道光十六年丙申卒。”繆荃孫《續碑傳集》卷二〇録有清人胡敬《内閣中書汪君墓志銘》一篇,言汪氏世系頗詳,云汪氏原安徽黟縣宏邨,十世祖汪文宇元臺始遷到錢塘。十歲喪母,嘉慶甲戌(1814)入郡庠,丙子(1816)舉於鄉。戊寅(1818)在京待銓,其父孔皆公辭世(下文云:“方孔皆公棄養時君年甫二十六。”)。君卒於道光丙申五月八日。年四十三。可證汪遠孫確切的生卒年是乾隆五十九年(1794)至道光十六年(1836),其他記述則有誤。

② 鄭偉章《杭郡振綺堂汪氏文獻世家考》,《藏書家》第21輯,濟南:齊魯書社,2016年,第93—119頁。

其《國語校注本三種》包括《國語發正》二十一卷、《國語明道本考異》四卷和《國語三君注輯存》四卷。根據陳奐爲《國語校注本三種》所作序文可知，汪遠孫《三種》撰作順序依次爲《輯存》《考異》《發正》。也就是説，在《國語校注本三種》中，《國語三君注輯存》是最先完成的。

汪遠孫《國語三君注輯存》没有輯入其他叢書，也未單獨刊印過，是《國語校注本三種》中唯一版本單純之作。汪氏自序云："三君者，後漢侍中賈君逵、吴侍御史虞君翻、吴尚書僕射唐君固也。韋宏嗣采摭三君，并參己意，成《國語解》二十一卷。漢章帝時鄭大司農衆作章句，其書最爲近古，久亡其篇數。魏中領軍王肅、晉五經博士孔晁亦爲章句訓注，後先於韋而《解》不載。今遠孫不揣譾陋，搜羅舊聞，其三君説有見於《解》中，有不見《解》中者，悉録之，王、孔諸家亦載焉，于以識韋氏作《解》之去就，而衆説之足資取益也。稱三君者，仍宏嗣之本書也。錢塘汪遠孫撰。"汪遠孫第一次對韋昭《國語解》中出現的三君給出比較明確的範圍，即賈逵、虞翻、唐固三人。認爲韋昭的《國語解》主要參照三者《國語》注的基礎上完成的。並揭明《國語三君注輯存》一書之收録範圍及其目的。

《輯存》所輯條目撰述體例：先摘録《國語》原文，别行起以"XXX 曰"臚列所輯舊注條目，條目最下以雙行小字出材料來源，材料來源有兩個或多個者，以來源年代順序臚列。材料來源都具體到篇卷，便於檢尋。别有勘校考異之言，别行起以"案"字出之，全書加有案語 135 條。審其案語内容，大體包括如下數端：

1. 揭出材料來源不同版本文字會有不同。如：

朝夕恪勤

賈逵曰：恪，敬也，勤勞也。（《北堂書鈔・政術部十》。案：今據曝書亭鈔本。陳禹謨刊本删去注文）

本條中，汪遠孫揭明自己所據的《北堂書鈔》是曝書亭鈔本，當然也參照了陳禹謨刊本，只是陳禹謨刊本只有正文，無注文。揭明了輯佚材料來源的版本不同，内容也會有差别。

2. 揭出韋解注文所本。如：

侯衛賓服

凡此服數，諸家之説皆紛錯不同，唯賈君近之。（韋解。案：注云云，韋蓋本賈説也。）

本條揭出韋注本賈注,故此處韋昭注文也可看作賈逵注文。

3. 揭明舊注當隸之處。如:

農祥晨正

賈逵曰:祥猶象也。(《華嚴經音義上》。下文"月之所立,辰馬農祥也"韋注:"祥猶象也。"此條或隸彼下。)

汪遠孫之所以繫本條於下文,恐怕認爲韋昭注既然是在三君注基礎上撰成,韋昭此處無注,則賈逵此處也當無注,故當隸在下文。

4. 資料來源標注精細。如注文中注明材料來源爲《北堂書鈔》,但案語中又揭明實本《唐類函》。如:

百官御事

賈逵曰:御,治也。(同上。此條據《唐類函》,鈔本無)

王乃淳濯饗醴

賈逵曰:饗,飲也。王沐浴飲醴酒。(同上。此條據陳本及《唐類函》。鈔本訛舛)

膳夫農正陳籍禮

賈逵曰:農正,農大夫,主敷陳籍禮而祭其神爲農祈也。(同上。"主敷陳"以下十三字,亦據陳本及《唐類函》,鈔本脱。)

同上者,皆據《北堂書鈔》。但是同時指出本條實際上是根據《唐類函》本或陳禹謨本。之所以不據鈔本,其一是鈔本無本條,其一是鈔本有錯誤。《唐類函》是明俞安期(1551—1618)編纂,有萬曆三十一年刊本。俞安期初名策,後改名後,字羡長,蘇州吴江人,遷居宜興,終老南京。《唐類函》共分四十三部,每部之下又分若干目,以《藝文類聚》爲主,每條先臚列《藝文類聚》的材料,次列《初學記》《北堂書鈔》《白氏六帖事類集》的材料,删去重複。《藝文類聚》内容簡略而其他三部類書材料詳盡的,就以其他三部類書材料補之。全書共200卷。而《北堂書鈔》很長時期以來一直以抄本行世,至明萬曆年間,陳禹謨進行校勘整理,纔有刊本行世。但是陳禹謨删補太多,嚴可均謂:"世咸謂明中葉後刻書無善本,是固然矣。然未有肆行竄亂,若陳刻《書鈔》之甚者也。"[1]而抄本、陳刻本和《唐類函》又是汪遠

① 嚴可均《書陳禹謨刻本北堂書鈔後》,《嚴可均集》,杭州:浙江古籍出版社,2013年,第271頁。

孫時代所能參據到的主要之本，故汪遠孫雖統以"北堂書鈔"稱之，而遇其不同之處，仍出案語，以示路徑。

5. 輯佚來源有多處而文字不同，進行考辨。如：

宣王欲得國子之能導訓諸侯者

賈侍中曰：國子，諸侯之嗣子。或云：國子，諸侯之子，欲使訓導諸侯之子。（韋解。《北堂書鈔·設官部二十四》。案：《書鈔》"嗣子"下有"教諸侯"三字，無"或云"以後十六字。此或賈氏自存別説，或韋氏採他人之説，未能臆定，並存以備參攷）

本條中，韋昭注所引賈逵注文與《北堂書鈔》所引不同，汪遠孫予以揭出。另外，就是"或云"之"或"是賈逵注文所引還是韋昭注文所引的問題。《北堂書鈔》没有引述"或云"，故而汪遠孫認爲無法確定究竟是賈逵引述還是韋昭引述的，因此"並存以備參攷"，這是很審慎的做法。這種處理方式要比黄奭更爲客觀。另如：

其刑矯誣

賈逵曰：非先王之法曰撟，加誅無罪曰誣。（《一切經音義》十二。案：《華嚴經音義》上止引上句，"非"上有"行"字，蓋"刑"字之誤。"撟"作"矯"）

本條只是輯佚來源不同産生的文字差别與譌誤。汪遠孫指出文字差别，同時指出譌誤。

6. 校勘文字，揭明理由，並進行版本上的異同比較。如：

惠王二年（各本誤"三年"，據《史記·周本紀》、《十二諸侯年表》改正）

惠王，周莊王之孫、釐王之子，惠王毋涼也。（韋解。《舊音》云："賈注無'毋'字。"案：明道本亦無"毋"字）

《國語》各本皆作"惠王三年"，今檢汪遠孫《國語明道本考異》卷一云："'三'當作'二'，各本皆誤，《述聞》從《史記·周本紀》《十二諸侯年表》校正。案：下注云：'惠王十五年，魯莊公三十二年也。'作'二年'爲是。"是汪遠孫根據王引之《經義述聞》之説改訂《國語》文字。同時又揭出韋解所引賈逵注與《舊音》所引不同，其實在汪遠孫之前，陳樹華、黄丕烈、秦鼎都已經揭出。汪遠孫在《考異》中也揭出了《舊音》引賈注與韋解引賈逵之不同，最後得出"未知孰是"的結論。至少可以看出，汪遠孫在文字問題上不武斷主觀。

至楊伯峻云:"《史記》云名閭,《國語》韋注及皇甫謐《帝王世紀》均云名毋涼,蓋閭即毋涼之變音。"[1]

7. 韋解唯云"三君",汪遠孫據他書徵引以確定。如:

鸑鷟鳴於岐山

三君曰:鸑鷟,鳳之别名也。(韋解。《文選·南都賦》注引賈逵)

本條揭示出,雖然韋昭注引述稱三君,而《文選》注引述則只用賈逵。即便無法證實三君注文完全相同,至少可以證明三君注中賈逵注文和韋解所引是相同的。

8. 對注文文字進行考辨。如:

實有爽德

賈逵曰:爽,貳也。(《文選·東京賦》注。案:貳,當作"貣"。《爾雅》:"爽,忒也。""貣"與"忒"同)

此處指出《文選》注所引賈逵注文"貳"字當爲"貣"字之誤,"貣""忒"二字同。陳瑑《國語翼解》説與汪遠孫同。張以仁謂:"《國語》'貣'訛作'貳',其例多有。參見王引之《經義述聞》卷二十'成事不貳、平民無貳'條。王繫此條於下文《周語下》'言爽日反其信'條,不知《東京賦》明引正文,不當任意攀附也。"[2]恐怕汪遠孫此處之説即本王引之《經義述聞》。另如:

鄭伯南也

賈侍中曰:南者,在南服之侯伯也。或云:南,南面君也。(韋解。賈讀"南"爲"男",古通用。鄭衆、服虔注《内傳》云:"鄭,伯爵,在男服也。"或説,賈注《内傳》語也。)

本條指出"男""南"通用。且對或説提出自己的看法,根據鄭衆、服虔注文用"男"字,認爲是賈逵的《左傳》注文。另如:

---

① 楊伯峻《春秋左傳注》(修訂版),北京:中華書局,1991年,第212頁。

② 《張以仁先秦史論集》,第178頁。

汩越九原

賈逵曰：淈，亂也。(《後漢書・張衡傳》注。案：淈、汩古字通。蓋賈本作“淈”。《爾雅・釋詁》：“淈，治也。”郭注：淈，《書序》作“汩”，音同耳。亂亦治也)

此處也是因爲賈逵注文和《國語》正文用字不同，但是語義不别。汪遠孫爲揭出之。也有二字形音不通而語義相同者，也爲揭出。如：

野無奥草(《舊音》：奥，賈本作“冥”。案：《説文》：“冥，幽也。”《詩・何草不黄》：“有芃者狐，率彼幽草。”冥草即幽草也)

本條是從語義的角度探討賈逵本、韋昭本雖然文字不同，但是二字語義無别。引述《説文》，有訓詁理據，引述《何草不黄》，有實際用例。還有的指明文字正俗，如：

則可以上下無隙矣

賈逵曰：隙，舋也。(《一切經音義》十四。案：舋，即“釁”之俗)

本條揭明“釁”“舋”正俗字。“釁”正、“舋”俗的文字觀念，自《干禄字書》即已有之。類似的例子還有：

其以徼亂也

賈逵曰：邀，求也。(《文選・劉孝標・廣絶交論》。案：邀，俗“徼”字)

有些文字是文獻在流傳過程中發生改變的，汪遠孫也予以揭明。如：

穀雒鬬(雒，韋本作“洛”，蓋後人所改)

本條認爲韋昭《國語》本作“洛”爲後人改字。實際上該字當作“雒”。張以仁云：“《國語》各本皆作‘洛’。《史記・周本紀》集解及韋注、《左傳・昭二十三年》疏、《禮・中庸》疏、《詩・小雅・十月之交》疏、《御覽》六二引《國語》皆作‘洛’。《左傳》僖十四年《疏》則引作‘雒’。段玉裁《説文注》云：‘自魏黄初以前，伊雒字皆作此，與雍州渭洛字迥别。’”①可爲汪遠孫注脚。

① 張以仁《國語斠證》，臺北：臺灣商務印書館，1969年，第50頁。

9. 不能確定爲誰家注文者,以舊説視之。如:

襄王使大宰文公及内史興賜晉文公命

大宰文公,王卿士王子虎也。(韋解。案:《左氏》僖二十八年《傳》正義云:"注《國語》者皆以爲大宰文公即王子虎也。"韋蓋本舊注爲説)

既然《左傳正義》指出注《國語》者皆以此説,韋昭注既承襲前人,則此條亦當是前人之説。故汪遠孫輯之且爲辨析。

10. 鄭衆、鄭玄,以姓氏稱引皆爲"鄭",爲辨析之以明確所指。如:

周文公之詩曰:兄弟鬩于牆,外禦其侮。

文公之詩者,周公旦之所作《常棣》之篇是也。唯賈君得之。(韋解。是賈亦以《常棣》爲周公旦所作)

鄭、唐二君以爲《常棣》穆公所作。(同上。案:《詩·常棣序》箋云:"周公弔二叔之不咸,而使兄弟之恩疏,召公爲作此詩而歌之以親之。"此鄭君,蓋指康成氏也。)

汪遠孫根據韋解與鄭箋見解的共同性,從而認爲此處之"鄭"當指鄭玄,非指鄭衆。

11. 揭出所輯注文原有衍文。如:

狄人來誅,殺譚伯

唐固曰:譚伯,周大夫原伯毛伯也。(《史記·周本紀》集解。案:"毛伯"二字衍,蓋後人以《左傳》加之。《索隱》云唐固據《左傳》文讀"譚"爲"原",明以《外傳》之"譚伯"當《内傳》之"原伯"也。韋解本唐。明道本亦衍一"毛"字)

本條揭出唐固注有衍文,並進一步指出司馬貞《史記索隱》認爲《左傳》"原伯"即《國語》"譚伯"。順便揭出韋昭注即本唐固。並進而揭出《國語》明道本也有衍文。可見,汪遠孫的輯佚考辨比較綜合。此類考辨頗有,另如:

親戚宴饗

賈逵曰:不脱屨升堂曰宴。(《文選·南都賦》注、《一切經音義》一。案:"不"字衍。《儀禮·燕禮》:"賓反入及卿大夫皆脱屨升就席。"注云:"凡燕坐必脱屨,屨賤不在堂也。"《韓詩》:"脱跣而上坐謂之宴。"余友長洲陳奐曰:不,當作"下"。《禮記·鄉飲酒義》:"降説屨升坐。"降即下也。《詩·常棣》傳:"不脱屨升堂謂之飫。""不"亦"下"字之誤。賈用毛義)

本條考辨,既闡明己説,又採通人。汪遠孫根據《儀禮》本文及鄭注、《韓詩》,推定"不"是衍文,"不"字不辭。復引述陳奐之説,陳氏認爲"不"字爲"下"字之誤。考辨細緻,已經超出輯佚的一般範圍,進入深度研究的境界了。

12. 對於鄭衆、賈逵、虞翻、唐固、王肅、孔晁之外的注文歸屬採取謹慎態度。如:

遂假道於陳以聘於楚

服氏注曰:是時天子微弱,故與諸侯相聘同。(《儀禮·聘禮》疏。案:服氏注《國語》見此疏及《周禮·王府》疏、《春官·序官》疏,未知是服子慎否? 俟再考)

《後漢書·服虔傳》云:"服虔字子慎,初名重,又名只,後改爲虔,河南滎陽人也。少以清苦建志,入太學受業。有雅才,善著文論,作《春秋左氏傳解》,行之至今。又以《左傳》駁河休之所駁漢事六十條。舉孝廉,稍遷,中平末,拜九江太守,免,曹亂行客,病卒。所著賦、碑、誄、書記、《連珠》《九憤》,凡十餘篇。"只述及服虔注《左傳》,未言其注《國語》,後世亦無其注《國語》的資料。故汪遠孫此處存疑,表現了謹慎的態度。

作爲一位《國語》研究者,汪遠孫在進行《國語》佚注輯佚的時候,就已經滲透了考辨的學術探討工作,這是其他專事輯佚學者所不能及的。王季琛認爲《國語三君注輯存》源文獻多樣廣博、體例科學嚴密、輯録精準得當、考校精準細緻。[①] 所述都是事實。

(四)黄　奭

黄奭(1809—1853),字右原,一字叔度,江蘇甘泉人,黄至筠次子,黄氏爲鹽商之家,個園即其家宅,其室名漢學堂、知足齋、清頌堂、寶雲堂、鑒藻堂等。道光十二年(1832)欽賜舉人,道光十五年捐官任刑部職,道光十八年丁父憂去職。其輯佚活動從道光十一年開始,大規模輯佚則從道光十八年開始。黄奭一生刻書衆多,著述也十分宏富。著有《爾雅古義》《高密遺書》《端綺集》《存悔齋集杜詩注》《近思録集説》《臚雲集》《清頌堂叢書》《黄氏

① 王季琛《對〈國語三君注輯存〉的文獻學研究》,廣西民族大學碩士學位論文,2016年。

逸書考》《漢學堂知足齋叢書》《經吹集》《五代經籍志注》《石經集考》《晉官五種》等。方曉偉根據黄奭著述，認爲黄奭除了在輯佚方面具有重大成就之外，在訓詁學、校勘學和音韻學領域也有創獲。[①] 師事江藩。自謂其學術淵源云:“予受業於江鄭堂先生，先生受業於余古農先生，余先生又受業於惠定宇先生，予爲小紅豆山人門下再傳弟子。”自惠棟至黄奭四傳，代有輯佚成果，喻春龍稱之爲清代輯佚大軍中的“惠派”。[②] 惠棟欲輯《十三經古義》而僅成《九經古義》，余蕭客輯《古經解鈎沉》未盡，以之托付江藩，江藩轉托黄奭。陳文和認爲惠氏一系輯佚的經驗大致爲:“利用目録、傳記資料、前人研究成果等，確定輯佚的對象，擴大搜輯的範圍。精心結撰序録、按語、作者小傳、夾注等，闡明所輯古籍的淵源、體例、年代、真僞等，並對所輯佚文加以考證、校勘，使其井然有序，聯綴成篇。同時起到辨章學術、考鏡源流的學術功用，顯示輯佚的價值。”[③]喻春龍認爲黄奭之所以能够潛心著述幾十年，大致有這樣幾個原因促成:1. 揚州鹽商詩書傳家的風氣使然;2. 所接受的傳統教育背景所致;3. 阮元努力恢復漢學的影響。[④] 喻氏進而認爲黄奭光大了惠學輯佚事業，具體表現在:1. 將輯佚内容從經部延伸到經、史、子三部;2. 努力克服本派前輩常見的輯佚失誤;3. 黄奭的輯佚成就來之不易。

《黄氏逸書考》初時遂成遂刻，其後兵亂，藏版於僧舍。其後人繼承遺志，始謀刻梓，初刻名《漢學堂叢書》，所收未全。後王鑒與秦更年整理增補，於民國十四年重新刊行，以《黄氏逸書考》名之。[⑤] 民國二十三年，江都朱長圻又據王、秦增補本校定補刻，使其内容更加完備。[⑥]《續修四庫全書》所收和廣陵書社 2004 年影印本皆據朱長圻補刻本。是書分爲《漢學堂經解》《通緯》《子史鈎沉》和《通德堂經解》，共輯佚書 285 種。所輯《國語》佚注在《子史鈎沉》中，包括鄭衆《國語解詁》、賈逵《國語注》、唐固《國語注》、王肅《國語章句》、孔晁《國語注》、虞翻《國語注》等六家佚注，其中輯佚鄭衆注 30 條(其中正編 18 條，附録 12 條)，賈逵注 201 條，唐固注 105 條，王肅注 8 條，孔晁注 55 條，虞翻注 33 條。

其輯佚《國語》佚注體例與王謨、馬國翰基本一致，先録《國語》正文，次行低一格録所輯佚注。注文後小字注明出處。所輯《鄭衆國語解詁》出處標注比較詳盡，有些標注具體

① 方曉偉《黄奭學術成就新探》,《揚州文化研究論叢》第 9 輯，2012 年 10 月，第 14—22 頁。

② 喻春龍《黄奭所處的時代及其輯佚活動》,見趙昌智主編《揚州文化研究論叢》第 10 輯，2012 年 10 月，第 11—20 頁。

③ 陳文和《略論惠棟至黄奭一系的輯佚學》,見趙昌智主編《揚州文化研究論叢》第 10 輯，2012 年 10 月，第 33—38 頁。

④ 《黄奭所處的時代及其輯佚活動》,第 11—20 頁。

⑤ 曹書傑認爲《漢學堂叢書》和《黄氏逸書考》之名都不符合該書實際。該書實當名爲《漢學堂逸書考》。見曹書傑《黄奭輯佚書書名辨——〈漢學堂叢書〉〈黄氏逸書考〉名僞論》,《圖書館學研究》第 6 期，1989 年，第 87—89 頁。今則仍以王鑒、秦更年以及朱長圻校本書名最爲通行。

⑥ 冀淑英《黄奭的輯佚工作》,見《北京圖書館同人文選》(第 2 輯)，北京:書目文獻出版社，1992 年，第 314—316 頁。今檢《子史鈎沉 · 鄭衆國語解詁》第 4、5 頁版心上端標“民國甲戌”,下端標有“江都朱氏補刊”的字樣，即其證。

到篇，如：

射不過講軍實

軍所以討獲曰實(《文選・吴都賦》注)

不僅標出《文選》，連《吴都賦》的篇名也予以標出，爲使用者查找來源提供了極大的便利。而在輯《賈逵國語注》中，則只標《文選注》《史記集解》而不具體到篇名。所輯賈逵注涉及到的類書四字書名者不出全名，而以"類聚""書鈔"等出之，亦不名卷次。

除了標注出處之外，也對注主、注文歸屬等進行考辨。如：

鸑鷟鳴於岐山

鸑鷟，鳳之别名也。(韋解引三君云。案：三君，謂鄭、賈、唐)

這是説明輯佚來源，怕讀者不清楚"三君"，故又加案語解釋三君所指，以便明確本條注文的歸屬情况。另如：

鄭伯南也

南謂子男，鄭，今新鄭，新鄭之於王城在畿内，畿内之諸侯雖爵有侯伯。周之舊法皆食子男之地。(韋解。案：《鄭志・答趙商》亦有此語，見《詩・鄭譜》正義)

本條指出注文還出現在其他文獻中。《鄭志》爲鄭玄之孫鄭小同編纂，記載鄭玄與其門人趙商、張逸等人問答之辭。黄奭出此案語，意在説明該注屬於鄭衆的可能性，並不能證明該注屬於鄭衆的確定性。當然，輯佚而復探討考辨，還是有積極意義的。當佚注出現在兩種文獻中，且一種標明歸屬一種没有明確標識，黄奭亦標出。如：

火見而清風戒寒

火，心星也。清風，寒風也。(《書鈔・歲時部四》。案：《御覽》三十四不言是鄭注)

黄奭根據《北堂書鈔》所引，定此條爲鄭衆注，但同時指出《太平御覽》引此注文並没有説是鄭衆注，給讀者留下線索，以便進一步檢尋考辨。

古書注釋往往引述前人而不明確,往往以"説云"出之,《國語》注中亦往往有之。今檢《國語》韋昭注甚至包括所引前人注文中往往有"説""一説"等稱引方式。黄奭專門爲之考辨。如:

晉侯端委以入

韋解引説云:衣玄端冠委皃,諸侯祭服也。案:"昊天有成命,二后受之,成王不敢康。"韋解引賈、鄭、唐説:"言昊天有所成之命,文武則受之,謂脩己自勤以成其王功,非謂周成王身也。"據此,則所引説云,即是三君之説。又有引虞説,引賈虞説,然不知孰爲賈、孰爲唐、孰爲虞,故一概附於鄭注之末,以備參攷。

這也是黄奭所輯鄭衆注多於其他各家所輯的主要原因所在。但以《周語上》韋解引賈、鄭、唐説,去推論所有"説"都應該是三君之説,證據似乎不足。這也是爲什麽黄奭之外,其他各家輯佚鄭衆注條目比黄奭少很多的原因。當然,黄奭的這一探討無疑值得肯定且有意義的。也正因爲此,黄奭在輯録《鄭衆國語解詁》時分爲正篇和附録兩部分,而所有韋解稱引"説"云云者,悉入附録之中,以與正編區别。

黄奭還在某國語專屬注文最末一條下標注注文所在。如《鄭衆國語解詁》:

昊天有成命,二后受之,成王不敢康

言昊天有所成之命,文武則能受之,謂脩己自勤[1]以成其王功,非謂周成王身也。(韋解引賈、鄭、唐説。已上《周語》)

蓋前文已輯有《周語》鄭衆注文 4 條,合本條共 5 條,故總之"已上"。假如所輯本國語注文僅 1 條,則直接注明"X 語"。所輯賈逵注總之"以上"。"已""以"用字不同,義則無别。

把三君之説歸屬到鄭衆之下,[2]似未允。實際上,韋解所謂三君,恐怕更多指賈逵、唐固、虞翻,鄭衆並不包括在内。

所輯賈逵注,雖名"賈逵國語注",實唐固注也附輯之。凡賈逵注正文别一行直接書注文,而唐固注則標"唐云"。賈逵注、唐固注同條者,賈注大字,唐固注小字出之,賈逵注内附輯唐固注 38 條。如:

---

① "勤"字原誤作"動",今徑改正。

② 黄奭《子史鉤沉·唐固國語注》"鷟鷟"條云:"三君,謂鄭、賈、唐。"是其輯鄭衆注之理據。

於今再矣

於今,單襄公時也。晉厲公即黑臀之孫也,黑臀之後二世爲君,與黑臀當三世矣。(唐云:時晉景公在位,成公生景公,故言再。〇《國語解》)

景王將鑄大錢

虞夏商周金幣三等,或赤,或白,或黄。黄爲上幣,銅錢爲下幣。大錢者,大於舊,其賈重也。(唐云:大錢重十二銖,文曰大泉五十。〇《國語解》)

先王制諸侯,使五年四王一相朝也

王謂王事天子也。歲聘以志業,間朝以講禮。五年之閒,四聘於王,而一相朝者,將朝天子,先相朝也。(唐云:先王,謂堯也。五載一巡守,諸侯四朝。〇《國語解》)

一家之注有不同出處者,根據正文順序進行係聯,每部分注文之後標注出處。如所輯賈逵注云:

大路龍旂九旒渠門赤旂

大路,諸侯朝服之車,謂金路。(《史記集解》)鈎樊纓九就龍旂九旒也。渠門亦旂名。赤旂,大旂也。(《國語解》〇以上《齊語》)

《史記集解》和《國語解》都引述了賈逵注,但是注文不同,黄奭在輯佚的時候,根據原文順序進行了編排處理。

少數條目還對文字進行了辨正。如輯佚賈逵注云:

作轅田

轅,易也。(《文選注》:"爰,易也。""轅""爰"字通)爲易田之法,賞衆以田易疆界也。(唐云:讓肥取境也)

對王謨《漢魏遺書鈔》有所繼承。[1] 此外,在按照《國語》篇卷順序輯佚賈逵注之後,在最後又有補入,共 19 條。補入部分考校文字者 2 條,辨明注文者 2 條。

除了收録在賈逵注中的唐固注之外,《子史鈎沉》還别輯《唐固國語注》。分正編和附

① 張以仁認爲黄奭所輯賈逵注直接採自王謨《漢魏遺書鈔》,列舉了六條證據,確鑿無疑。(《〈國語〉舊注的輯佚工作及其産生的問題》,《張以仁語文學論集》,第 208 頁)

録兩部分。所輯唐固注體例和賈逵注不同,出處具體到篇卷。凡出自韋注者,注明"韋解",而不是像所輯賈逵注那樣注作"國語解"。另外,篇中有考辨文字。如:

狄人來誅,殺譚伯

譚伯,周大夫原伯毛伯也。(《史記·周本紀》集解。案:《索隱》云:《左傳》太叔之難,獲周公忌父原伯。唐固據《傳》,又讀"譚"爲"原"。)

唐固注文與正文有區别,故此處揭明原因,實際上揭明唐固注文依據。類似的條目還有《齊語》《晉語》部分,如:

士鄉十五

士與農共十五鄉。(同上。案:《管子·小匡篇》云:"商、工之鄉六,士、農之鄉十五。"此唐説所本。)

命火正黎司地以屬民

或當爲北。(韋解。案:臣瓚注《漢書》以爲古文"火"字似北。見《史記·曆書》索隱)

所輯唐固注附録部分共18條,所收包括兩個方面:一、韋注引賈,且明言唐從賈者。黄奭以賈注即唐注。《國語舊音》注明賈、唐等本文字者,也繫在唐固注下。二、他書實即《禮記正義》引注云云者,黄奭以爲唐固注。後者居多,且黄奭進行了考辨。"故名之曰黄鍾,所以宣養六氣九德也"條云:"《禮記·月令》正義引注云:十一月建子,陽氣在中。六氣,陰、陽、風、雨、晦、明。九德,金、木、水、火、土、正德、利用、厚生。作事宣遍,黄鍾象氣伏地,物始萌,所以遍養六氣九功之德。案:《國語》下文'二曰太蔟,所以金奏贊陽出滯也。'《禮》正義引賈、唐云:'太蔟正聲爲商,故爲金奏所以助陽出滯物也。'據此,則上下文所引'注'皆賈、唐注可知。"此處推斷和上文推斷引"説"云云基本一致。此類注文共有7條。

黄奭所輯王肅《國語章句》體例與前相同,出自《左傳·昭公十三年》正義者1條,出自《史記·孔子世家集解》者7條。所輯孔晁注也分正編與附録部分。附録部分的輯録標準與所輯唐固注附録部分第一種相同,出自韋注者1條,8條出自《國語舊音》。所輯虞翻注共四頁,前兩頁爲江都朱氏補刊。

總之,黄奭在王謨輯佚之後,材料來源更爲具體,分類更爲合理。但是校勘不精,偶有錯字。

(五) 蔣曰豫

蔣曰豫(1830—1875),字侑石,號後白石生,江蘇陽湖人。今檢《蔣侑石遺書》書首載《常州二子傳》載蔣曰豫事迹較詳。録如下:

> 蔣君曰豫,侑石其字,世爲常之陽湖人。十歲時,詠詩效長慶體,塾師驚歎曰:"此詩中飛將也。"從父宦遊越中,北至燕趙,皆有文譽。父喪,棄舉子業,納粟得知縣,分畿輔。咸豐中宰雞澤,值兵燹後,上官以軍事催科甚厲。君愀然曰:"民困如斯,奈何重迫之?"乃稱貸供億,旋權淶水。值海事棘,洋人投刺,欲立天主堂。君又愀然曰:"奈何拂民心?"乃堅拒之。同治中,權元氏、蔚州。元俗疲,爲之清訟除弊;蔚俗僿,爲之課士勵學。民有製蓋頌德者,君又愀然曰:"幾許恩澤,重煩吾父老也。"乃力却之。其居官行事類此。君之爲學,人都以實事求是爲宗,以聲音文字爲窮經之要,其於故訓遺書單詞隻義,搜羅裒輯,惟恐墜失。嘗慨經學失宗,世道貿變,考兩漢傳經家繫人部表而出之。然其論學之言,則曰:"純内不克以宗事,純外不克以闡道。"又曰:"綜變知貫,庶不爲形象蒙。"然則君之博學詳説固將反而説約。使天假之年,詎能測其所至也。纂《通志》諸傳,自正史外,旁摭群書,細字分注。予謂史家網絡放失,當成一家言,君則於古人之言不敢易一字。其篤謹類此。從事畿南戎幕者十餘年,露布封章,倚戈立就,將吏疊以戰勝論最,君未嘗一言。及蕆事,當事者上其功,始一遷同知直隸州,賜花翎。元氏、蔚州皆膴仕,去官之日,囊無餘資。其卒也,猶資友朋之力歸葬。君之爲人,即是可見矣。君卒以光緒元年三月,年四十有六。裒其遺稿,爲《滂喜齋學録》十一卷、詩古文詞五卷。

《清史列傳·文苑傳四》也記載有蔣曰豫的事迹,對其生平事迹記載較略,而言其著述頗詳,如下:

> 蔣曰豫,字侑石,江蘇陽湖人。咸豐間援例得知縣,發直隸,官雞澤、元氏知縣,遷蔚州知州。同治七年,捻匪擾直隸,曰豫佐總戎幕,以功擢直隸州,賞戴花翎。丁母憂歸,哀毁卒。
>
> 曰豫少聰穎,十歲詠詩,效長慶體。塾師歎曰:"詩中飛將也。"長研究經史,旁及聲音訓詁之學,嘗以漢儒經説,傳寫失真,文字譌脱,乃自班范儒林,下逮載記,家繫而

人部,補綴整齊,輯《兩漢傳經表》。又謂陸繼輅作《離騷釋韻詩》,取秦漢子書詞賦晰著之,然屈原生楚懷王時,周韻未必與後人合,惟《詩經》爲韻文之祖,舉以相證,當可不謬。且居屈子前,如諸經《老》《墨》,可引而傳之,著《離騷釋韻》。其學以實事求是爲宗,持躬篤謹。宰雞澤時,值兵燹後,上官以軍事督催科甚厲,曰豫愀然曰:"奈何迫吾民?"爰稱貸以爲供億。元氏、蔚州故膴仕,去官囊橐蕭然,有製頌功德者峻拒之。中歲,佐戎幕十餘年,露布封章,援筆立就。他著有《詩經異文》四卷、《韓詩輯》一卷、《論語集解校補》一卷、《國語賈逵注》一卷、《許慎淮南子注》一卷、《問奇室詩集》二卷、《續集》一卷、《文集》一卷、《秋雅》一卷。①

《清史列傳》對蔣曰豫著述的記載比黄彭年《常州二子傳》詳盡。光緒五年重修《陽湖縣志》也載有蔣曰豫的傳記,字數較二家少得多。又知,山東大學已故教授蔣維崧即蔣曰豫曾孫。②《續修四庫全書總目提要》謂:"曰豫喜言考據,辭章本爲餘事,然其究述經子,頗爲粗疏。"對其經史考據之學評價不高。

其生平著述輯爲《蔣侑石遺書》十六卷,蓮池書局光緒三年刊本,③包括《滂喜齋學録》十一卷、《問奇室詩集》二卷《續集》一卷、《問奇室文集》一卷、《秋雅》一卷。其中《滂喜齋學録》包括《詩經異文》四卷、《韓詩輯》一卷、《論語集解校補》一卷,《國語賈景伯注》一卷、《離騷釋韻》一卷、《許叔重淮南子注》一卷、《兩漢傳經標》二卷。全書版式相同,四周雙邊,白口單魚尾,半葉十行,行二十二字,小字雙行。《滂喜齋學録》版心上書"滂喜齋學録",單魚尾内書卷次,卷次之下小字書具體名稱,版心下書頁碼。

《國語賈景伯注》在《滂喜齋學録》卷七,"國語賈景伯注"題下注云:"鄭仲師、虞仲翔、唐子正、孔晁注附。"可見,蔣曰豫的《國語賈景伯注》並非專收賈注,還收録了鄭衆、虞翻、唐固、孔晁等注。筆者統計所收各家條目,其中鄭衆 18 條,賈逵 237 條,唐固 31 條,虞翻 11 條,孔晁 16 條。實與汪遠孫《國語三君注輯存》撰述方式相同。

其撰述體例爲:大字撮録《國語》原文,輯録注文小字出之,標注"XX 注",注文之後直接標出處。注文中又時出雙行小字對注文進行校勘考辨。

也有少數條目自亂其例,如《晉語四》:"今將婚媾以從秦。"注云:"人灌頂經音義引賈

① 王鍾翰《清史列傳》,北京:中華書局,1987 年,第 6069 頁。

② 劉佳《話説金文・當代金文書法高峰——蔣維崧》謂:"蔣維崧初審官宦兼學者世家,其先祖明代進士二人,清代進士二人。清代先祖直接與常州學派結緣,甚至有的還是中堅力量。曾祖父蔣曰豫,字侑石,是晚清有名學者,長於經史及聲韻訓詁之學。喜歡篆刻並擅長書法,《清史列傳・文苑傳》有傳。"(濟南:山東人民出版社,2012 年,第 634 頁)

③ 蓮池書局亦稱畿輔通志局,李鴻章於同治十年在保定蓮花書院設立,以黄彭年爲總纂官,主持編纂《畿輔通志》。

逵注：重婚曰媾。媾，厚也。”即未遵其例。出處也有標錯者，如《周語中》“如行人”，注云：“孔晁注：行人，使人也。以使人之禮禮志，不從聘者之賜禮也。韋注本。”韋昭生在孔晁之前，不得本孔晁。偶有校勘正文之處，如“吾冀爾朝夕脩”，“冀”字下注云：“一作‘覬’。”總體而言，蔣曰豫的輯佚體例精嚴，較黄、王、馬等質量要高，但由於晚出，又學識見識所限，其輯佚範圍未能超邁前人。

（六）王仁俊

王仁俊在《國語》佚注輯佚方面的成就主要體現在《玉函山房輯佚叢書續編》中。這部書始纂於光緒十四年(1888)，成於光緒二十年，涉及圖書二百七十七種，分爲經部、史部、子部三編，其中經部 153 種，史部 40 種，子部 84 種。“其編排分類仍依馬氏書原例，每種題爲一卷，不過零言碎語，少則一條，多則不過十數條，貪多求全，亦在所難免。其例先輯録佚文，後加按語，間附録他人考證結論。拾遺補缺，材料來源廣博，且一一注明出處，間有按語，可謂馬氏之功臣云。”[①]所輯《國語》在經編春秋類，包括《國語賈氏注》《國語虞氏注》各一卷。自《唐玉篇》所輯者爲《國語賈氏注》，自《姓解》輯出者爲《國語賈注》。《國語賈氏注》基本體例爲：先摘録《國語》正文頂格，次一行低一格録注文。正文第一條“謙謙之德”小字注云：“唐玉篇，下文同。”注文後小字皆書“又”，蓋明皆出《唐玉篇》。臚列順序以在《玉篇》中的出現先後爲次，不以《國語》篇卷爲次。輯自《姓解》者僅 3 條，不出正文，僅臚列注文，其注文恐怕也是按照在《姓解》中出現的先後次序臚列的。《國語虞氏注》僅 1 條，也輯自《姓解》，出正文及注文，正文下小字注“姓解任下”，注文下小字注“同上”，又别行低一格。全文如下：

國語虞氏注

漢　虞翻　撰

語

黄帝二十五子得姓者一十四人(姓解任下)

虞翻曰：二人同姓，酉、祁、己、滕、葴、任、荀、釐、姞、允、儇、依十二人，爲十二姓。(同上)

俊按：《姓解》雖不引《國語》，然碻爲《國語》文。

---

① 司馬朝軍《續修四庫全書雜家類提要》，北京：商務印書館，2013 年，第 480—481 頁。

王仁俊輯佚《國語》佚注中,唯本條加有按語。由於王仁俊立足於前人輯佚成果的基礎上,進行重輯和補輯工作,而重輯和補輯工作得以展開有兩個重要因素,其一,要比前人做得細密;其二,輯佚來源有爲前人所不及者。就《國語》佚注輯佚而言,王仁俊所用的兩種材料都在前人輯佚材料之外,爲《古逸叢書》本。

他所用的《唐玉篇》就是《玉篇零卷》,又叫《原本玉篇殘卷》,顧野王撰,成書於梁大同九年。成書不久,蕭愷等人即對顧氏原書進行删改。該本到了宋代就已經亡逸了。後來,黎庶昌出使日本,與楊守敬廣泛搜求在中國本土已經失傳的古籍,得到《玉篇》殘卷,摹刻入《古逸叢書》。《古逸叢書》始於光緒壬午(1882),告成於光緒甲申(1884)。由於《古逸叢書》本《玉篇零卷》不是照相影印,而是採用摹寫的形式,故而有些文字錯誤。王仁俊在輯佚賈注時未能一一省察,照單全録。

侯紀萍謂:"王氏在補輯前人作品的基礎上,仍勤苦埋首古籍,搜綴遺文佚語,亦有心於前朝所漏之史料文獻的纂輯,爲後世學者留下寶貴的研究資料。清代輯佚學至王仁俊實已近黄昏,術國之後,輯佚之業逐漸式微,王仁俊在晚清輯佚學上的貢獻,就更值得深入探析了。"這個説法是很中肯的。

(七)清代其他學者對《國語》佚注的輯佚

以上幾位學者,或專事輯佚,或專門研究《國語》,所得較多,且多有專門著作。另外還有些學者也從事過專門輯佚,但是其輯佚著作只見於著録中,如陳鱣(1753—1817)即輯有《國語》賈逵注,今却未能見傳本。《非石日記鈔》乾隆壬子二月廿九日下有"海寧陳氏所著《賈氏國語注》(其圖章曰'新坡卿印')"之句。陳鴻森謂該書即陳鱣之書,並謂:"考吴兔床《拜經樓藏書題跋記》録先生《北海經學七録》識語,自署'新坡陳鱣'(卷一,頁廿一);又《南部新書跋》末題'新坡陳鱣記於六十四硯齋'(卷二,頁十二);跋吴兔床《國山碑考》,末題'新坡鄉人陳鱣跋'(《拜經樓叢書》本)。'新坡卿'蓋先生早年自號也。"定陳氏輯佚著作名爲《集賈氏國語注》。[①] 此稿是否還存於人間,待考。

此外,勞格、曾國藩等也都進行過輯佚,一二條而已,非專門之作,要亦補輯前人。至於孔廣栻、董增齡等,考校《國語》時,偶爾涉及舊注,往往引古書而論述之。[②]

① 陳鴻森《清陳鱣年譜》,《中央研究院歷史語言研究所集刊》第六十二本第一分,1993年3月,第214—215頁。

② 董增齡《國語正義叙》云:"其餘四家賈、王、虞、唐,除韋所引外,則《史記》集解、索隱、正義,《詩疏》,《周禮疏》,《春秋左傳疏》,《公羊疏》,徵引爲多。孔出韋後,亦見於諸《疏》及《史記》注。今皆採掇,以補宏嗣之義。"

三、《國語》韋昭注輯佚

因爲《國語》韋昭注保留比較完整，至今尚無專門輯佚韋昭注者。但清代董增齡已經注意到韋昭注也有逸失的情形了。其《國語正義叙》云：

> 今唯韋解尚存，然已間有逸者，如《禹貢》疏引韋解云："以文武侯衛爲安王賓之，因以爲名。"《文選·東京賦》注引韋解云："綪茷，大赤也。"今本皆無之。

可見，董增齡已經注意到，即便流傳到今天、保存比較完整的注釋著作，恐怕其具體條目仍有逸失。雖然目前未見有專門的韋注輯佚論著，但韋注逸失的情況是存在的。

四、清人《國語》佚注輯佚的總結

張以仁《〈國語〉舊注的輯佚工作及其産生的問題》在"以往輯佚成果之檢討"中對清人《國語》佚注輯佚進行了比較周詳的探討。該文分爲兩個部分，第一部分是對各家所輯資料出入的原因探討，第二部分是對各家輯佚存在問題的清理。

張以仁認爲，各家所輯材料有出入的原因不外乎三個原因：其一，搜集範圍有大小的區别；其二，輯佚者態度有嚴謹與疏略的區别；其三，輯佚者處理資料的方式不同。在這三方面中，張以仁都舉了具體的例子佐證，是可信的。

張以仁認爲《國語》輯佚存在的問題主要包括四個方面：1. 資料選擇的尺度不齊。與舊注無關者有之；同類資料，處理不一的情况也存在；2. 資料的出處處理不當，細分則包括體例不當、錯引出處等方面；3. 資料的隸屬不當，有誤認作者、誤繫正文、數注合繫一處、一注分繫數處等情況；4. 注文本身又有諸多訛誤。有的捨舊注不録，有的字誤，有的産生衍文，有的誤增字，有的誤倒，有的誤删，有的誤脱或資料不足而誤脱，有的誤以正文爲注文，有的以他書之注羼入。[①] 正因爲張以仁對清代《國語》佚注輯佚有清醒的認識和周詳的分析，故而在其《國語舊注輯校》中纔嚴明體例，在資料出處、隸屬方面比較嚴格謹慎。

郭國慶在《清代輯佚研究》一書中辟有專章對清代輯佚失誤進行考校，分爲以存爲佚、闕輯失採、重出誤收、删削改竄、編排雜亂、來源不明六個方面，除了第一個方面在《國語》

① 《〈國語〉舊注的輯佚工作及其産生的問題》，《張以仁語言學論集》，第203—227頁。

輯佚當中並不存在外,其他幾個方面的問題也同樣存在於《國語》輯佚中。

總的來講,清代《國語》輯佚尤其是佚注輯佚:1. 爲後世提供了《國語》佚注的基本材料,爲推動《國語》研究提供了保障;2. 形成了比較規範的輯佚體例,爲後世輯佚工作確立了基本範式;3. 輯佚來源不斷擴展豐富;4. 各具一定文獻價值。從學術性上而言,以汪遠孫《國語三君注輯存》最爲精善。

【作者簡介】郭萬青,1975 年生,文學博士,唐山師範學院中文系教授,主要從事古典文獻學與訓詁學研究。

清代學人錢儀吉現存著述考*

任　群

錢儀吉(1783—1850)①是清代嘉慶、道光年間的著名學者、秀水派詩人，其門人蘇源生稱他"沈潛經史，纂述極富"，②這從各種目録文獻，如《清人别集總目》《清人詩集叙録》所載就可以看出。

錢氏學問淵博，著述丰富，經部、史部都有撰述。經學上，他主張"漢宋兼採"，取得了一定的成就，張之洞將其列入"博綜衆説，確有心得者"③，但是相關著述並未流傳於世。從《中國古籍總目》④所録現存著作來看，史學是他的强項，文學創作和文學典籍的編纂也極其可觀，下面從這三個方面來展開討論。

一、史　學

1.《三國志證聞》三卷

按:《中國古籍總目》著録。⑤ 是書乃錢氏"採集義門何氏、西溟姜氏、少章陳氏、立侯李氏、堇浦杭氏、東潛趙氏、辛楣錢氏、頤谷孫氏諸先生之言，讎勘積謬"，⑥博採衆家，終成一書。成書時間不詳，應作於《三國會要》之前。今有手稿本、廣雅書局寫樣本、江蘇書局刊本。

---

* 本文係國家社科基金重大項目《清代詩人别集叢刊》(14DB076)階段性成果。

① 按:本文人物生卒年皆據陳玉堂《中國近現代人物名號大辭典》(全編增訂本)，杭州:浙江古籍出版社，2005年。

② 蘇源生《書先師錢星湖先生事》，見閔爾昌《碑傳集補》卷十，臺北:明文書局，1975年。

③ 張之洞撰，范希曾補正《書目答問》，上海:上海古籍出版社，2001年，第261頁。

④ 《中國古籍總目》編撰委員會編《中國古籍總目》，北京:中華書局、上海:上海古籍出版社，2012年。

⑤ 《中國古籍總目》，第56頁。

⑥ 錢儀吉《三國會要序例》，《衎石齋記事稿》卷三，《清代詩文集彙編》，上海:上海古籍出版社，2010年影印清光緒六年(1880)刻本，第541册，第304頁。

2.《三國會要》不分卷、《晉會要》不分卷、《南朝會要》不分卷

按:《中國古籍總目》著録。[①] 據錢氏《三國會要序例》可知,《三國會要》一書乃仿宋代徐天麟《兩漢會要》之作,時間上起蜀漢章武建元,下至隋煬帝大業末年,錢氏以"前後近四百年,未有會要",於是"不揣弇陋,爲補其闕,曰《三國會要》,曰《晉會要》,曰《南北朝會要》,而《三國》之書先成"。[②]

此書參考了清代洪貽孫撰《三國職官表》,錢氏言之甚明,云:

> 《三國職官表》正所訪求者,得之大喜,連日披閱,甚服其用心之勤,而惜其牽於經緯之體,分隸處猶未盡善。有此編之薈蕞,拙著《會要》異同參證,藉以差免疵謬。[③]

錢氏又云:

> 入臺以來,政事差簡,長子婦李氏介祉,仲女遠芩,侍人姚靚請爲予録稿,於是條緒粗立,首尾略具。[④]

臺即御史臺,錢氏出任河南道御史約在道光四年(1824)至道光八年(1828)這五年期間,[⑤]可見書亦當成於此時。

錢氏友人張澍或提到此書,《養素堂詩集》卷二十四《思錢子五首》其三云:"我思錢子,史論縱横。季漢吹爐,兩晉沸羹。君也條理,會要書成。"自注:"君著《季漢書會要》《晉書會要》。"[⑥]此處的《季漢書會要》或即《三國會要》,今有稿本傳世。

另外,《三國會要序例》提到的《晉會要》不分卷、《南朝會要》不分卷,今皆有稿本傳世。

3.《補晉兵志》一卷

按:蘇源生《書先師錢星湖先生事》云:"先生喜讀史,尤熟於《漢》《三國》《晉書》,補晉《兵志》《朔閏》諸表,輯《十八家逸史》。"《朔閏》諸表、《十八家逸史》今皆散佚。[⑦]《補晉兵志》有單行本,又被收入《衎石齋記事稿》卷二,版本較多。

---

① 《中國古籍總目》,第 3125 頁。

② 《三國會要序例》,《衎石齋記事稿》卷三,《清代詩文集彙編》,第 541 册,第 303 頁。

③ 錢儀吉《答本之從孫聚仁書》,《衎石齋記事稿》卷二,《清代詩文集彙編》,第 541 册,第 286 頁。

④ 《三國會要序例》,《衎石齋記事稿》卷三,《清代詩文集彙編》,第 541 册,第 305 頁。

⑤ 王蘧常《嘉興錢衎石先生年譜初稿》,稿本,上海圖書館藏。

⑥ 張澍《養素堂文集》,清道光二十二年刻本。

⑦ 按:關於錢氏佚著,筆者將有《錢儀吉佚書考》專門討論之。

4.《碑傳集》一百六十卷

按：是書全名爲《國朝碑傳集》，爲有清開國至嘉慶年間之碑傳集成，錢氏夫子自道云：“曩承乏《會典》之役，幸獲敬觀，亦不敢私有寫録，今乃略依杜氏大珪、焦氏竑《集録》之例，撰諸先正碑、版、狀、記之文，旁及地志、别傳，得若干篇，以其時，以其爵，以其事，比而厭之，爲若干卷，其於二百年文獻之林，不啻嶽之一塵，海之一勺耳。”[①]

錢氏總纂會典館在嘉慶二十五年(1820)，[②]編纂之中多次修訂，他曾與堂弟錢泰吉通書屢屢談及，如《致弟書存稿》第三十九通：

> 《碑傳》之目，從前淡如甥寫一歸韻之人名，後來續添甚多，祈開重訂，而又坼開，目亦塗改，雜亂之至。(戊戌二月十九日)[③]

戊戌爲道光十八年(1838)。又第四十一通：

> 兄近日因補抄河南前輩文集中之碑傳，因將向來所集，欲復位一目，自七月抄至今兩旬餘，又棼如亂絲，而不可理，真覺來日無幾，心力不足副之，將來滿篋皆未成之書，以煩吾弟，則奈何？(庚子)[④]

庚子爲道光二十年(1840)。又第五十七通：

> 兄所輯《國朝碑傳》，今又次第一編，並補録近時所見之集。(辛丑五月十二)[⑤]

辛丑爲道光二十一年(1841)。又第六十九通：

> 《海昌文選》妙甚，速成之，取文之意極是，必如是乃差爲有用，兄之《碑傳集》正如是耳。(壬寅)[⑥]

---

① 錢儀吉《國朝碑傳集序》，《衎石齋記事稿》卷三，《清代詩文集彙編》，第 541 册，第 289 頁。

② 《嘉興錢衎石先生年譜初稿》，稿本。

③ 錢儀吉《衎石先生致弟書存稿》，《清代詩文集珍本叢刊》，北京：國家圖書館出版社，2017 年影印清抄本，第 429 册，第 270 頁。

④ 《衎石先生致弟書存稿》，《清代詩文集珍本叢刊》，第 429 册，第 287 頁。

⑤ 《衎石先生致弟書存稿》，《清代詩文集珍本叢刊》，第 429 册，第 339 頁。

⑥ 《衎石先生致弟書存稿》，《清代詩文集珍本叢刊》，第 429 册，第 375 頁。

壬寅爲道光二十二年(1842),觀其語氣,似乎書已定稿。總之,從嘉慶二十五年(1820)至道光二十二年(1842),前後持續近二十年,反復修改,足見此書在錢氏心中的地位之高。

劉錦藻概括此書甚當:"凡二百年,自王公大夫士庶,統千六百八十餘人,列女又三百三十餘人,先後易名者三,最後始援宋杜大珪《名臣碑傳集》例定爲今名,其間皆採集諸先正碑版狀記之文,旁及地志雜傳,以其時,以其爵,以其事,次第排比,考德行習,掌故莫備,於是固較賀氏《皇朝經世文編》首尾完備,且與《先正事略》《耆獻類徵》衡之,疏密繁簡,開卷了然。"[①]最初爲一百二十卷,[②]後增至一百六十卷。[③] 有稿本和刻本傳世。

錢氏之作既濫觴於前,厥後繆荃孫之《續碑傳》、閔爾昌之《碑傳集補》又繼踵前美,於是清代傳記文獻粗備。

5.《盧江錢氏年譜》六卷、《盧江錢氏續譜》二卷

按:《中國古籍總目》著録。[④] 蘇源生《書先師錢星湖先生事》云:"輯《盧江年譜》八卷,自元明至今,編年繫事,書其卓卓大者,有綱有目,爲一家之《春秋》創例也。事迹採自史乘及諸賢詩文,必著其所出書,慎之至也,尤詳於家風舊訓,爲子孫法戒也。"可見,此二者爲錢氏一族之年譜。

錢氏《致弟書存稿》第二十二通透漏了此書的信息,云:

> 兄去年欲定我錢五百年之年譜,命英兒寫次,僅及明代,此一月覆加審之,已到乾隆中矣,擬至丙戌刻族譜而止,其中遺聞軼事,頗有證明,而家風之升降,言外可見,足爲法戒。己亥端四日。[⑤]

一則見錢氏源遠流長,一則見錢儀吉以古爲鑒之心態。今有稿本和清宣統三年鉛印本傳世。

6.《錢文端公年譜》三卷

按:《中國古籍總目》著録,譜主爲錢氏曾祖錢陳群,《清史稿》有傳。此書爲錢氏初稿,侄孫錢志澄增訂,今有清光緒二十年刻本。[⑥]

---

① 劉錦藻《清續文獻通考》卷二六四《經籍考》八,民國影《十通》本。
② 《國朝碑傳集序》,《衎石齋記事稿》卷三,《清代詩文集彙編》,第541册,第289頁。
③ 《中國古籍總目》,第612頁。
④ 《中國古籍總目》,第845頁。
⑤ 《衎石先生致弟書存稿》,《清代詩文珍本叢刊》,第429册,第211頁。
⑥ 《中國古籍總目》,第900頁。

7.《廬江錢氏藝文略》二卷

按:《中國古籍總目》著録。[①]《廬江錢氏文滙》序云:"曩歲丁卯,儀吉考先世著書之目,撰爲《藝文略》,集部凡七十六種。"[②]丁卯爲嘉慶十二年(1807)。今有清嘉慶十三年刻本、江蘇省立國學圖書館抄本等。

8.《延澤家乘》不分卷

按:《中國古籍總目》著録,[③]仍是錢氏家傳,有稿本傳世。

9.《續良吏述》一卷

按:《中國古籍總目》作《良吏述補》一卷。[④] 此爲彭紹升(1740—1796)《良吏述》續書,《衎石齋記事續稿》卷五《續良吏述序》所言甚明:

> 用是輯次舊聞,續彭氏之書,附風聽之末。所採何書悉注篇下,亦彭氏例也,蓋非獨事之不必出於已,即其言亦不必出於已也,述焉而已矣。道光二十九年十月既望 。[⑤]

同書卷三《答劉弁卿明府書》又云:

> 弟閑居無事,近日續彭氏《良吏述》,纂輯國朝二百年來循良政績。[⑥]

據此可知此書之内容大概。有清道光二十九年刻本、光緒三年刻本。

10.《地輿沿革表》一卷

按:《中國古籍總目》著録。[⑦] 此書有單行本,又有與《東都事略注》殘稿合訂本。

11.《東都事略注》殘稿一卷

按:《中國古籍總目》著録,乃與《地輿沿革表》合訂本,藏上海圖書館。錢氏《跋趙懿簡碑》云:

> 碑在四川大足縣北山觀音洞中,與淳甫《古文孝經》悉摩崖刻之。予友張介侯權

① 《中國古籍總目》,第 4790 頁。

② 《衎石齋記事稿》卷三,《清代詩文集彙編》,第 541 册,第 296 頁。

③ 《中國古籍總目》,第 3003 頁。

④ 《中國古籍總目》,第 615 頁。

⑤ 錢儀吉《衎石齋記事續稿》卷五,《清代詩文集彙編》,上海:上海古籍出版社,2010 年影印清光緒六年(1880)刻本,第 541 册,第 562 頁。

⑥ 《衎石齋記事稿》,《清代詩文集彙編》,第 541 册,第 502 頁。

⑦ 《中國古籍總目》,第 3725 頁。

令時,手拓寄予於京師。予採其文,以注《東都事略》,猶以石本多殘蝕,不能備録,爲可悵爾。①

張介侯爲武威張澍(1776—1847),清代學者,嘉慶二十一年署理大足縣,②可知錢氏注《東都事略》之大致時間。是書未竟,原因待考。

二、文學創作

錢氏文學作品甚多,下面先從詩集、文集兩個方面來探討其文學創作的基本情況。③

(一)詩　集

錢氏詩曰《衎石齋詩》,各分集的名稱及創作時間,其子錢彝甫説得很明白:

先公生平詩稿皆手自編定。幼年從宦,自京入閩,在嘉慶辛酉之前者,通曰《閩遊集》。壬戌遭先大父喪,侍大母里居,地在郡城北門外,曰《北郭集》。戊辰通籍,奉先大母就養入都,寓館舊額曰"澄觀",遂名《澄觀集》。己卯以後,先大母喪,服闋至己丑十年,曰《定廬集》。庚寅、辛卯、壬辰三年之詩曰《刻楮集》。壬辰閏九出都,癸巳薄遊嶺表,舟車羈旅之作曰《旅逸小稿》。甲午、乙未,自粤遊汴,及晚歲所作,通曰《浚稿》。舊刻止《刻楮》《旅逸》兩種,兵燹後,刊板無存。光緒己卯,重校付梓,其《閩遊》各種寫本經歷烽火,幸長兄子榶奉以周旋,又往返汾晉,水陸數千里,寶護完善。今兄子逝世,家中子侄輩或能檢理遺籍,日抄數葉作字課,次第寄粤校刊,儻亦先公所默許也夫。庚辰首夏,男彝甫謹識。④

文中所述,基本合乎事實,⑤唯有"甲午、乙未,自粤遊汴,及晚歲所作,通曰《浚稿》"數語需

① 錢儀吉《跋趙懿簡碑》,《衎石齋記事稿》卷四,《清代詩文集彙編》,第541册,第314頁。

② 張澍《先府君行述》,《養素堂文集》卷三十五,清道光二十二年刻本。

③ 按:筆者另撰有《錢儀吉詩文集編刻考》,即將付梓。

④ 錢儀吉《旅逸小稿》卷末附録,《清代詩文集彙編》,上海:上海古籍出版社,2010年影印清光緒六年(1880)刻本,第541册,第726頁。

⑤ 按:近人金兆藩曾經搜集錢氏文集,並説:"覆刻本有此跋於先生詩集前後次第甚詳,他日如合編全帙,皆以此爲依據。抄附卷尾,時甲子人日甌山金兆藩記。"參上海圖書館藏《刻楮集》《旅逸小稿》合訂本卷末。

要訂正，應當是“甲午、乙未，自粵遊汴”期間所作名曰《旅逸續稿》，晚年在汴梁所作爲《浚稿》。

結合此文與相關文獻，錢氏詩集如下表所示

	書　名	版　本	創作時間	年　齡
1	《閩遊集》二卷	刻本、抄本	嘉慶三年(1798)——嘉慶五年(1800)	16—18
2	《北郭集》四卷	抄本	嘉慶七年(1802)——嘉慶十三年(1808)	20—26
3	《澄觀集》八卷	抄本	嘉慶十四年(1809)——嘉慶二十四年(1819)	27—37
4	《定廬集》六卷	抄本、刻本	嘉慶二十五年(1820)——道光九年(1829)	38—47
5	《刻楮集》四卷	刻本	道光十年(1830)——道光十二年(1832)	48—50
6	《旅逸小稿》二卷	刻本	道光十二年(1832)九月——道光十三年(1833)	50—51
7	《旅逸續稿》二卷	抄本	道光十四(1834)——道光十五年(1835)	52—53
8	《浚稿》八卷	抄本	道光十六年(1836)——道光三十年(1850)	54—68

合計諸集，共八種三十六卷。

(二) 文　集

關於錢氏文集，蘇源生、錢泰吉、錢彝甫都有相關言語涉及，如蘇源生《書先師錢星湖先生事》云：

先生古文集，己巳以前曰《畫書》。……甲戌寫成《颾山樓初集》十六卷。癸巳在粵，專取記事之文刻之，曰《衎石齋記事稿》十卷，賦、頌、論議、駢儷之文悉刊落，寶惠私録成帙六十卷。來汳後，所作益多，其卷帙與《記事稿》相等云。

錢彝甫亦云：

先給諫議公撰著古文辭已刻者，《記事稿》《記事續稿》兩種各十卷。①

《閩遊集》卷首錢泰吉序云：

① 《衎石齋記事續稿》卷末附録，《清代詩文集彙編》，第541册，第668頁。

《記事續稿》,余勸蔣寅昉捐貲刻成,《補稿》則海昌門人唐端甫(仁壽)謄寫一部,不至孤本獨存。[①]

不難看出,錢氏古文之作有《補稿》《畫書》《颾山樓初集》《衎石齋記事稿》《衎石齋記事續稿》以及錢寶惠私自輯録的作品,其中《畫書》已經散佚,《颾山樓初集》僅存抄本六卷,《衎石齋記事稿》《衎石齋記事續稿》皆有刊本,[②]《補稿》、寶惠輯録之作則無從考查。

從詩集和文集的分析可以得出,錢氏傳世的詩文集數量可觀,然而抄本居多,雖有單集刊本,但作爲一個整體的《錢儀吉詩文集》或《衎石齋詩文集》並没有被真正的出版過。在明了這些基本情况後,再來辨析《中國古籍總目》著録的相關書目。

1.《衎石齋詩集》二十四卷

按:此係清咸豐七年潘貽穀抄本,存二十四卷。此本源於錢泰吉校勘本,文獻價值巨大,包括《澄觀集》八卷、《定廬集》六卷、《旅逸續稿》二卷、《浚稿》八卷,現藏國家圖書館,已被收入《清代詩文集珍本叢刊》影印。

2.《衎石齋詩》不分卷

按:《中國古籍總目》題作"稿本",誤。是書爲近人金兆藩所搜集的錢氏詩集,包含詩集十一種,如《閩遊集》(刻本)一册、《北郭集》(抄本)一册、《澄觀集》(抄本)一册、《刻楮集》《旅逸小稿》(刻本)一册、《定廬集》(刻本)一册、《定廬集》《旅逸續稿》《浚稿》(殘本)一册、《衎石齋晚年詩稿》(刻本)一册、《庚子生春詩》(刻本)一册,簡單地拼凑在一起,現藏上海圖書館。

3.《衎石齋集》十三卷

按:清抄本,包括《澄觀集》四卷、《北郭集》四卷、《定廬集》二卷、《閩遊集》二卷、《家書》一卷,係國家圖書館所收黄裳藏書,已被收入《清代詩文集珍本叢刊》影印。

4.《衎石齋集》不分卷

按:此係錢氏表兄戚嗣曾所抄,有翁方綱點評,卷後有錢氏堂弟錢泰吉跋,收録錢氏早期部分詩歌作品,皆可見於《澄觀集》,現藏南京圖書館。

5.《衎石齋晚年詩稿》五卷

按:此書爲錢氏從曾孫錢振聲所輯,有1932年刻本。金兆蕃(1868—1950)《晚年詩稿》後跋云:"兆蕃去歲[③]清明省墓,詣伯英,出所傳寫先生手定《旅逸續稿》四卷,爲丙申至

---

① 錢儀吉《閩遊集》卷首,《清代詩文集珍本叢刊》,第430册。

② 《中國古籍總目·集部》,第1913頁。

③ 按:據跋後所署日期,係1931年。

壬寅七年之詩。又得癸卯、甲辰、丙午三歲詩,次爲一卷。”伯英即錢振聲。跋中提到的四卷本《旅逸續稿》錢振聲抄本,現藏上海圖書館。金兆蕃指出:“(《衎石齋晚年詩稿》五卷)乃是《旅逸續稿》《浚稿》之不全本。”[①]甚是,不過這裏的《旅逸續稿》指前表所列二卷本者。此書《清代詩文集彙編》已經影印。

6.《庚子生春集》二卷

按:此書有道光二十年刻本,《中國古籍總目》著録撰人爲“錢儀吉”,誤,實際爲錢氏家集。道光二十年庚子(1840),錢氏作《生春二十首用元微之韻》,其側室、子女婿媳輩紛紛步韻唱和,成此二卷。[②]

7.《旅中見聞録——衎石先生古文》不分卷

按:抄本,中國社科院文學所藏,有清人楊象濟(1825—1878)跋,乃是錢氏早期古文的一個選本。另外,《中國古籍總目》著録浙江圖書館藏《衎石先生未刻稿》不分卷,亦稱有楊象濟跋,疑即此書。

8.《嘉興錢儀吉先生手稿》一卷

按:稿本,中國科學院藏,卷首題“鏤香閣珍藏本”,收錢氏早期古文若干篇。

9.《衎石齋隨筆》《雜記》不分卷

按:稿本,中有錢氏日記若干,有邵章跋,現藏上海圖書館。

但是錢氏詩文集傳世者還有《中國古籍總目》未著録的,如下:

1.《梓翁手評衎石詩》不分卷

按:抄本,此爲錢氏早年詩作,部分内容已經被收入《閩遊集》《北郭集》。梓翁,朱休度(1732—1812),號梓廬,秀水詩人。此書現藏上海圖書館。

2.《衎石齋詩補抄》不分卷

按:近人邵章(1872—1953)抄本。邵章未得錢氏詩文集全帙,乃據他本補足己所有者,分别補抄《定廬集》卷三、四、五、六若干首,《旅逸續稿》二卷,《浚稿》補四、五、七、八四卷。其後金兆蕃又據之抄寫一本。二者現藏上海圖書館。此書雖名補抄,但内容與前表列各集並無差異。

3.《衎石齋遺牘》一卷

按:清抄本,係道光年間錢氏與門人蘇源生手札,一共七通,有近人邵瑞彭(1888—1938)題簽,藏浙江圖書館。

---

① 金兆藩《衎石齋詩題識》,見上海圖書館藏《衎石齋詩》卷首。

② 《嘉興錢衎石先生年譜初稿》,稿本。

4.《衎石先生致弟書存稿》不分卷

按:手稿,此爲錢氏與堂弟泰吉之書信。錢氏《警石弟文稿序》云:"予雖在遠,弟日月通書,必陳所業而質疑焉,至今三十年矣,未之有改也。"[①]該書收錢氏書信八十五通,現藏國家圖書館,《清代詩文集珍本叢刊》已經影印。

三、詩文集的編纂方面

1.《韞甋集》十卷

按:《中國古籍總目》著録。[②] 據錢氏《韞甋集》序可知,是書成於道光二十一年。[③] 錢氏在與錢泰吉的書信中嘗言之,《衎石先生致弟書存稿》第五十一通:

> 兄去年臘有《韞甋集》之作,前信已言之。……辛丑二月初三。[④]

辛丑爲道光二十一年(1841),"去年"爲道光二十年,應是錢氏開始編纂《韞甋集》之年。又第六十六通:

> 昨抄吾弟寄《修城磚歌》,入《韞甋集》,此詩竟是竹垞翁正脉。……辛丑嘉平五日。[⑤]

此年尚在編選之中,且收録了錢泰吉的作品,足見非錢氏本人文集,今上海圖書館藏有抄本。

2.《冰蔬集》不分卷

按:《中國古籍總目》未著録。蘇源生《書先師錢星湖先生事》云:

> 先生輯國朝詩人之有清尚者若干家,曰《冰蔬集》。

《記事續稿》卷五《冰蔬集序》云:

① 《衎石齋記事續稿》卷五,《清代詩文集彙編》,第541册,第558頁。
② 《中國古籍總目·集部》,第3064頁。
③ 《衎石齋記事續稿》卷五,《清代詩文集彙編》,第541册,第557頁。
④ 《衎石先生致弟書存稿》,《清代詩文集珍本叢刊》,第429册,第315頁。
⑤ 《衎石先生致弟書存稿》,《清代詩文集珍本叢刊》,第429册,第365頁。

單閼陽月，閑居陋巷，風雪偃卧，無所用心，漫録近詩，得若干家，大都閒静深峻之作，從吾所好，非欲示人，題曰《冰蔬》，記時而已。[1]

“單閼”爲卯年，據文意，再結合作者生平，很可能作於道光十一年辛卯(1831)。前一年作者罷官，因此居貧，辛卯年作詩有“債券如落葉”之歎。[2] 總之，此書乃是一部近人詩選，北京大學圖書館藏有抄本。

3. 錢氏家集——《錢氏文匯》《錢氏詩匯》

按：蘇源生《書先師錢星湖先生事》云：

先生詠頌祖德，錢氏五百年文獻集大成于先生之手。少時輯《廬江錢氏藝文略》，列經、史、子、集各數十種，其後時加增訂集部尤夥，乃輯《廬江錢氏文匯》《詩》百數十卷，專集則選録之，遺篇剩簡則廣搜而勘定之，文則分體編次，詩則人自爲卷。若本集已佚，僅存一二者，别録曰《遺音集》，編次先世投贈詩什名曰《清風集》。

足見錢氏對家集的搜集整理做了巨大貢獻，其中《遺音集》《清風集》已散佚，《錢氏文匯》《錢氏詩匯》，《中國古籍總目》著録，[3]上海圖書館有稿本，不分卷。

錢儀吉《廬江錢氏文匯序》云：

曩歲丁卯，儀吉考先世著書之目，撰爲《藝文略》，集部凡七十六種，其佚者二十餘，其存者卷帙尚夥，後人或不能遍讀。又有僅傳數篇無專集，恐久且佚之也，用是輯録遺稿，自奏議以下，因類區分，著其尤要者，又訪於族之尊賢，搜拾墜遺，校正同異。其間講道德之崇深，衡政事之得失，發忠孝之性情，垂家門之榘範，以至論文品詩，樹藝醫藥，靡不賅備，凡四十九卷，名曰《文滙》。其古今體詩别爲《詩滙》，不在是籍。……始輯於乙丑之冬，至今年十易寒暑乃成。[4]

可見，錢氏開始編纂《文匯》在乙丑之冬，即嘉慶十年(1805)。在搜輯資料得過程中，於丁卯歲(即嘉慶十二年，公元1807年)先撰成《廬江錢氏藝文略》，然後再繼續搜訪遺集，得

① 《衎石齋記事續稿》卷五，《清代詩文集彙編》，第541册，第553頁。
② 《嘉興錢衎石先生年譜初稿》，稿本。
③ 《中國古籍總目·集部》，第3131頁。
④ 《衎石齋記事稿》，《清代詩文集彙編》，第541册，第296頁。

《文匯》四十九卷。

錢氏在與錢泰吉的書信中屢言之,如《衎石先生致弟書存稿》第十七通:

《廬江詩匯》之輯,明年志在必成。《文匯》亦須重審一過。……丁酉。[1]

丁酉爲道光十七年(1837)。又第十九通:

《詩匯》自限之期太速,及今功甫三之一耳,大約三十卷内外,末附詩餘二卷。……戊戌二月十九日。[2]

戊戌爲道光十八年(1838)。按錢氏計劃,詩歌加上詩餘,全書應該在三十二卷。又第六十四通:

今年兄新覓得農部公詩六首,吾弟未見者,今已合舊存,寫爲一卷。凡此諸集,皆以一集爲一卷,總名《廬江錢氏詩匯》,不能成卷者,合爲《遺音集》。(即《遺珠》,恬齋作序者,今改名。)將來力難全刻,可以按集隨時付梓,久亦告成矣。(首行某某集,次行某著,板心刻《廬江錢氏詩匯》第某集,在下板中間,仍刻某二集。)《文匯》今已增定六十餘卷,毅齋二伯父文被水失之,乞弟再寫寄一篇,此上皆要語,佇望回音。辛丑九月廿四日。[3]

辛丑爲道光二十一年(1841)。這一段交代《詩匯》的刻本體例,亦見當時未能刊刻全書,《文匯》也逐漸增加致六十餘卷。

以上大概可見《文匯》《詩匯》的編纂過程。今存錢氏伯父錢開仕撰《漆林集》、[4]父親錢福胙撰《竹房遺詩》[5]即有《詩匯》本。然而《中國古籍總目》却將《文匯》署名爲"錢泰吉輯",錢泰吉《與衎石兄述家世文字書》説得很清楚:

我先人遺墨之至精者,皆在大梁。吾兄所撰集《廬江文匯》《詩匯》《年譜》《國朝碑

① 《衎石先生致弟書存稿》,《清代詩文集珍本叢刊》,第429册,第195頁。
② 《衎石先生致弟書存稿》,《清代詩文集珍本叢刊》,第429册,第202頁。
③ 《衎石先生致弟書存稿》,《清代詩文集珍本叢刊》,第429册,第362頁。
④ 《中國古籍總目·集部》,第1721頁。
⑤ 《中國古籍總目·集部》,第1752頁。

傳集》《晉會要》《三國會要》《皇輿圖説》,皆未有副本。[①]

可見,《中國古籍總目》於此有誤。

另外,據相關研究表明,錢氏還撰有《容齋類筆》七卷,此書仿洪邁《容齋隨筆》體例撰寫,書眉有錢泰吉墨筆批注,有手書稿本,[②]然今各圖書館書目未見著録,待考。

總之,作爲嘉道學人,錢儀吉的傳世之作不在少數。除此之外,他還刻書多種,僅在大梁書院任教期間就刻印《經苑》二百五十一卷,[③]這裏就不再討論了。

【作者簡介】任群,文學博士,西藏民族大學副教授,研究方向爲唐宋文學、文獻整理。

① 錢泰吉撰《甘泉鄉人稿》卷二,清光緒十一年增修本。

② 蕭新祺《稀見清人著作十九種》,《文獻》第1期,1994年。按:錢儀吉撰有《意鈔自序》一文,云:"所鈔有《容齋類筆》《水經注碑》,皆卒業。"可見《容齋類筆》乃是作者所鈔之書。以未見其書,姑存疑,以俟來日。

③ 《中國古籍總目·經部》,第33頁。

《中國印度見聞録》的流傳和譯本

——兼談海上絲路視域下中國形象的傳播

党　斌

《中國印度見聞録》約成書於 9 世紀中葉至 10 世紀初，是古代阿拉伯著述中關於中國的最早文獻之一，也是海上絲綢之路中西文化交流的重要史料。該書作者大量搜集當時阿拉伯人經由海路前往印度、中國等地的口述見聞，並對口述者見聞進行了忠實的記録，因而其内容龐雜，並無固定的體例，既有關於沿途的航行路線、自然氣候、海陸景觀、風俗習慣、特色物産的叙述，也有對各國法令條例、行政管理、商業貿易狀況等的記載。正是基於作者這樣一種忠實的陳述性編纂方式，《中國印度見聞録》才在阿拉伯文獻中佔有無可替代的特殊地位。18 世紀以來，伴隨該書手稿的發現，關於其真僞、作者身份等曾出現過數種觀點和辯論，[①]辯論本身亦推進了東西方學術界對該書的關注。與之相關的研究成果涉及諸多方面，如：非同源文明文獻記載和傳承方式的比較研究，異域視野下觀察、透視和探討古代波斯、中國、印度社會形象問題，中古時期伊斯蘭教、佛教的傳播、交流活動及互動性問題，基於海上絲綢之路視野下的古代世界文明交流等。

關於《中國印度見聞録》一書，國内學者寧榮於 2006 年在《阿拉伯世界研究》發文，從"翻譯與研究""書名、作者、作者籍貫考證""創作背景與特點""歷史意義和地位"等方面對該書展開論述。他認爲"這部著作(《中國印度見聞録》)應是商人蘇萊曼所著"，且稱其爲學術界的普遍認識。[②] 此種觀點與索瓦傑、卡特梅爾、聖馬丁、玉爾、藤本勝次等人所持意見均不同，且是否是"學術界的普遍認識"仍有待商榷。

本文在前人譯著和研究成果基礎上，綜合考察《中國印度見聞録》的成書、手稿孤本的流傳、多種語言譯本之間的關係、海上絲路視域下中國形象的傳播等問題。

---

① 關於該書作者，卡特梅爾、聖馬丁等人認爲是"馬斯歐迪(Mas'oudi)"(又譯爲"馬蘇第")，雷洛和費瑯認爲是"蘇萊曼"，伯希和、玉爾則提出質疑，索瓦傑和藤本勝次等則更傾向于作者佚名。上述觀點参見穆根來、汶江、黄倬漢等譯《中國印度見聞録》"法譯本序言""日譯本序言"，北京：中華書局，1983 年，第 9—10、30 頁。

② 寧榮《〈中國印度見聞録〉考釋》，《阿拉伯世界研究》第 2 期，2006 年 3 月，第 60 頁。

一、《中國印度見聞録》孤本的流傳

《中國印度見聞録》最初以阿拉伯文撰成，其原本早已佚失。今天能够見到的《中國印度見聞録》的諸多譯本均出自該書唯一的傳世版本，即一份抄寫於 12 世紀末的手稿。① 據索瓦傑所述，“這份手稿於 1673 年在敘利亞的亞勒坡城②爲柯爾柏圖書館購得，後來轉讓給塞尼萊伯爵圖書館，接着收入法國皇家圖書館（今法國國家圖書館）”。③ 事實上，《中國印度見聞録》手稿在敘利亞被發現，之後又轉入法國，與敘利亞的歷史沿革、地理位置以及 17 世紀法國著名人物柯爾柏的活動均有必然的聯繫。

敘利亞是西亞地區歷史最爲悠久的國家之一，其地理位置更十分特殊，北與土耳其接壤，東同伊拉克交界，南與約旦毗連，西南與黎巴嫩和巴勒斯坦爲鄰，是連接亞洲與非洲、歐洲之間的重要區域，伊薩特·阿爾努斯等稱“敘利亞的土地和自然形式的變化使這個國家對於旅行者具有吸引力，促進了國内各地區間的貿易”，④明確指出了古代敘利亞在亞非地區獨特的地緣優勢。西元 7 世紀中後期，阿拉伯人確立了對敘利亞的統治，敘利亞開始了阿拉伯—伊斯蘭化之路。8 世紀中期後，敘利亞、伊朗等地同在阿拔斯王朝統治之下。敘利亞迅速伊斯蘭化和阿拉伯化，這一時期敘利亞人與阿拔斯王朝其他地區的居民大部分改奉伊斯蘭教。⑤ 在此期間，阿拉伯語則逐漸成爲當時的官方通行語言，⑥共同的語言和宗教信仰成爲古代敘利亞和伊朗地區文化交流的前提條件。因此，有一點可以肯定，即《中國印度見聞録》最初成書之後，應當在阿拔斯王朝統治區域内開始傳播。日本學者藤本勝次曾對《中國印度見聞録》的成書時間進行考察：

> 《中國印度見聞録》則可以大别爲兩卷，即卷一和卷二。卷一爲佚名作者寫於回曆 237 年（約 851—852）；卷二作者是阿布·賽義德，但撰寫年代由於作者本人没有述及，而顯得不很明確。然而，阿布·賽義德頗爲詳細地記載了黄巢之亂，述及黄巢於回曆 264 年（877—878）攻陷廣州。由此可知，卷二必定是在這一年以後寫的。另

---

① 按：該手稿爲法國巴黎國立圖書館藏阿拉伯文藏書第 2281 號。

② 按：亞勒坡城，即阿勒頗，爲今敘利亞阿勒頗省省會，敘利亞第二大城市。

③ 穆根來、汶江、黄倬漢等譯《中國印度見聞録》，北京：中華書局，1983 年，第 1 頁。

④ 伊薩特·阿爾努斯等著，馬肇椿譯《敘利亞地理與歷史概要》，北京：生活·讀書·新知三聯書店，1958 年，第 7 頁。

⑤ 王新剛《東亞國家通史·敘利亞和黎巴嫩卷》，北京：商務印書館，2003 年，第 90 頁。

⑥ 關於阿拉伯文成爲敘利亞的官方語言，參見《敘利亞地理與歷史概要》，第 53—54 頁。

外,阿布·賽義德於回曆303年(915—916)從尸羅夫移居巴士拉。在這期間,馬斯歐迪曾與阿布·賽義德相會,並從他那裏聽到種種信息。據此,雷洛推定,阿布·賽義德撰寫卷二的日期,大致是916年。正如我們從阿布·賽義德的開場白中所知道的那樣,他是受人之托而審閱卷一的。所以,可以認爲,當他從尸羅夫移居到巴士拉的時候,這項工作已經結束。①

基於雷洛和藤本勝次的考察,《中國印度見聞録》最初的成書大致是尸羅夫(又譯爲西拉夫)、巴士拉所在的波斯灣沿岸城市。再結合《中國印度見聞録》手稿於1673年在叙利亞阿勒頗城被發現,則可以推測10世紀初《中國印度見聞録》成書之後,曾經在阿拔斯王朝統治的地區廣泛傳播。當然,這種傳播正如索瓦傑指出的那樣,是一種取悦廣大讀者的消遣性著作。阿拔斯王朝以巴格達爲都城,其鼎盛時期的疆域北抵高加索山脉,東與印度相連,西南則囊括了北非摩洛哥及撒哈拉地區。叙利亞的阿勒頗因地處幼發拉底河和地中海之間的關鍵區域,是當時地跨歐、亞、非三洲的阿拔斯王朝境内東西往來的交通樞紐,《中國印度見聞録》因此由波斯灣地區流傳至阿勒頗城。10世紀中期,阿拔斯王朝日漸衰落,戰亂頻發。其後的又先後經歷了塞爾柱、花剌子模、蒙古、日爾曼土耳以及數次十字軍東征等一系列的戰亂。《中國印度見聞録》因此而僅有一份抄本幸存。

1673年購買《中國印度見聞録》手稿的柯爾柏圖書館由當時的法國財政大臣柯爾柏創建。柯爾伯雖然長於經濟,但其對於藝術和文學同樣具有濃厚的興趣,他不僅策劃創辦了法國銘文和文藝學院、法國科學院、皇家建築學院等機構,還專門建立了屬於自己的私人圖書館,用來收藏從歐洲及其他地區搜集回來的各類珍貴的手稿。柯爾伯深得法王路易十四的信任,他作爲財政大臣的身份爲其搜羅各類珍稀手稿提供了很大的便利條件。《中國印度見聞録》的收購即爲一例。柯爾伯圖書館所藏《中國印度見聞録》在何時因何種原因轉讓給塞尼萊伯爵圖書館不得而知,但根據法國國家圖書館相關資料顯示,柯爾柏私人收藏的手稿於1732年由其後人轉讓於法國皇家圖書館並保存至今。

二、《中國印度見聞録》各語種譯本及相關問題

《中國印度見聞録》阿拉伯文底本收藏於法國國家圖書館,因而其最初的幾種譯本均爲法文,具體情況見如下表:

① 《中國印度見聞録》,第30—31頁。

《中國印度見聞録》法文譯本概況

譯　者	書　名	出版時間	出版地
E.Renaudot	Anciennes relations des Indes et de la Chine, de deux voyageus mabométans qui y allérent dans le neuvième siècle	1718	巴黎
M.Reinaud	Relations des voyages faits par les Arabes et les Persans dans I'nde et la Chine dans le lxes	1845	巴黎
G.Ferrand	Voyage du marchand arabe Sulayman en Inde et en Chine	1922	巴黎
J.Sauvaget	Relation de la Chine et de 'Inde	1948	巴黎

注:表中信息來自中華書局 1983 年版《中國印度見聞録》

《中國印度見聞録》最早譯本由法蘭西學術院雷諾多(abbé Eusèbe Renaudot)院長翻譯並作注釋的,譯名爲《九世紀兩位回教旅行家印度及中國遊記》。[①] 雷諾多的譯作發表於 1718 年,張星烺先生曾指出:“雷諾多所譯之原本,以後遺失,不知所在。故當時之英國及法國評論家,竟有謂全書皆由雷諾多僞造者。1764 年竇桂内在法國王家圖書館復查出雷諾多之原本,竇氏亦疑爲雷氏僞造。”[②]由此可見,雷諾多見到《中國印度見聞録》手稿的時間應當是在 1673 年至 1718 年之間。由於此間該手稿曾經由柯爾伯圖書館轉藏塞尼萊伯爵圖書館,雷諾多閲覽該手稿時,應當是在柯爾伯的私人圖書館内。張星烺先生所説的雷諾多所譯原本的“遺失”,很可能就是手稿由柯爾伯圖書館轉讓給了塞尼萊伯爵圖書館。1732 年這一手稿又轉入皇家圖書館收藏,遂於 1764 年被竇桂内發現。關於《中國印度見聞録》手稿一段“遺失”,索瓦傑則稱:“由於一種難以解釋的疏忽,他(雷諾多)閉口不談該書的原本是怎樣獲得的,以致人們紛紛責備他在弄虚作假。”[③]雷諾多寧可背負弄虚作假的駡名也没有透露原本手稿的收藏者或是去向,很可能是這份與衆不同的手稿在當時已經引起了與柯爾伯同樣有收藏愛好人士的注意,且對方準備採取某些非正常手段得到這份十分罕見的珍貴文獻。此類事件在文藝復興以來的法國及其他歐洲國家均曾發生過。雷諾多爲了表達對收藏者以珍本相示的感恩,故而閉口不言。儘管存在僞造的質疑,但雷諾多的譯本在 18 世紀至 19 世紀中期之前,是多數人唯一可以見到的譯本。

1811 年,朗格勒曾刊行該書的阿拉伯文版本,但因種種原因,朗格勒刊行的阿拉伯文

---

① 《中國印度見聞録》,第 6 頁。按:穆根來等譯文中稱雷諾多爲“法蘭西學院”院長,但法國歷史悠久的學術研究機構包括法蘭西公學院(Le Collège de France,1530)、法蘭西學術院(L'Académie Française,1635)和法蘭西學院(L'Institut de France ,1795)等三家,中文譯名均爲“法蘭西學院”。雷諾多所在爲法蘭西學術院。

② 張星烺編著,朱傑勤校訂《中西交通史料彙編》,北京:中華書局,2003 年,第 2 册,第 756 頁。按:張星烺先生原文“雷諾多”譯作“雷腦多德”,本文中爲了表述的統一,改爲“雷諾多”;“竇桂内”即 Deguignes,穆根來等譯爲“德基尼”。

③ 《中國印度見聞録》,第 7 頁。

版本直至 1845 年,才附於雷洛(M.Reinaud)[1]重新翻譯的法文版之後刊行於世,書名題爲《耶穌紀元第九世紀阿拉伯人及波斯人之印度中國紀程》。雷洛譯本分爲兩個部分,前 59 頁爲前半部,即本文之前提及的藤本勝次所説佚名作者所寫的卷一,第 60 頁之後的部分爲賽義德所寫的卷二。在卷二之前,還增加了阿拉伯文標題。[2] 該譯本的注釋和考證旁徵博引,提出了許多獨到的見解,且與阿拉伯文版本相對照。因此,在雷洛的譯本出版後,雷諾多最初的譯本遂無人問津。雷洛的譯本在 19 世紀中期後在歐洲大陸廣泛流傳,並爲多數學者所引用。張星烺先生撰寫《中西交通史料彙編》時,曾提到"雷洛(原文作"萊奴德)譯本出版,距今八十年矣,坊間頗不易得"。[3] 説明雷洛的譯本在當時的亞洲,尤其是中國境内是很難見到全本的。至於在歐洲大陸經歷"一戰"之後,雷洛譯本在法國乃至西歐的保存狀況則不得而知。

1922 年,費琅(G.Ferrand)在雷洛譯本的基礎上進行了修訂,出版了新的譯本,題爲《阿拉伯商人蘇萊曼印度及中國遊記》。這一書名也明確體現了費琅本人關於該書作者是"商人蘇萊曼"的觀點。對於費琅的譯本,索瓦傑(J.Sauvaget)認爲:

> 新的譯本並没有完全脱離雷洛的譯本,但在史實的解釋方面,費琅的譯本的確比前兩者都好得多,不過,其缺點也是顯而易見的。費琅這部譯本,儘管有價值有用處,但却譯得太草率,阿拉伯風味不够。[4]

於是,索瓦傑在 1948 年依據阿拉伯文底本對原文進行了詳細的校勘,重新翻譯全書,並加以注釋。在譯注過程中,索瓦傑得到了著名漢學家伯希和的鼓勵,吸收採納了來自研究印度學和漢學的許多學者的意見。因此,日本學者藤本勝次評價索瓦傑譯本稱其"較諸以往任何版本,都可以説是更爲新穎的成果",[5]其阿拉伯文與法文的相互對照爲讀者和研究人員則提供了更大便利。當然,藤本勝次也明確指出,索瓦傑譯本僅爲《中國印度見聞録》的第一卷。

《中國印度見聞録》還有日文譯本,由藤本勝次完成,並於 1976 年由關西大學出版部出版,題名爲《シナ・インド物語》。藤本勝次是日本著名的中東伊斯蘭學者。藤本勝次

---

① "雷洛"張星烺先生譯作"萊奴德"。

② (法)費瑯編,耿昇、穆根來譯《阿拉伯波斯突厥人東方文獻輯注》,北京:中華書局,1989 年,上册,第 51 頁;《中國印度見聞録》,第 29 頁。

③ 《中西交通史料彙編》,北京:中華書局,1977 年,第 2 册,第 757 頁。

④ 《中國印度見聞録》,第 8 頁。

⑤ 《中國印度見聞録》,第 29 頁。

曾在京都帝國大學(今京都大學)攻讀東洋史,期間曾跟隨日本著名東洋史學家宫崎市定學習阿拉伯語。由於宫崎市定曾在法國留學,並對西亞史籍的收集有濃厚的興趣。藤本勝次也受其影響,並開始使用阿拉伯語文獻從事東洋史的研究工作,其《中國印度見聞録》的翻譯即爲一例。1975 年 4 月至 1982 年 9 月期間,藤本勝次曾任關西大學的東西學術研究所所長,並從事相關的文獻翻譯工作。日譯本《中國印度見聞録》即在此期間出版。本文撰寫過程中,筆者暫時無法見到藤本勝次日文譯本的全本,但從其序言可知,藤本勝次自稱在翻譯工作中"未遑探討巴黎的手稿底本",[①]其翻譯應當是綜合利用了索瓦傑和費琅兩種譯本。

此外,據寧榮《〈中國印度見聞録〉考釋》一文介紹,《中國印度見聞録》一書目前尚有優素福編輯的阿拉伯文版本,於 2000 年由黎巴嫩出版社出版,但此版本筆者未及見到。同時,《中國印度見聞録》在 20 世紀初已經引起中國學者關注,近百年來也有幾種不同的中文譯本。

三、《中國印度見聞録》中文譯本與海上絲路研究

《中國印度見聞録》引起中國學者的關注是在 20 世紀初,相較於其他語種譯本,該書中文譯本的完成較晚。20 世紀初,張星烺先生多次推介此書,其後,又選譯該書與中國相關的部分内容,收入 1930 年出版的《中西交通史料彙編》第二編第五章《阿拉伯人關於中國之記載》中,名爲《蘇烈曼遊記》。劉半農先生在留法期間亦知悉此書,並在其晚年開始着手翻譯,陸續發表在《語絲週刊》《地學雜志》等刊物上。1934 年劉半農先生去世後,其女兒劉小惠女士繼續完成了剩餘書稿的翻譯工作,譯文稿件於 1937 年交由上海中華書局出版,名爲《蘇萊曼東遊記》。[②] 張星烺和劉半農先生對此書進行了翻譯工作,其所據文本是雷洛和費琅的法文譯本,這從當時翻譯的書名即可看出。而上述兩種中文譯本出現後,多數國内學者纔有機會得見該書的全貌。相較而言,張星烺先生《中西交通史料彙編》一書雖爲摘譯,但張先生在編纂過程中,結合大量正史以及《太平廣記》《諸蕃志》《長安志》《高僧傳》《星槎勝覽》《馬可波羅遊記》等大量史籍,對《中國印度見聞録》中的記載進行了細緻的考證和注釋,爲後人展開深入研究奠定了基礎。

20 世紀 80 年代以來,又先後有幾種《中國印度見聞録》的中文譯本出版。

---

① 《中國印度見聞録》,第 33 頁。

② 1937 年上海中華書局版《蘇萊曼東遊記》十分少見,2016 年,華文出版社修訂了原稿詞句、體例等後重新出版。

穆根來、汶江、黄倬漢等人翻譯的《中國印度見聞録》,被收入由中華書局編輯出版的《中外關係史名著譯叢》之中,於1983年出版,2001年曾再次印刷。此版本分前後兩個部分,前卷據索瓦傑法文本翻譯,後卷則據藤本勝次日文譯本完成,是目前可見的品質最好的完整中文譯本。此外,有費琅輯注的《阿拉伯波斯突厥人東方文獻輯注》卷一中有"蘇萊曼《編年史一覽表》"[①]一節,收録了《中國印度見聞録》一書的部分内容。此書由耿昇、穆根來於1989年合作譯爲中文,並由中華書局出版。但這一版本僅選取原書前卷的少量頁碼進行翻譯,是一個不完整的版本。

20世紀80年代以後,伴隨着"中外關係史"研究領域的拓展和深入,學界對該書的關注度逐漸提高。進入21世紀後,"海上絲綢之路"成爲學術研究的熱點問題,而《中國印度見聞録》是"海上絲路"研究必不可少的文獻資料,相關研究成果豐碩。從已經發表的引用《中國印度見聞録》記載的相關成果來看,其圍繞"海上絲綢之路"這一核心問題,大體從以下四方面展開研究:一是對中古時期中國與阿拉伯海路貿易往來發展史的研究以及在此基礎上的個案研究(如茶葉、香料、藥材等),如:《茶葉由文化到技貿傳播世界的歷程》、[②]《漢唐時代南海諸國香藥入華史研究》、[③]《9—10世紀阿拉伯商人視角下的中國唐代林業》;[④]二是基於《中國印度見聞録》域外文獻特徵的關於唐代政治制度、社會風貌的多角度分析和探討,如:《試論唐代官方醫療機構的局限性》、[⑤]《一位中亞穆斯林筆下的中國傳説故事與民間信仰》;[⑥]三是以"海上絲路"爲核心的中外政治關係、文化交流等問題的研究及其對於"一帶一路"發展建設的啓示等,如:《唐代南海諸國與廣州通海夷道新考》、[⑦]《唐代中國與阿拉伯海上交通航線考釋》、[⑧]《論中國與伊斯蘭國家間的"民心相通》;[⑨]四是針對域外史籍關於古代中國記載的專項研究,如:《外國人關於唐代中國的著述與唐文明的傳播》、[⑩]《古代阿拉伯人記中國》、[⑪]《〈中國印度見聞録〉考釋》《阿拉伯視野中的中國形

① 關於《編年史一覽表》這一書名,藤本勝次日文譯本序言譯作"故事的鏈子"。

② 陶德臣《茶葉由文化到技貿傳播世界的歷程》,《農業考古》第2期,2016年4月,第13—22頁。

③ 温翠芳《漢唐時代南海諸國香藥入華史研究》,《貴州社會科學》第3期,2013年3月,第139—144頁。

④ 馮尕才、李才《9—10世紀阿拉伯商人視角下的中國唐代林業》第1期,《北京林業大學學報》(社會科學版),2015年3月,第17—21頁。

⑤ 于賡哲《試論唐代官方醫療機構的局限性》,《唐史論叢》第9輯,西安:三秦出版社,2007年,第129—144頁。

⑥ 鍾焓《一位中亞穆斯林筆下的中國傳説故事與民間信仰》,《西域研究》第3期,2007年7月,第98—105頁。

⑦ 周運中《唐代南海諸國與廣州通海夷道新考》,《暨南史學》第9輯,桂林:廣西師範大學出版社,2014年,第125—140頁。

⑧ 李金明《唐代中國與阿拉伯海上交通航線考釋》,《廣東社會科學》第2期,2011年3月,第114—121頁。

⑨ 丁俊《論中國與伊斯蘭國家間的"民心相通"》,《阿拉伯世界》第3期,2016年5月,第61—74頁。

⑩ 方亞光《外國人關於唐代中國的著述與唐文明的傳播》,《江海學刊》第3期,1994年6月,第135—140頁。

⑪ 龔方震《古代阿拉伯人記中國》,《中外關係史論叢》第3輯,北京:世界知識出版社,1991年,第212—230頁。

象評估》[1]等。上述諸方面的研究成果雖然研究物件和研究視角各不相同,多立足於《中國印度見聞録》作者身份的特殊性,關於該書作爲異國人士對於古代中國記載的文獻價值,亦涉及到中國的域外形象問題。

事實上,《中國印度見聞録》涉及的古代中國域外形象問題,不僅僅與其特殊的文本内容有關,更與其抄本的流傳、多種譯本的不斷出版有着密切的關係。

四、海上絲路視域下中國形象的傳播和影響

海上絲綢之路涉及到古代世界廣闊的區域,包括今天的中國東南沿海、東南亞、西亞阿拉伯半島、非洲和歐洲;同時也涵蓋了古代世界的三大文化圈,即以中國印度爲中心的佛教文化圈、以西歐爲中心的基督教文化圈和包括阿拉伯半島和北非在内的伊斯蘭文化圈。國家形象是現代政治學、社會學的概念,但其同樣適用於古代社會史、文化史的研究。[2]《中國印度見聞録》對於海上絲綢之路諸多文化圈内中國形象的形成和傳播具有重要的意義和影響。

《中國印度見聞録》成書的 9 世紀中葉至 10 世紀初,時值中國唐宋之交,正是海上絲綢之路興起的階段。該書作者來自阿拉伯半島,是以伊斯蘭文化視野去觀察和記録沿途所到之地的所見所聞。該書描述的中國形象可以概括爲正面和負面兩種,正面形象包括:幅員遼闊、物産豐富、統治階層開明、地方行政高效、社會治安穩定、手工技藝發達等;負面形象則爲:宗教異端、不尚衛生等。[3] 上述中國形象從表面看來是對李唐王朝的描述,其本質上則是海上絲綢之路區域内關於自秦漢至隋唐數百年間、領先於世界的中華文明的總體印象——"漢唐形象"。[4] 至於該書所記載見聞涉及的航程,自波斯灣港口出發,經阿拉伯海至印度半島南端和斯里蘭卡,又横穿印度洋北部的孟加拉灣,在馬來群島停留後過麻六甲海峽進入太平洋,再向東南航行經越南後進入南中國海並最終抵達廣府(即廣州)。《中國印度見聞録》雖以"中國""印度"命名,但其航程途經地區則是伊斯蘭文化群和佛教文化圈覆蓋的包括印度洋、太平洋在内的廣闊海域,同時也是海上絲綢之路的主要航線。如前文所

---

① 李榮建《阿拉伯視野中的中國形象評估》,《阿拉伯世界研究》第 4 期,2014 年 7 月,第 82—97 頁。

② 關於國家形象的概念、影響等已有學者論及,參見吴友富《中國國家形象的塑造和傳播》,上海:復旦大學出版社,2009 年;周寧《世界的中國形象叢書》,北京:人民出版社,2010 年。

③ 海上絲路區域内古代中國形象的概括可參見《阿拉伯視野中的中國形象評估》,第 82—97 頁;母仕洪、冀開運《論阿拉伯帝國心目中的中國形象》,《六盤水師範學院報》第 4 期,2018 年 5 月,第 76—83 頁。

④ 至於陸上絲綢之路"漢唐形象"的形成,文獻資料更加豐富,各類與路上絲路相關的文章、著作均有論及,數量衆多,此不贅述。

述,《中國印度見聞録》成書後應當在阿拉伯帝國統治區域内廣泛傳播,其内容爲同時期或時代稍微晚的伊本·法基赫、伊本·羅斯特、阿布·澤德、馬蘇第、胡爾達兹比等阿拉伯學者所引述就是有力的旁證。[①] 在10至12世紀期間,《中國印度見聞録》的傳播及其文本内容的不斷複製和改寫中使得"漢唐形象"在海上絲路更廣闊的範圍内傳播開來。

11至12世紀,阿拉伯帝國日漸衰落,13世紀時成吉思汗又率領蒙古大軍先後數次西征,西亞、北非、歐洲均處於戰亂之中。早期的部分阿拉伯文獻多毁於戰火,"漢唐形象"也在這個過程中日漸淡化,逐漸與成吉思汗西征中形成的未開化的"侵略汗國"形象融合。隨後的《馬可波羅行記》在歐亞大陸産生了廣泛的影響,"蒙元汗國形象"經由伊斯蘭文化圈傳入基督教文化圈,並逐漸成爲主流。有學者認爲元代是伊斯蘭文明與中華文明對話的巔峰時期。[②] 兩種文明通過陸路和海路兩條絲綢之路密切往來,馬可波羅也正式從陸上絲路來到元朝,又由海上絲路返回歐洲。因此,在《馬可波羅行記》中仍然可以看到《中國印度見聞録》中的"漢唐形象",馬可波羅對元大都盛景的描述在一定程度上融合了早期阿拉伯世界對大唐盛世印象的延續。這種融合了陸上和海上絲路的中國印象在基督教文化圈中延續了很久,直至15世紀西方新航路開闢後的很長一段時間後,才逐漸爲衰落的東方古國形象取代。

伴隨着新航路的開闢,歐洲文明繞過伊斯蘭文明,通過新航路與海上絲綢之路的連接直接與中華文明對話,大量西歐人來到中國並將關於中國的大量信息帶回歐洲。16世紀以來逐漸形成了西歐視角下的古代中國形象及其傳播與海上絲綢之路關係密切。1673年,法國人在叙利亞發現了《中國印度見聞録》手稿孤本,並視爲珍寶,因爲書中記載的内容與當時歐洲主流觀念中的中國形象已有天壤之别。18世紀以後《中國印度見聞録》的各種譯本在歐洲乃至世界範圍内廣泛流傳,通過早期海上絲綢之路形成並在伊斯蘭文化圈中傳播的中國形象得以再現。

五、餘　論

鑒於《中國印度見聞録》多種譯本的流傳以及相當數量研究成果對該書内容的引用,且限於篇幅,本文對該書所載内容不進行專門的叙述和討論。關於《中國印度見聞録》的第一部分作者的身份,筆者對幾種觀點詳細對比和分析,認爲索瓦傑以及藤本勝次的"作

① 《阿拉伯波斯突厥人東方文獻輯注》導言,2018年,第7—9頁。

② (蘇丹)賈法爾·卡拉爾·艾哈邁德《中世紀阿中文明對話及其緣起》,《阿拉伯世界研究》第3期,2009年5月,第18—19頁。

者佚名"的觀點更具客觀性和合理性。關於《中國印度見聞録》阿拉伯文手稿的流傳和遞藏情況,本文作出的若干大膽的推測,是基於不同時期歷史背景及地域性特徵的一種考察。如關於最初雷諾多絶口不提翻譯所據原本的來歷和去向等問題,後來的索瓦傑稱之爲"難以解釋的疏忽",親歷者的緘默,使得歷史的真實永遠無人知曉。

此外,本文認爲《中國印度見聞録》一書可能曾經有一定數量的抄本於10世紀中期至17世紀中期在西亞、北非地區流傳,但這些抄本可能均在塞爾柱、蒙古、日爾曼等的入侵和數次十字軍東征中亡佚。需要補充説明的是,這一時期的大量阿拉伯文獻均有交互抄襲的現象,有些甚至是連篇累牘的照搬原文,如:馬斯歐迪和伊本·法基赫等對《中國印度見聞録》的抄襲。① 龔方震在《古代阿拉伯人記中國》一文中對23種文獻進行了概述,也認爲"其中不乏抄襲前人之説"。② 筆者認爲,古代阿拉伯學者的著述中確實存在很多雷同的内容,與其稱之爲"抄襲"或"剽竊",倒不如换一種角度來解釋,這其實應當算是他們對所見所聞的一種文獻資料彙編。當然,由於這種雷同内容的存在,成書較早的文獻在流傳過程中很容易爲時代較晚的作品所替代,這應當也是《中國印度見聞録》流傳過程中僅存孤本的一個重要原因。

《中國印度見聞録》成書的9至10世紀是海上絲綢之路興起的重要時期,其形成的中國形象代表了伊斯蘭文化圈對古代中國的認知和印象。這種形象通過海上絲路,經由伊斯蘭文化圈傳入歐洲。地理大發現之後,歐洲航海家繞過非洲南端進入印度洋,並沿海上絲綢之路到達中國。基督教文明與中華文明直接對話,此後形成的中國形象與海上絲路有了更爲密切的關係。

附:《中國印度見聞録》譯本簡表

時間	譯　者	譯　　名	語言	出版地
1718	雷諾多	Anciennes relations des Indes et de la Chine, de deux voyageus mabométans qui y allérent dans le neuvième siècle(九世紀兩位回教旅行家印度及中國遊記)	法文	巴　黎
1845	雷洛、朗格勒	Relations des voyages faits par les Arabes et les Persans dans I'nde et la Chine dans le lxes(耶穌紀元第九世紀阿拉伯人及波斯人之印度中國紀程)	法文 阿拉伯文	巴　黎
1914	費　瑯	編年史一覽表(《阿拉伯波斯突厥人東方文獻輯注》選譯本)	法文	巴　黎

① 《阿拉伯波斯突厥人東方文獻輯注》,第9頁。
② 《古代阿拉伯人記中國》,見《中外關係史論叢》第3輯,第213頁。

續表

時間	譯　者	譯　　名	語言	出版地
1922	費　瑯	Voyage du marchand arabe Sulayman en Inde et en Chine(阿拉伯商人蘇萊曼印度及中國遊記)	法文	巴　黎
1930	張星烺	蘇烈曼遊記(《中西交通史料彙編》選譯本)	中文	北京輔仁大學
1937	劉半農、劉小蕙	蘇萊曼東遊記	中文	上海中華書局
1948	索瓦傑	Relation de la Chine et de 'Inde(中國印度見聞録)	法文	巴　黎
1976	藤本勝次	シナ・インド物語(中國印度見聞録)	日文	京都關西大學出版部
1977	張星烺 朱傑勤校訂	蘇烈曼遊記(《中西交通史料彙編》選譯本)	中文	中華書局
1983	穆根來等	中國印度見聞録	中文	中華書局
1989	耿昇等	編年史一覽表(《阿拉伯波斯突厥人東方文獻輯注》選譯本)	中文	中華書局
2000	優素福等	中國印度見聞録	阿拉伯文	黎巴嫩出版社
2016	劉半農、劉小蕙	蘇萊曼東遊記	中文	華文出版社

注:上表内容係作者據各譯本整理而成

【作者簡介】党斌,男,1981 年生,歷史學碩士,陝西省社會科學院古籍整理研究所副研究員,主要從事碑刻文獻整理研究。

新見唐東萊太守劉同墓志略考

——兼補河南劉氏世系

陳文彬

新見唐代《劉同墓志》，出土於河南洛陽偃師，墓志拓片收録於《洛陽流散唐代墓志彙編》，①志石方形，長58厘米，寬60厘米，正書。志文計951字，29行，滿行29字。志蓋篆書“大唐故劉府君墓志銘”（劉同墓志）。劉同其人仕宦不顯，然該墓志却對校正與增補唐劉政會家族世系有所增益，謹不揣愚鈍，擬對舊文作簡單考釋，求教於方家。爲考讀論述之便，謹録志文如下：

唐故東萊太守劉府君墓志銘並叙

公諱同，字和光，河南人也。系胄於夏，受氏於漢。自魏已降，官閥焜煌，人倫炟赫者，世不絶矣。高祖政會，唐刑户二尚書、渝國公，封實三百户，功臣第一等，贈并州大都督，謚曰襄。圖畫凌煙，配饗高廟。草昧元功，經綸皇道，社稷之臣也。祖玄意，駙馬都尉、左衛羽林將軍，襲渝公，謚曰恭。帝乙歸妹，禁戎腹心，樽俎之則也。父奇，考功員外、吏部郎中、吏部侍郎。覆才考能，清節特鏡，瑚璉之器即也。公侍郎之季子，生而瑰傑，長而文明。解褐以門子補左千牛備身，趨奉王墀，邕容丹禁。精光照於左右，秀氣溢於廊廡。調轉絳州司兵，應制授潞州襄垣縣令，轉鄭州陽武令、京兆府華原令。皆下車政成，期月而理。肅清閭井，端整豪吏。子弟訓，田疇辟，工商不擾，奸盗屏迹，此乃公之明斷，故能使化行而俗易者也。每解印舊秩，改轅首途，野老牧童，街泣里叫者，不可勝數。或上書北闕，請延一年。歎寇恂之不留，歌子産之誰嗣，迄今遺愛，尚騰于口焉。前吏部侍郎宋公遥，今禮部尚書席公豫，昔牧滎陽，特嗟尤異，以爲廊廟重器，風流軌物，申

① 毛陽光、余扶危《洛陽流散墓志彙編》，北京：國家圖書館出版社，2013年，第335頁；趙君平，趙文成《秦晉豫新出墓志搜佚續集》，北京：北京圖書館出版社，2012年，第750頁；北京大學圖書館金石組《北京大學圖書館藏歷代墓志拓片目録》，上海：上海古籍出版社，2013年，第503頁。

以死生之分，託以遠大之期。無何，除尚乘奉御，時京邑翼翼，四方繁委。或權貴侵淫，奸猾劫脅。聖上深念良宰以理之，詢問三事，下逮百僚，僉以爲考績尚能，無易公者。制授萬年縣令。德以柔遠，刑邪明罰，而吏不敢欺殘，而人無怨讟，强禦斂手，忠貞竭心。輦轂翕然，美化被矣。屬東萊遠徼，水旱有愆。惟彼島夷，不成王命。或馮凌城郭，虔劉吏人。詔公出牧，以表東海。褰帷視事，特大綱以德。閉閤無爲，唯澄源而適。妙悟遠邇，條而不紊焉。享齡五十八，以天寶四載六月廿二日暴終於官舍。嗚呼哀哉！闔境悲慟，鄰邑嗟惋。甚罷市於漢陽，異輟相於奉邑。於戲！常謂作善降祀，種德有鄰。將冀大庇元元，恢我王度。神之正直，斯言何欺。公孝於家，忠於國，義能濟物，清所激貪。叔度之雅量汪汪，茂先之精理袞袞，盡兼之矣。嗣子倫等，崩天無從，煢煢何怙。丹旐遽旋於别業，青烏先卜於舊塋。夫人高陽許氏，先公而亡，令德淑慎，前志已録。以天寶五載五月廿一日同穴於偃師東原，禮也。兄子全誠，早加鞠愛，有甚已生。指白楊以動魄，俯玄闥而雪涕。刻石紀茂，昭升家聲。銘曰：

達節雅韻，詩風遠兮。字人恤瘼，令名展兮。良木杞梓，遽摧折兮。甘泉澄洌，意先竭兮。仰白雲之悠悠，西嵩少以千秋。于嗟兮，覩逝川之不留。

圖：唐東萊太守劉同墓志及志蓋

一、劉同仕宦經歷

志文載，劉同，字和光，出自河南劉氏，兩《唐書》失載，"同，萬年令"。劉同高祖爲劉政會，祖玄意，父劉奇。《新唐書》列傳第十五則記載"(政會)子玄意襲爵，尚南平公主……次子奇，長壽中，爲天官侍郎"，《新唐書·宰相世系表》(後文簡稱《世系》)與《舊唐書》則均載劉奇爲政會孫，志文可證《新唐書》劉政會世系之誤。劉同子劉倫，兄子全誠，“有甚己生”。《世系》又載全誠爲其兄河南少尹劉超之子。劉奇有四子，獲嘉令劉慎知，河南少尹劉超，吴郡太守、江南採訪使劉微以及劉同。

劉同“解褐以門子補左千牛備身，趍奉王墀，邕容丹禁”。門子，即門資。墓志雖云劉同以門蔭充宿衛，經三衛補吏解褐，爲左千牛備身。但其解褐官實爲絳州司兵，千牛備身爲其出身。[①] “凡應宿衛官，各從番第。凡千牛備身左右及太子千牛備身，皆取三品已上職事官子孫，四品清官子，儀容端正，武藝可稱者充”。[②]《唐六典》載左右千牛衛各有千牛備身十二人，“凡千牛備身、備身左右執弓箭以宿衛，主仗守戎服器物”。[③] 按絳州司兵，從七品下。“司兵掌武官選舉、兵甲器仗、門户管鑰、烽候傳驛之事”。又《通典》云：“在府爲曹，在州爲司。”[④]唐代衛官入仕爲武官，一般充任執戟、司戈等職。[⑤] 按門蔭之法，“諸用蔭出身者，一品子正七品上，二品子正七品下，正三品子從七品上，從三品子從七品下……”，[⑥]劉同爲國公孫、三品子，解褐爲司兵，符合用蔭制度。如同様以左千牛起家，解褐爲洛州司兵的魏徵子魏叔瑜。[⑦] 又劉同天寶四載(745)年去世，享年五十八歲，推其生年當爲垂拱四年(688)。劉同爲劉奇幼子，劉奇 697 年去世時，同僅有 10 歲。而若祖父渝國公劉玄意仍在世，至少已有 63 歲。故劉同可能爲追蔭或者以國公孫解褐。

劉同後又歷任潞州襄垣縣令、鄭州陽武令、京兆府華原令等職，皆有政聲，每解除舊職，往新地赴任，百姓不捨，以致“上書北闕，請延一年”。志文提及劉同爲吏部侍郎宋遥、禮部尚書席豫所重。宋遥，天寶初爲吏部侍郎，《舊唐書》載：“李林甫爲尚書，專任廟堂，銓事唯委晉卿及同列侍郎宋遥主之。”[⑧]天寶二年宋遥被貶爲武當郡太守。席豫，兩《唐書》有傳，開元中爲户部侍郎、吏部侍郎，天寶六載爲禮部尚書，天寶七載卒。“豫典選六年，拔寒遠士多至臺閣，當時推知人，號席公云。”[⑨]席豫“昔牧滎陽”，開元二十年(732)以户部侍郎，充江南東道巡撫使，兼鄭州刺史。次年被韓休舉薦入爲吏部侍郎。《李述墓志》爲席豫任户部侍郎時所撰，志文對劉奇亦有稱贊，之後又對劉同頗爲看重，且席豫亦家河南。席

① 孫正軍《官還是民：唐代三衛補吏稱“釋褐”小考》，《復旦學報(社會科學版)》第 4 期，2013 年 7 月；劉麗琴《唐代武官選任制度初探》，北京：社會科學文獻出版社，2006 年。

② 劉昫等《舊唐書》卷四三《職官志》，北京：中華書局，1975 年，第 1833 頁。

③ 李林甫等撰，陳仲夫點校《唐六典》卷二五《左右千牛衛》，中華書局，2014 年，第 641 頁。

④ 杜佑撰，王文錦等點校《通典》卷三三，北京：中華書局，1988 年，第 910 頁。

⑤ 毛漢光《唐代蔭任之研究》，《中央研究院史語所集刊》，第 55 本 3 分，1984 年。

⑥ 王溥《唐會要》卷八一《用蔭》，上海：上海古籍出版社，2006 年，第 1774 頁。

⑦ 董誥等《全唐文》卷二二七《唐故豫州刺史魏君碑》，北京：中華書局，1983 年，第 2296 頁。

⑧ 《舊唐書》卷一一三《苗晉卿傳》，第 3350 頁。

⑨ 《舊唐書》卷一九〇《席豫傳》，第 5036 頁。

豫與劉奇家族頗有淵源。席豫爲吏部侍郎後,劉同即被升爲尚乘奉御,這個時間在開元二十一年左右,劉同已年過四旬。尚乘奉御,隸殿中省尚乘局,從五品。因政績優秀,升爲萬年縣令。

志文言"惟彼島夷,不成王命。或馮凌城郭,虔劉吏人",查兩《唐書》,此事當指開元二十年渤海寇登州。故命劉同爲東萊刺史,以表東海。萊州與登州相近,同臨渤海,海賊劫掠同樣影響到萊州。《舊唐書》載:"萊州中 漢東萊郡,隋因之。武德四年,討平綦順,置萊州,……如意元年,割黄縣、文登、牟平置登州。天寶元年,改萊州爲東萊郡。乾元元年,復爲萊州。"[①]"島夷"事件之時,東萊仍爲萊州,故劉同是以萊州刺史赴任。至天寶改州爲郡,劉同仍在任上,因此墓志稱其爲東萊太守。又劉倫墓志云"父同,萊州刺史"。劉倫墓志撰於元和十五年(820),而東萊郡已於乾元元年(758)改回萊州,故仍稱萊州刺史。

劉同去世於萊州刺史官舍,次年歸葬於偃師東原。

二、劉政會世系補訂

志文提劉姓源流,"系胄於夏,受氏於漢。自魏已降,官閥焜煌,人倫炟赫者,世不絶矣"。政會後人劉昌墓志又言"其先出自獨孤氏,後魏孝武皇帝改姓曰劉"。劉環墓志言"緒萌於後魏,業盛於我唐"。《世系》記載:"河南劉氏本出匈奴之族。漢高祖以宗女妻冒頓,其俗貴者皆從母姓,因改爲劉氏。左賢王去卑裔孫庫仁,字没根,後魏南部大人、凌江將軍。弟眷,生羅辰,定州刺史、永安敬公。其後又居遼東襄平,徙河南。羅辰五世孫環雋,字仲賢,北齊中書侍郎、秀容懿公。弟仕雋。"[②]姚薇元《北朝胡姓考》引《官氏志》"獨孤氏後改爲劉氏",又"自劉淵入居中原,遂自承漢後,改姓劉氏。入魏爲三十六部之一,號獨孤部,以部爲氏。孝文南遷,依舊例改爲劉氏。魏末,又復舊姓,而亦有未復者;故匈奴劉氏與獨孤氏,並見史册,爲北朝盛族"。[③] 劉氏本出匈奴,歸漢入魏,幾百年間,長久地活躍在政治舞臺上。

《魏書・劉庫仁傳》:"劉庫仁,本字没根,劉虎之宗也,一名洛垂。少豪爽,有智略。母平文皇帝之女。昭成皇帝復以宗女妻之,爲南部大人。……庫仁弟眷,繼攝國事。……眷第二子羅辰。"[④]

志文劉同世系自劉政會開始。劉政會世系史書多有記載,考劉同墓志與近年新出其

① 《舊唐書》卷三八《地理志》,第 1455 頁。
② 歐陽修、宋祁等《新唐書》卷九《宰相世系表》,北京:中華書局,1975 年,第 2273 頁。
③ 姚薇元《北朝胡姓考》,北京:中華書局,2007 年,第 43—52 頁。
④ 魏收《魏書》卷八三上,北京:中華書局,1997 年,第 1813—1814 頁。

他劉政會家族墓志，可考史書缺誤。相關劉政會家族墓志還有劉昌墓志、[1]劉符墓志、[2]劉夔墓志、[3]王素臣墓志、[4]劉環墓志、[5]劉温叟墓志、[6]劉兖墓志、[7]劉燁墓表、[8]劉幾墓志、[9]劉唐工墓志、[10]刘忠顺墓志[11]等。相關墓志所涉劉政會世系内容如下表：

姓　名	志文所涉世系	葬　地
劉　同	"高祖政會……祖玄意……父奇……嗣子倫等……兄子全誠"	偃師東原
劉　倫	"曾王父政會……祖奇……父同……從父兄方平"	龍門之舊塋
劉　昌	"列祖(玄意)，饒州刺史，封渝國公……曾王父無玷……父寔"	萬安—河南縣畢圭鄉之南原
劉　符	"次子(劉崇龜)"	萬安山之南原
劉　夔	"蔡州府君(劉符)女也……兄崇望……"	萬安山之先塋
王素臣妻	"妻河間劉氏。曾祖會，秘書監；祖玄，德州司馬；父德，左衛將軍。"	
劉　環	"七代祖政會……王父諱早……皇考諱符……即蔡州元子……一男子曰耆婆……季弟崇望"	河南縣伊汭鄉尹樊村萬安山南先塋
劉温叟	"渝公……畫像凌煙，即公八代祖也，大王父諱符……王父諱珪……顯考諱嶽……子五人：焕、炤、焆、炫、燧……弟一人德長……猶子三人：焯、炯、烜"	河南縣伊汭鄉樊里先塋
劉　兖	政會十一代孫；曾祖岳；祖温叟；考炤；子三人：唐弼、大年、唐彦；孫：京、爽；從父：燁	
劉　燁	十二代祖環鎸……環鎸生坦……坦生政會……政會生元意……元意生奇……奇生獲嘉令慎言，慎言生河東令褧，褧生秘書郎藻，藻生蔡州刺史符，符生洪洞令珪，珪兄弟八人崇龜、崇望最顯……珪生大父贈太保諱岳……太常生烈考贈太保諱温叟……有子七人長曰既……次即著作君，次曰先……次曰邕、忱、兆、兢，並太常寺人祝既先早亡。	河南縣伊汭鄉樊里

① 《唐故朝散大夫汴州長史劉府君(昌)墓志銘》，見《洛陽流散墓志彙編》，第418頁。

② 吴鋼等《全唐文補遺・千唐志齋新藏專輯》，西安：三秦出版社，2006年，第411頁。

③ 《全唐文補遺・千唐志齋新藏專輯》，第414頁。

④ 《大唐故申州羅山縣令王府君(素臣)墓志銘並序》，見周紹良主編、趙超副主編《唐代墓志彙編》，上海：上海古籍出版社，1992年，第1080頁。

⑤ 《唐故振武觀察支使將仕郎試太常寺協律郎劉府君(環)墓志銘並序》，見《洛陽流散墓志彙編》，第643頁。

⑥ 《大宋故光禄大夫行御史中丞上柱國彭城郡開國侯食邑一千五百户劉公(温叟)墓志銘並序》，見《全唐文補遺・千唐志齋新藏專輯》，第466頁。

⑦ 張應橋《北宋劉幾墓志考釋》，《四川文物》第3期，2011年6月。

⑧ 尹洙《河南尹先生文集》卷二七，美國加利福尼亞大學伯克利分校藏抄本。

⑨ 何新所《新出宋代墓志碑刻輯録》(北宋卷)，北京：文物出版社，2019年，第264頁。

⑩ 《新出宋代墓志碑刻輯録》(北宋卷)，第416頁。

⑪ 鄭獬《衛尉少卿劉公墓志銘》，《鄖溪集》卷二一，上海：上海古籍出版社，1987年，影印《文淵閣四庫全書》，第1097册。

續表

姓　名	志文所涉世系	葬　地
劉　幾	"其先……北齊中書侍郎環俊(儁)……再傳而至渝公……諱政會……六世孫崇珪……生岳……公之曾祖……生温叟……爲公之祖……生燁……爲公之考";子男五人:唐夫、唐憲、唐民、唐聰、唐武;孫男八人:高、亶、雲、襄、忞、卞、言、衮;曾孫五人。	河南之尹樊里
劉唐工	"諱温叟,公之曾祖也……燁,公之祖考也……忱,公之考也";子男五人:雲、爽、亮、商、褒;孫男十人:汝規、汝諧、汝舟、汝文、汝士、汝一、汝器等。	萬安山之南先塋

《舊唐書》言劉政會祖父爲劉環儁,北齊中書侍郎、秀容懿公。《世系》却載劉政會祖父爲劉仕儁,仕儁乃環儁弟。劉幾墓志云劉氏之先祖自北齊中書侍郎環儁始,《邵氏聞見前録》亦以環儁爲河南劉姓之始。

劉政會父爲劉坦,字寬夫,隋文帝時任大理卿、昌國縣伯。劉政會,"唐刑户二尚書、渝國公,封實三百户,功臣第一等,贈並州大都督,謚曰襄"。兩《唐書》有傳。初爲隋太原鷹揚府司馬,時高祖李淵留守太原,劉政會即爲其部下。後隨李淵起兵,爲太原元謀功臣,"圖畫凌煙,配饗高廟"。《舊唐書》載政會受封爲刑國公,至其子玄意改封渝國公,[①]《新唐書》則言"後追徙渝國",[②]故志文與史書所載,政會之渝國公乃死後追授。

兩《唐書》均言劉政會有二子,爲劉玄意與劉奇。劉玄意,襲政會爵,爲渝國公,官駙馬都尉、左衛、羽林將軍等,兩《唐書》均載其尚南平公主,"帝乙歸妹",蒙蔭入仕,爲"禁戎腹心"。高宗朝又爲汝州刺史。南平公主爲太宗第三女,"下嫁王敬直,以累斥嶺南,更嫁劉玄意"。[③] 劉玄意未入劉氏祖塋,而與南平公主陪葬昭陵,《唐會要》卷二十一《昭陵陪葬名氏》載"南平公主駙馬劉元懿"。[④]《文獻通考》、[⑤]《長安志》[⑥]等亦有劉元懿,相關今人已有著述。[⑦] 按劉元懿即劉玄意。又《寶刻叢編》卷九載昭陵有唐駙馬都尉劉玄懿碑。[⑧]《昭陵碑石》附佚碑存目載昭陵有劉玄意碑。[⑨] 龍門石窟有兩方有關劉玄意造像題記,[⑩]其均爲

---

① 《舊唐書》卷五八《劉政會傳》,第 2313 頁。

② 《新唐書》卷九〇《劉政會傳》,第 3768 頁。

③ 《新唐書》卷九〇《劉政會傳》,第 3768 頁。

④ 《唐會要》卷二一《昭陵陪葬名氏》,上海:上海古籍出版社,2006 年,第 480 頁。

⑤ 馬端臨《文獻通考》卷一二五《昭陵陪葬名氏》,北京:中華書局,1980 年,第 1124 頁。

⑥ 宋敏求、李好文著,辛德勇、郎潔點校《長安志・長安圖志》卷第十六《藍田》,西安:三秦出版社,2013 年,第 598 頁。

⑦ 張沛《唐昭陵陪葬名位綜考(上)——昭陵碑石研究之一》,《碑林集刊》第 13 輯,西安:三秦出版社,2008 年;張沛《唐昭陵諸碑存逸考述——昭陵碑石研究之三》,《碑林集刊》第 15 輯,西安:三秦出版社,2010 年。

⑧ 《寶刻叢編》卷九,《叢書集成初編》,北京:中華書局,1985 年第 275 頁。

⑨ 張沛《昭陵碑石》,西安:三秦出版社,1993 年,第 250 頁。

⑩ 温玉成《龍門所見兩〈唐書〉中人物造像概説》,《中原文物》第 4 期,1993 年 12 月,第 14 頁。

劉玄意於永徽元年(650)汝州刺史任期内所刻。又濟南千佛崖又有顯慶三年(658)南平公主與劉玄意造像題記,[①]玄意顯慶二年爲齊州刺史。故劉玄意爲劉政會子當無異議。又據《世系》,政會還有兩子,爲主客郎中劉玄象和易州刺史劉玄育。《唐刺史考全編》引《姓纂》卷五東郡劉元育,高宗前期爲易州刺史。劉元象,唐尚書省郎官石柱亦載其爲主客郎中。[②]

劉奇,兩《唐書》載其爲劉政會次子,《世系》載其爲劉玄意子。按劉同與劉倫父子墓志,劉奇爲劉玄意子當無疑義。志文言劉奇任考功員外、吏部郎中、吏部侍郎。劉奇永淳年間即任職吏部,《唐摭言》卷一載"永淳二年(683),劉延奇下五十五人……光宅元年(684)……劉延奇重試下十六人"。劉延奇即劉奇。[③] 武則天垂拱年間(685—688)任考功員外郎,《舊唐書》卷一八七《顔杲卿傳》載"父元孫,垂拱初登進士第,考功員外郎劉奇榜其詞策,文瑰俊拔,多士聳觀"。[④] 長壽年間(692—694),任天官侍郎。《唐會要》卷七十五"證聖元年(695),劉奇爲吏部侍郎,注張文成、司馬鍠爲監察御史"。又《新唐書》卷一百六十"證聖中,天官侍郎劉奇以鷟及司馬鍠爲御史"。[⑤] 按《新唐書》卷四十六載"武后光宅元年,改吏部曰天官"。[⑥] 開元十八年(730)《大唐故中散大夫守少府鹽上柱團趙郡李府君墓志銘並序》(《李述墓志》)亦可證:"秩滿,調補洛州陸渾主簿,時侍郎劉奇深鑒人倫,有山濤之啓。君頃論封禪,草馬卿之書。雅重斯文,特降殊禮,故拔自江劍,遷於甸畿。未幾爲中書舍人韋嗣立所薦,對策甲科,授洛陽縣尉。"[⑦]劉同志文言劉奇"覆才考能,清節特鏡,瑚璉之器即也",在任以選賢清廉著稱。《太平廣記》載:"劉奇久著清平……時人語曰:'有錢石下好,無錢劉下好,士大夫張下好。'斯言果徵。……劉奇獨以公清稱……時人又爲之語曰:'碩學師劉子,儒生用典言'。"[⑧]後爲酷吏所害。[⑨] 作爲後輩,這是一段不願回憶的傷痛,劉同和劉倫的墓志中並未提及劉奇是如何去世的,我們只能在史書中找到些蛛絲馬迹。《舊唐書》卷一百八十六上載:"吉頊,洛州河南人也。身長七尺,陰毒敢言事。進士舉,累轉明堂尉。萬歲通天二年(697),有箕州刺史劉思禮,自云學於張憬藏,善相,雲洛州録事參軍綦連耀應圖讖,有兩角騏麟兒之符命。頊告之,則天付武懿宗與頊對訊。懿宗與頊誘思禮,令廣引朝士,必全其命。思禮乃引鳳閣侍郎李元素、夏官侍郎孫元通、天官侍郎

① 《龍門所見兩〈唐書〉中人物造像概説》,第14頁。
② 勞格、趙鉞《唐尚書省郎官石柱題名考》卷二五《主客郎中》,北京:中華書局,1992年,第931、935頁。
③ 傅璇琮《唐代詩人叢考》,北京:中華書局,1980年,第331頁。
④ 《舊唐書》卷一八七《顔杲卿傳》,第4896頁。
⑤ 《新唐書》卷一六〇《張薦傳》,第4979頁。
⑥ 《新唐書》卷四六《百官志》,第1187頁。
⑦ 周紹良、趙超《唐代墓志彙編續集》,上海:上海古籍出版社,2001年,第522頁。
⑧ 李昉等《太平廣記》卷二五五,北京:中華書局,1961年,第1982頁。
⑨ 《舊唐書》卷五八《劉政會傳》,第2313頁。

劉奇、石抱忠、鳳閣舍人王處、來庭、主簿柳璆、給事中周潘、涇州刺史王勔、監察御史王助、司議郎路敬淳、司門員外郎劉慎之、右司員外郎宇文全志等三十六家,微有忤意者,必構之,楚毒百端,以成其獄。皆海内賢士名家,天下冤之,親故連累竄逐者千餘人。頊由是擢拜右肅政臺中丞,日見恩遇。”[①]又《新唐書》卷一百一十二:“抱忠……進檢校天官郎中,與侍郎劉奇、張詢古共領選,寡廉潔,而奇號清平,二人坐綦連耀伏誅。”劉奇因綦連耀案株連,被殺於神功元年(697)。《新唐書》卷四:“神功元年正月壬戌,殺李元素、孫元亨、洛州録事參軍綦連耀、箕州刺史劉思禮、知天官侍郎事石抱忠、劉奇……”[②]劉政會卒於貞觀九年(635),而劉奇神功元年被殺於任上,因此劉奇也不可能是劉政會之子,而是劉政會之孫。

劉玄意子劉循,爲金吾將軍。劉昌墓志載劉玄意還有一子名無玷,無玷生寔,寔生昌。

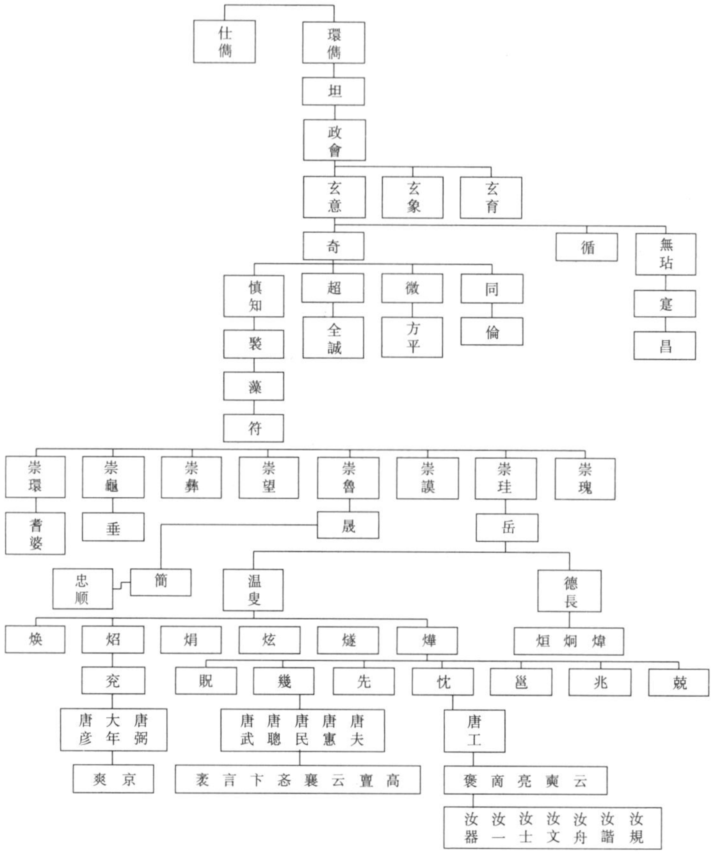

图:劉政會家族世系示意圖(北齊至宋)

① 《舊唐書》卷一八六《吉頊傳》,第 4848 頁。

② 《新唐書》卷四《則天皇后·中宗紀》,第 97 頁。

《邵氏聞見前録》載襲生藻，襲弟劉全成、劉方平，方平又生符，誤。今按劉環墓志與《世系》。又符生八子，劉環，當作劉承環，爲劉符元子。

劉政會家族的祖塋大致有兩處，其一爲滑州胙城，按新唐書載劉政會爲滑州胙人，[①]又順治《胙城縣志》載劉政會墓在其地，另有劉奇、劉崇龜、劉崇望、劉崇魯等葬於此。[②]《元豐九域志》載滑州有劉政會墳。[③] 其二爲萬安山南原，劉唐工墓志云："河南萬安山之南，墳園相望，綿亘十餘里，松柏茂密，至於合抱。光弼昔者卜葬先公過之，瞻望咨嗟，詢諸父老。父老曰：劉氏墳也，自隋唐以來葬於此。"劉環墓志云其葬於"河南縣伊汭鄉尹樊村萬安山南先塋"。劉昌墓志原刻葬地爲河南縣萬安鄉之南原，後改刻萬安爲畢圭。另有劉符、劉夔、劉温叟、劉燁、劉幾等葬於此。

三、劉同墓志所涉山東海賊事

劉志文載"惟彼島夷，不成王命。或馮凌城郭，虔劉吏人"，此處"島夷"指海賊，山東半島及渤海灣周邊因其地理位置，自古便有海賊。近海得利，沿海不服統治，便入海反抗。"道不行，乘桴浮於海"。[④]《太平御覽》載孔子及其弟子"遊於海中……歸告魯侯，築城以備寇"。[⑤] 秦末，又有田横據海島自立。至東漢時有海賊劫掠。"安帝永初……三年海賊張伯路寇略沿海九郡"。[⑥] "海賊張伯路等寇略緣海九郡，遣御史龐雄督州兵破之"。[⑦] "宣帝本始……四年山陽太守張敞上書自請治渤海、膠東盗"。[⑧] 建安十一年(206)，"秋八月，公(曹操)東征海賊管承，至淳于，遣樂進、李典擊破之。承走入海島"。[⑨] 淳于，春秋諸侯國，《左傳》隱公四年載"桓六年，淳于公亡國，杞似並之，遷都淳于"，故址在今山東安丘縣東北，近莒、萊。管承入海島，繼續頑抗，實爲海賊之徒。後爲長廣太守何夔所平。"遷長廣太守，郡濱海……長廣人管承徒衆三千餘家，爲寇害。……管等皆請服"。[⑩] 何夔又平海賊郭祖。"海賊郭祖寇暴樂安，濟南界州郡苦之……拜(夔)樂安太守，到官數月，諸成悉

---

① 《舊唐書》卷五八《劉政會傳》，第2313頁。

② 张洪宇《一处大唐重臣归葬地 一个家族的显赫史：黄土下的千年秘密》，《新乡日报》，2014年12月19日第5版。

③ 王存撰，王文楚、魏嵩山點校《元豐九域志》附録《新定九域志》，北京：中華書局，1984年，第554頁。

④ 楊伯峻《論語譯注》，北京：中華書局，1980年，第33頁。

⑤ 李昉等《太平御覽》卷一二四《偏霸部》，北京：中華書局，1960年，第602頁。

⑥ 《中國方志叢書・萊陽縣志》卷一，臺北：成文出版社，1969年。

⑦ 范曄撰，李賢等注《後漢書》卷五《安帝紀》，北京：中華書局，1965年，第215頁。

⑧ 《中國方志叢書・萊陽縣志》卷一，1969年。

⑨ 陳壽撰，裴松之注《三國志・魏志》卷一《武帝紀》，北京：中華書局，1959年，第28頁。

⑩ 《三國志・魏志》卷十二《何夔傳》，第379頁。

平”,[①]同時期海賊還有牟平賊從錢、東牟人王營等。漢末山東半島的海賊實爲黄巾殘餘,後曹袁相争,他們多支持袁氏,故成曹操心腹大患,以致親征。曹氏稱之爲“海賊”,一方面主張自我正義,另一方面也體現出管承等以渤海島嶼爲據,因此也算得上是海賊了。

志文所涉史事與開元二十年渤海寇登州有關,即“門藝事件”。關於渤海寇登州事,史書記載簡略。《舊唐書》載“(開元)二十年……渤海靺鞨寇登州,殺刺史韋俊,命左領軍將軍葛福順發兵討之”,[②]“二十年,武藝遣其將張文休率海賊攻登州刺史韋俊”,[③]“開元……二十一年,渤海靺鞨越海入寇登州”。[④]《新唐書》亦載“武藝遣大將張文休率海賊寇登州”,[⑤]又載“初,渤海靺鞨掠登州,興光擊走之”。[⑥]《册府元龜》載“開元二十年九月,渤海靺鞨寇登州,殺刺史韋俊,命左領軍將軍葛福順發兵討之”,[⑦]又“武藝率海賊攻登州,殺刺史韋俊”。[⑧]《資治通鑑》載:“二十年九月……渤海靺鞨王武藝遣其將張文休帥海賊寇登州,殺刺史韋俊。”[⑨]

渤海王大祚榮於開元六年(718)去世,此後由長子大武藝繼位,其野心漸長。開元十四年,大武藝遣其弟大門藝攻打黑水靺鞨,大門藝言:“黑水請吏而我擊之,是背唐也。唐,大國,兵萬倍我,與之産怨,我且亡。昔高麗盛時,士三十萬,抗唐爲敵,可謂雄强,唐兵一臨,掃地盡矣。今我衆比高麗三之一,王將違之,不可。”[⑩]遂逃至唐朝得到庇護,由是大武藝與唐朝生隙。開元二十年大武藝遂攻唐。關於大武藝攻唐始末,學界已有深入研究,並不單純與大門藝有關,此處不贅。[⑪] 金毓黻先生認爲渤海攻唐,分爲兩路,陸路自營州出,攻打馬都山;海陸自鴨緑江出,過渤海,寇登州。[⑫] 墓志所涉史事,即爲渤海寇登州。渤海侵入山東發生於開元二十年,此時劉同正在京師任職。大武藝遣張文休攻打登州,殺刺史韋俊。《洛陽流散唐代墓志彙編》收《大唐故中散大夫登州刺史韋君墓志銘並序》(《韋俊墓

① 《三國志·魏志》卷十二《何夔傳》,第 380 頁。

② 《舊唐書》卷八《玄宗紀上》,第 198 頁。

③ 《舊唐書》卷一九九下《東夷傳·黑水靺鞨》,第 5361 頁。

④ 《舊唐書》卷一九九上《東夷傳·新羅》,第 5337 頁。

⑤ 《新唐書》卷二一九《渤海傳》,第 6181 頁。

⑥ 《新唐書》卷二二零《新羅傳》,第 6205 頁。

⑦ 王欽若等編,周勛初等校訂《册府元龜》卷九八六《征討》,南京:鳳凰出版社,2006 年,第 11417 頁。

⑧ 《册府元龜》卷一千《怨仇》,2006 年 11572 頁。

⑨ 司馬光編,胡三省音注《資治通鑑》卷二一三,北京:中華書局,1956 年,第 6799 頁。

⑩ 《新唐書》卷二一九《北狄傳》,第 6180 頁。

⑪ 金毓黻《渤海國志長編》,吉林:社會科學戰線雜志社,1982 年;黄約瑟《讀“曲江集”所收唐與渤海及新羅敕書》,見劉健明《黄約瑟隋唐史論集》,北京:中華書局,1997 年;趙哲夫《關於渤海國歷史的三個問題》,《北方文物》第 4 期,1994 年 11 月;李驍衡《文獻記載中的大門藝奔唐事件考》,《古籍整理研究學刊》第 6 期,2018 年 11 月;辛時代、郭威《韋俊墓志與渤海寇登州事件始末》,《北方文物》第 2 期,2018 年 5 月。

⑫ 金毓黻《東北通史》,吉林:社會科學戰線雜志社,1980 年。

志》)志文亦有記載:“蠢爾島夷,遠在荒裔,潛度大海,直指孤城。”兩方墓志均以“島夷”稱之。韋俊因“島夷”進犯而死,其後劉同又因此事被任職東萊。劉同志文言其到任後東海遂平、治理有方。渤海與唐朝的主要戰場在陸上,登州等地僅以海上侵襲爲主。“渤海擾海上,至馬都山,吏民逃徙失業”。[①] 自其海上兵力登陸,即轉向北,包夾唐軍,參與馬都山之戰。至開元二十五年(737)末,雙方大的戰事已基本停止,大武藝也暫時歸順唐庭,故玄宗對大武藝有“卿往者誤計,幾於禍成,而失道未遥,聞義能徙,何其智也”[②]之言,與此同時,海上侵襲也當偃息。劉同任職爲東萊刺史,按天寶元年(742),改萊州爲東萊郡,改州爲郡之時,唐朝與渤海已無大戰,故先改州爲郡時,劉同已在任上,爲萊州刺史,查《唐刺史考全編》,開元十八年鄭諶於洛陽領萊州刺史,[③]且劉同733年左右任萬年縣令,故其上任萊州刺史在733~737年之間。

新羅等均通過渤海來與唐朝山東半島進行貿易,山東沿海甚至形成衆多新羅村和新羅坊,[④]唐朝亦在此設立相關管理機構,如“文登縣牒勾當新羅押衙所”[⑤]等。隨着貿易航線的繁榮,海賊活動日趨繁盛,唐朝境内出現大量新羅奴隸,就與海賊劫掠人口和奴隸買賣有關。[⑥]

上文已涉及渤海攻打唐朝,浮海而擊成爲其手段之一。事實上,這條海陸自萊州、登州過渤海至遼東半島,沿海岸線遠至朝鮮半島,一直是一條繁榮的航線,即“老鐵山水道航路”。[⑦] 這條航路自“登州東北海行,過大謝島、龜歆島、末島、烏湖島三百里,北渡烏湖島,至馬石山東之都里鎮二百里。東傍海壖,過青泥浦、桃花浦、杏花浦、石人汪、橐駝灣、烏骨江八百里,乃南傍海壖,過烏牧島、貝江口、椒島,得新羅西北之長口鎮。又過秦王石橋、麻田島、古寺島、得物島,千里至鴨渌江唐恩浦口。乃東南陸行,七百里至新羅王城。自鴨渌江口舟行百餘里,乃小舫泝流東北三十里,至泊汋口,得渤海之境。又泝流五百里,至丸都縣城,故高麗王都。又東北泝流二百里,至神州。又陸行四百里,至顯州。天寶中,王所

① 《全唐文》卷五六一《烏氏廟碑銘》,第5683頁。

② 《全唐文》卷二八五《敕大武藝書》,第2893頁;《敕大武藝書》書寫時間約爲開元二十五年末至開元二十六年初,見《讀“曲江集”所收唐與渤海及新羅敕書》,《黄約瑟隋唐史論集》,1997年。

③ 郁賢皓《唐刺史考全編》卷七七,合肥:安徽大學出版社,2000年,1096頁。

④ 朴天伸《8至9世紀“在唐新羅人”在黄海海上的交易活動》,北京師範大學博士論文,2008年。

⑤ (日)圓仁撰,顧承甫、何泉達點校《入唐求法巡禮行記》卷二,“開成五年二月十九日”條,上海:上海古籍出版社,1986年,第82頁。

⑥ 《唐會要》卷八六《奴婢》;《舊唐書》卷十六《穆宗紀》長慶元年二月:“平盧薛平奏:海賊掠賣新羅人口於緣海郡縣,請嚴加禁絶,俾異俗懷恩。從之。”“長慶三年正月”條,“不得買新羅人爲奴婢,已在中國者,即放歸其國”。

⑦ 金光明《試論新羅遣唐使朝貢道的幾個問題——以七世紀新羅遣唐使朝貢道的變化爲中心》,延邊大學碩士論文,2010年。

都。又正北如東六百里,至渤海王城”。[①] 唐朝對外出兵也通過這條航道。“某(王攸宜)令蕃漢精兵四十萬衆……令中郎將薛訥取海陸東入”;[②]“天子詔左武衛將軍薛訥絶海長驅……霧集登萊”;[③]“(武烈王七年,即660年)三月,唐高宗命左武衛大將軍蘇定方爲神丘道行軍大總管……定方發自萊州,千里隨流東西啊。二十一日,王遣太子法敏……迎定方於德物島”。[④]

發生在開元晚期的渤海寇登州一事史書所載較爲簡略,墓志材料此前也僅見韋俊墓志。劉同於萬年縣令任上趕赴東萊,參與海防與治理,雖志文言及不詳,但不免爲此事又一證明。

小　結

通過對新見劉同墓志以及其他幾方劉政會家族墓志考釋,初步厘清了河南劉氏自北齊、隋、唐、五代至宋幾百年間劉政會家族世系情況。劉氏,本出自匈奴,後劉政會入仕唐朝,因家河南,遂爲河南劉氏。劉氏先以功入仕,蔭及子孫,幾百年間爲官場常青樹。安史之亂以後,又多爲科舉入仕。劉方平、劉全誠、劉倫等又爲文壇驕子。正如劉唐工志文云:“劉氏獨如此其盛者,非世有令德能保守,以至於斯耶,何其更數百年而常存也。”

【作者簡介】陳文彬,1992年生,現爲西北大學文化遺産學院在讀博士生,主要從事隋唐考古及中外文化交流等研究。

---

① 《新唐書》卷四三《嶺南道》,第1147頁。
② 陳子昂撰,徐鵬校點《陳子昂集》卷十《爲建安王與遼東書》,上海中華書局版,1960年,第225頁。
③ 朱長義《〈唐登州司馬王慶墓志〉所見唐前期山東半島若干史事》,見《魏晉南北朝隋唐史資料》第16輯,1998年。
④ 《三國史記》卷五,“太宗武烈王七年”條,首爾大學奎章閣藏本。

新出唐李睿夫婦墓志所涉史事考釋

吴正浩

《秦晉豫新出墓志蒐佚》一書收録有唐前期李睿夫婦墓志兩盒。據載,《李睿墓志》2009年出土於河南省洛陽市偃師市緱氏鎮,有志有蓋,志蓋盝頂。志蓋長、寬各64.5厘米。志蓋三行,滿行三字,楷書"大唐故李府君墓志銘"(圖1)。墓志長59.5厘米,寬59.5厘米。志文楷書,共31行,滿行31字[①](圖2)。李睿妻《于氏墓志》2009年出土於河南省洛陽市偃師市緱氏鎮景山原。有志有蓋,志蓋盝頂。志蓋長47厘米,寬50厘米。志蓋五行,滿行四字,篆書"大唐故尚書丞夫人東海郡夫人河南于氏墓志"(圖3)。墓志長46.5厘米,寬47厘米。志文楷書,共24行,滿行23字[②](圖4)。

圖1　唐李睿墓志蓋拓片

圖2　唐李睿墓志拓片

關於李睿其人,在《舊唐書》《新唐書》等史書中均未記載,僅在《金石萃編》卷一一五《郎官石柱題名》中對其所任郎官有所提及。[③] 墓志的出土爲我們提供了新的材料。根據志文記載,可知李睿出身於渤海李氏。志文較爲詳細記載了其家族世系、仕宦等情況,對我們了解唐代前期的職官制度等内容有所幫助。因此筆者不揣淺陋,試對這兩方墓志進行相關的考釋。

---

① 趙君平、趙文成《秦晉豫新出墓志蒐佚》,北京:國家圖書館出版社,2012年,第1册,第245—246頁。

② 《秦晉豫新出墓志搜佚》,第468—469頁。

③ 王昶《郎官石柱題名》卷一一五,《金石萃編》,北京:中國書店,1985年,第3册,第2、6、9頁。

圖 3 唐李睿妻于氏墓志蓋拓片

圖 4 唐李睿妻于氏墓志拓片

一、墓志録文

因在《秦晉豫新出墓志蒐佚》中僅收録有墓志圖片，爲討論方便，兹録文如下：

大唐故太子中舍人兼檢校尚書刑部侍郎李府君墓志銘並序

君諱睿，字範丘。渤海蓚人也。其先隴西成紀人，漢將軍廣之後。十三代祖恬，後漢末拜渤海太守，封蓚侯。因爲渤海之著族。若夫白雲錫瑞，肇類馬而爲基；紫氣摛祥，表猶龍而發系。霸陵故將，封侯之運終傳；渤海新邦，開國之榮始著。蓮冠疊映，弈葉於藻繪之晨；花綬重暉，入纂於光華之旦。家聲不已，人望攸歸。載在緗書，羌難縷説。曾祖潔，北齊襄城王記室參軍、員外散騎侍郎、羽林監、司徒右長史。祖茂，隋開皇中本州貢秀才，不就。父儒懿，皇朝雍州渭南縣令、尚書職方郎中、魯王府司馬兼兖州長史。代襲簪裾，門資貞素。駢柯疊穎，鸞鳳由其棲托。寶派昌源，珠璣所以潛閟。君聿承積慶，載稟淑靈。蘭兹九畹，遽吐芬芳之氣；驥表三封，先攄滅没之影。年甫髫丱，宛若成人。心遊道德，卓然異衆。

起家爲太學生，資胄伐也。厲精槐市，雅叶子襟之詠；擢影桂林，俄振賓庭之藻。以進士入貢射策，甲科除東宫左宗衛倉曹參軍事，轉左衛倉曹參軍事，除雍州長安縣尉、京縣寀僚。惟人是擇，選曹銓鑒，擢授斯在。繩違變俠窟之風，理劇處神州之最。秩滿，授揚州大都督府户曹參軍事。邗溝贊務，六條均坐嘯之娱；禮閣求材，八座佇含香之彦。敕授中臺司禋員外郎，轉司封、司戎二員外郎。又轉尚書兵部員外郎，尋除守司勳郎中。詳審六宗，申明五等。發揮兵要，隱括戎章。列曹所以推先，庶事由其咸理。俄轉右司郎中。譽洽南宫，薦荷題楹之目；寄隆西掖，載紆司綍之榮。擢拜中書舍人。鳳池承渥，既馳聲於美材；龍扉俟正，遽參跡於端士。轉太子中舍人，尋兼檢校尚書左丞，管轄星臺，楷模天府。宅樞機而有序，提綱領而不紊。尋檢校刑部侍郎。坐公事左貶，授吉州長史。以永隆二年六月三日，遘疹彌終於官舍，春秋六十有二。粤以永淳元年歲次壬午七月壬辰朔十五日景午，遷定於洛州緱氏山之原，禮也。惟君幼而岐嶷，長而甄正。著信義爲藩籬，基静默爲城府。寬以應物，不形喜愠之容；度以服人，莫測淺深之量。風識閑敏，志尚貞確。劃跡附會之途，希蹤忠直之路。雅好文史，尤明政術。故能賓薦而履清，階楊歷而騰高響。令望歸於百辟，香名溢於二宫。重以廉慎持身，儉約貽誡。罕聞私室言財産，期以公清遺子孫。斯所謂厭厭良人，秩秩德音者矣。有子前虢州司兵參軍事詹，美行夙昭，孝情寘至。吴江萬里，奉靈櫬而言旋；洛渚三秋，闢修埏而遂禮。式刊峻軌，永志幽扃。其銘曰：

逝水難駐，徂□易侵。生涯飘忽，人事浮沉。嗟我上士，先歸太陰。門資禮儀，家擅衣簪。吐芳蘭菊，挺潤球琳。肅肅風摻，洋洋德音。策名委質，珮玉鏘金。儲禁一踐，伶臺七臨。榮枯倏换，倚伏相尋。甫間周楚，俄分古今。龍津委劍，鳳匣亡琴。莫閉幽室，隧櫃曾岑。悲鐸宵警，哀笳曙吟。堭墇永謝，松檟方深。

唐故尚書左丞李府君夫人東海郡太夫人河南于氏墓志

夫人河南人也。高祖謹，魏大司空，周雍州刺史、太子太傅、柱國大將軍、燕文公，贈太師。曾祖義，隋上柱國、兖等四州刺史，建平郡開國公。祖宣道，隋内使舍人、左衛率、成安縣開國公。父永寧，皇朝商州刺史、建平郡開國公。叔志寧，太子太傅、尚書左僕射，上柱國、燕國公，贈太師、雍等廿州諸軍事、雍州刺史，謚曰文。兄遂古，皇朝隰州刺史、建平郡開國公。夫人即商州使君之第六女也。葛之覃兮，秀顔茗發。李之穠矣，惠心蘭薰。年十九，歸于左丞府君也。作配君子，宜其家室。宗黨式化，德容有章。府君諱範丘，渤海蓚人也。先以永淳元年七月，葬於緱氏縣景山之原。鼎彝芬鍊，羽儀烈光。存乎前志，其詳可略。夫人性績柔明，鑒懸詩史。言書鞶帶，行爲内則。府君之才暎士林，望雄端揆。傳井渫於宴翼，增堂构於嵩華。雖代濟之所弘，亦馴致之爲助也。保訓諸子，閑邪存誠。式瞻有孚，玉林皆寶。子詹，銀青光禄大夫、徐、相、果、宣四州刺史、上柱國、平原郡開國公。軒裳來下，光溢孟門；熙陽肇升，慶深潘壽。此歡未極，高明有亢。粤以開元八年歲次庚申八月辛酉朔十七日丁酉，遘疾終於河南府河南縣敦行里之私第，春秋九十四。即以其年十一月庚戌朔十一日庚申合葬於舊塋，禮也。哀子詹，至性率由，毁浮於制。血視幽隧，疚懷陵谷。勒兹翠琰，仰樹徽猷。其詞曰：

海岱渤碣，丕烈淳曜。左轄封畛，人倫推妙。感我淑靈，于飛則鳴。從夫翼子，名立官成。慶浹荀門，養深曾里。如何不吊，奄其嗟矣。煢煢家嗣，喪過于哀。仰掇遺訓，銘諸夜臺。

二、李睿家族世系考釋

根據志文記載,可知唐高宗永隆二年(681)李睿卒於吉州長史任上,卒年六十二,之後於永淳元年(682)遷葬於洛州(今河南洛陽)緱氏山之原。則可推算出李睿當生於唐高祖武德三年(620)。關於李氏姓氏來源,志文未載。只言其先爲隴西成紀人,漢將軍李廣之後。在李睿十三代祖東漢李恬被封爲渤海侯後,經過數代發展,其家族成爲渤海著族。關於李睿家族的世系情況,在《元和姓纂》和《新唐書·宰相世系表》等史書材料中均未見有太多記載。因此,結合墓志和其他相關史書材料,可以對李睿的家族世系、姻親等内容有一個大致的了解。

關於李睿祖上的姓名和仕宦,志文記載比較詳細。其曾祖父名李潔,曾任北齊襄城王記室參軍、員外散騎侍郎、羽林監、司徒右長史等職。其曾祖名李茂,曾爲隋開皇中(590左右)州貢秀才,但最後並未在朝中任職,筆者認爲其原因可能和北齊士人在入隋後的遭遇相關。牟發松先生在《舊齊士人與周隋政權》一文中指出,舊齊士人在齊亡後不仕,多是因忠於故國,耻臣新朝,即隋文帝所言"東西舊隔,情猶自疏"。另外,也受周隋政權本身"關中舊意"影響,入仕隋朝的山東士人往往仕途坎坷。周隋政權始終没有對他們平等地開放仕途。[①] 李茂出身於渤海李氏,而其父李潔又爲北齊高官,所以很可能是與山東士人一樣,未在隋朝入仕。

隨着隋唐政權交替,至李睿其父李儒懿一代,又重新進入仕途。志文記載李儒懿曾任職唐雍州渭南縣令、尚書職方郎中、魯王府司馬兼兖州長史。根據《新唐書·地理志》記載,渭南縣隸屬京兆府,爲唐代的畿縣。武德元年(618)渭南縣隸屬華州,至武德五年(622)又隸屬雍州。天授二年(691)析渭南、慶山置鴻門縣,以渭南、慶山等地置鴻洲。[②]《唐六典》記載"京兆、河南、太原諸縣,令各一人,正六品上"。[③] 可知,李儒懿的官秩爲正六品上,屬於唐代中層文官。賴瑞和先生認爲,唐代京畿縣令一般未來仕途前景都比較光明,常可轉入朝中繼續任高官,甚至官至宰相,或最後轉任刺史、節度使等外官,成爲一方要員。[④]此後李儒懿又升爲尚書職方郎中,官秩爲從五品上,主要職責是掌天下地圖、城

① 牟發松《舊齊士人與周隋政權》,《文史》第1期,2003年,第87—101頁。
② 歐陽修、宋祁等《新唐書》卷三七,北京:中華書局,1975年,第962頁。
③ 李林甫等撰,陳仲夫點校《唐六典》卷三〇,北京:中華書局,2016年,第751頁。
④ 賴瑞和《唐代中層文官》,北京:中華書局,2011年,第226頁。

隍、鎮戍、烽候之數，辨邦國、都鄙之遠近，以及四夷歸化者。[①] 關於李儒懿任郎中這條内容，不见於唐《郎官石柱題名考》中，因此可補之。

志文記載，李儒懿還先後擔任過魯王府司馬兼兖州長史之職。根據《舊唐書》記載，唐代前期皇室中曾有兩人被封爲魯王。其一爲唐高祖李淵第七子李元昌，其二爲第十九子李靈夔。《舊唐書・李元昌傳》記載，李元昌於武德三年(620)被封爲魯王，後在貞觀十年(636)改封爲漢王。之後，由於李元昌在貞觀十七年参與太子李承乾政變一事，被賜死自盡在家中。[②]《舊唐書・李靈夔傳》記載，貞觀五年時，李靈夔爲魏王，後於貞觀十四年改封爲魯王，並授兖州都督。垂拱二年(686)，曾参與越王李貞反對武則天事件。因此事洩漏而被流放振州，後自殺。[③] 通過對史書記載的分析，我們推測李儒懿時期的魯王應該爲李靈夔。主要原因是過去古人在撰寫墓志時，主題是以稱頌爲主。如果涉及志主一些不好的事件的話，多少會有些避諱或曲筆。雖然李元昌和李靈夔均是因爲参與叛亂而被殺，但是根據李睿墓志的撰寫時間，可知在李睿去世之前，只有李元昌参與了叛亂。另外，根據史書記載，李靈夔在擔任魯王期間，還被授予兖州都督一職。志文記載李儒懿在任魯王府司馬之時，兼任兖州長史，可能正好也是在此期間被任命的。根據《新唐書・地理志》記載，兖州又稱爲魯郡，屬河南道。爲上都督府，有八萬七千九百餘户，人口達五十八萬餘人。[④] 可知，李儒懿任魯王府司馬時，其官秩應該爲從四品下。在兼任長史時，官秩則升爲從三品。[⑤] 李儒懿此時已經位居唐代高層文官的行列。

根據李睿夫人《于氏墓志》記載，志主于氏出身於河南于氏。其高祖爲于謹，北魏任大司空，北周任雍州刺史、太子太傅、柱國大將軍、燕文公，去世後賜太師。其曾祖父，爲于義，隋代爲上柱國，兖等四州刺史，建平郡開國公。曾祖爲于宣道，隋任内史舍人、左衛率、成安縣開國公。其父，于永寧。《新唐書・宰相世系表》記載爲商州刺史。[⑥] 根據郁賢皓先生的研究，其任職商州刺史的時間應該在唐高宗前期。[⑦] 其叔于志寧，兩《唐書》中均有傳。根據史書記載，可知唐高宗時期他曾擔任宰相。因此可知，于氏應當是出自名門世家。志文記載，于氏其兄于遂古曾任爲唐隰州刺史，其任職時間，在郁賢皓先生的《唐刺史考全編》一書中，曾有過較深入的分析。他認爲于遂古任隰州刺史的時間應該在垂拱四年

---

① 《唐六典》卷五，第 161—162 頁。
② 劉昫等《舊唐書》卷六四，北京：中華書局，1975 年，第 2425 頁。
③ 《舊唐書》，第 2434 頁。
④ 《新唐書》卷三七，第 995 頁。
⑤ 《唐六典》卷三十，第 742—743 頁。
⑥ 《新唐書》卷七二下，第 2829 頁。
⑦ 郁賢皓《唐刺史考全編》卷二〇四，合肥：安徽大學出版社，2000 年，第 2765 頁。

(688)至萬歲通天元年(696)之間。志文記載,于氏十九歲嫁給李睿之後,直到李睿卒後約四十年,至開元八年(720)于氏卒於河南府河南縣敦行里私宅。于氏卒年九十四歲,可推算其當生於貞觀元年(627)左右。

李睿及其夫人于氏墓志均記載,李睿與其妻于氏育有一子,名叫李詹。曾任虢州司兵參軍事。在《新唐書・地理志》中記載虢州爲雄州,[1]但根據《唐六典》卷三《户部尚書》記載,可知唐代早期六雄州爲陝、懷、鄭、汴、魏、絳,虢州屬於望州。[2] 那麼,虢州是何時升爲雄州的?《唐會要》卷七十《州縣分望道》中記載:會昌四年(844)四月,汝州、虢州升爲雄州。[3] 翁俊雄先生在《唐代的州縣制度等級》一文中,對唐代前期和後期的雄州已做了細緻的研究。依照這種情況,李詹其官秩應爲從七品下。[4] 另外,朝廷曾授其銀青光禄大夫,並擔任過徐州、相州、果州、宣州四州刺史,被朝廷封爲上柱國、平原郡開國公。根據《新唐書・百官志》記載,銀青光禄大夫一職爲文散官,官秩爲從三品。[5] 在《新唐書・宰相世系表》及《唐刺史考全編》中對此内容均闕載,因此可以根據志文材料對其補充。李詹擔任徐州、相州等州刺史的情况,史書記載並不明了。另外,在《唐刺史考全編》及與唐代刺史相關的研究著述中也未見記載。因此,李詹擔任四州刺史的情况,可補史書記載之闕。但李詹擔任這幾個官職的時間,還需期待新出材料來解决。

綜上而言,雖然史書材料中幾乎不見有關李睿的記載,但通過對其墓志及夫人于氏墓志的簡單考釋,可以使我們對渤海李氏家族的世系、仕宦及發展有一個大致的了解。根據志文記載,可知志主李睿其祖孫三代,除其祖父外,其餘多在朝中擔任要職。至李睿子李詹時,還擔任過州刺史等高層文官官職。另外,根據其夫人于氏墓志的記載,李睿還曾與唐高宗時期宰相于志寧家族還有姻親關係。可謂是北朝至初唐的一支著族。

三、墓志所涉李睿仕宦考

根據志文記載,志主李睿"起家爲太學生,資胄伐也"。可見其應爲門蔭入仕。《唐六典》記載,國子監設博士三人,助教三人,主要職責是負責掌教太學生,即文武官五品以上及郡(縣)公子(孫)、從三品曾孫。[6] 上文曾簡單討論過李睿父李儒懿的官職,他曾擔任兖

---

① 《新唐書》卷三八,第986頁。
② 《唐六典》卷三,第72頁。
③ 王溥《唐會要》卷七〇,上海:上海古籍出版社,2006年,第1461頁。
④ 《唐六典》卷三十,第745—746頁。
⑤ 《新唐書》卷四六,第1186頁。
⑥ 《唐六典》卷二一,第560頁。

州長史，爲唐代前期的從三品高官。因此李睿入太學爲太學生不難理解。根據學者研究，門蔭入仕主要有兩個途徑，一是通過學館，二是直接以門蔭入仕。通過學館，就是充當弘文館、崇文館或國子學、太學的學生。學成後通過考試，或出仕，或參加科舉。[①] 以李睿的情況來看，他屬於門蔭入仕的第一種類型。另外，志文記載“(李睿)以進士入貢射策，甲科除東宫左宗衛倉曹參軍事”，可知李睿所參加的爲唐代常舉中的進士科。一般而言，進士科是常舉六科中最主要的課目。[②]

李睿考取頭名入仕後，被朝廷授予東宫左宗衛倉曹參軍事一職。根據《唐六典》記載可知，太子左宗位倉曹參軍事爲從八品下，主要是職掌文官勳階、考課、假使、禄賜等。[③] 賴瑞和先生在《唐代基層文官》中提到，諸如司功、司户、户曹、倉曹等參等，在唐代統稱爲判司。他們比普通參軍職位要高，一般是士人的第二任或第三任官，但也有人一起家即出任這類職位。但需要注意的是，在衛府、率府中的判司，由於品位較低，常常是士人出身起家的首個職位。[④] 可見，此職應即李睿的釋褐官，爲唐代的一名基層文官。此後，李睿又被轉爲“左衛倉曹參軍事”，官秩依然爲從八品下。[⑤]

此後，志文又載李睿“除雍州長安縣尉、京縣寀僚”。《新唐書・地理志》中記載長安縣屬京兆府京兆郡，爲唐代的赤縣。[⑥] 根據唐代對官職的劃分，可知赤縣縣尉一職爲從八品下。[⑦] 一般而言，雖然縣尉的品級不高，但作爲唐京城範圍内的官職而言，其地位還是比較特殊的。在唐代兩千多個縣尉中，赤尉的地位是其他等級縣尉難以望其項背的。[⑧] 李睿從東宫左衛倉曹參軍事轉爲長安縣尉，無疑是一次升遷。根據志文記載，可知李睿任長安尉期間“繩違變俠窟之風，理劇處神州之最”。秩滿後，授其揚州大都督府户曹參軍事一職。史書中有關都督府參軍的情況記載並不多。據《唐六典》記載，其官職應爲正七品下。[⑨] 又志文載“邗溝贊務，六條均坐嘯之娱”。根據《新唐書・地理志》的記載，其中的“邗溝”一詞所指即揚州。揚州屬淮南道，本爲南兗州江都郡，後在武德七年(624)叫做邗州，以邗溝爲名。武德九年改置揚州，天寶元年(742)更郡名。[⑩]

① 吴宗國《唐代科舉制度研究》，沈陽：遼寧大學出版社，1992年，第15頁。
② 《唐六典》卷二八，第26頁。
③ 《唐代科舉制度研究》，第718頁。
④ 賴瑞和《唐代基層文官》，臺北：聯經出版社，2005年，第159、174頁。
⑤ 《唐代科舉制度研究》，第716頁。
⑥ 《新唐書》卷三七，第961頁。
⑦ 《唐六典》卷三十，第750頁。
⑧ 《唐代基層文官》，第115頁。
⑨ 《唐六典》卷三〇，第743頁。
⑩ 《新唐書》卷四一，第1052頁。

因李睿任職期間治理有方,朝廷敕授爲中臺司禮員外郎。此後,李睿又先後擔任了司封員外郎、司戎員外郎、尚書兵部員外郎、守司勳郎中等職。孫國棟先生在《唐代中央重要文官遷轉途徑研究》一書中指出,員外郎是尚書省最低級重要官。一入員外郎即加入中央重要職官行列。[①] 以下,試對其任職郎官的情况進行梳理。首先,根據《唐六典》記載,可知司禮員外郎此職又名祠部員外郎,爲唐代的從六品上官職。[②] 在清代學者勞格、趙鉞《唐尚書省郎官石柱題名考》一書中,記載有李範丘一名,無考。[③] 根據志文可知,李睿字範丘,此人即爲李睿。關於李睿擔任司封員外郎一職,在《唐尚書省郎官石柱題名考》中亦有所記載。[④] 岑仲勉先生在《郎官石柱題名新考訂》中提到,勞格所言"丘"字避諱爲"邱",所以寫作爲"李範邱"。[⑤] 另外,在永徽元年(650)加封臨川公主爲長公主詔書刻石中,也有關於其任職司封員外郎的記載。[⑥] 可知,李睿在永徽元年曾擔任司封員外郎一職,官秩依然爲從六品上。[⑦] 在此之前,李睿所任职位都應該屬於唐太宗時期(627—649)。那麽,上文中李睿初入仕時的東宫即爲後來唐高宗李治的府邸。雖然史書材料中對李睿所任職司戎員外郎、尚書兵部員外郎二職並無記載。但根據相關史書可知,司戎員外郎即兵部員外郎。在《通典》卷二十三《職官志》中記載,兵部尚書一職在龍朔二年(662)改爲司戎太常伯,咸亨元年(670)改爲夏官尚書,後於神龍元年(705)復舊。[⑧] 可知,李睿擔任司戎員外郎一職的時間應該在龍朔二年至咸亨元年之間。此後,志文又言他曾擔任尚書兵部員外郎,此職與司戎員外郎一職相同,可能是在咸亨元年之後繼續擔任的。根據志文記載,朝廷授李睿司勳郎中一職。關於此職,唐《郎官石柱題名考》有所記載。[⑨]《唐六典》記載司勳郎中一職官秩爲從五品上,主要職責掌邦國官人之勳級。[⑩] 根據志文記載,任職後不久,李睿又轉任右司郎中一職。雖然其品秩未變,但作爲掌兵部、刑部、工部十二司之事的郎官,其地位還是非常崇高的。據學者研究,唐代的五品職事,是諸官上進的一條重要界線,所以對資格的限制頗嚴。[⑪] 通常情况下,由員外郎升入郎中,然後再分途上達,爲中央

---

① 孫國棟《唐代中央重要文官遷轉途徑研究》,上海:上海古籍出版社,2009年,第8頁。

② 《唐六典》卷四,第120頁。

③ 勞格、趙鉞著,徐敏霞、王桂珍點校《唐尚書省郎官石柱題名考》卷二二,北京:中華書局,1992年,第889頁。

④ 《唐尚書省郎官石柱題名考》卷六,第316頁。

⑤ 岑仲勉《郎官石柱題名新考訂》,北京:中華書局,2004年,第160頁。

⑥ 張沛《唐臨川長公主墓出土的兩通詔書刻石——兼談唐代前期的詔書形成過程》,《文博》第5期,1994年,第74頁。

⑦ 《唐代基層文官》,第37頁。

⑧ 杜佑《通典》卷二三,北京:中華書局,1988年,第641頁。

⑨ 《郎官石柱題名考》卷一一五,《金石萃編》,第3册,第2頁。

⑩ 《唐六典》卷二,第40頁。

⑪ 《唐代中央重要文官遷轉途徑研究》,第53頁。

遷官的一條大道。[①]

志文記載李睿在任郎中期間,聲名遠揚。志言“譽洽南宫,薦荷題楹之目;寄隆西掖,載紆司紱之榮”。於是被拜爲中書舍人,李睿自此進入了唐代高層文官的行列。孫國棟先生統計唐初由郎中轉入中書舍人的有 9 人,僅次於員外郎 16 人。[②] 李睿亦屬於這種情況。可見其所佔比重之高。其後,志文記載李睿“轉太子中舍人,尋兼檢校尚書左丞,管轄星臺,楷模天府”。太子中舍人一職屬太子右春坊,官秩正五品下,主要職責是協助左庶子負責掌侍左右,獻納啓奏,宣傳令言。[③] 檢校尚書左丞一職爲其加官。《唐六典》記載尚書左丞屬尚書都省官職,正四品下。[④] 志文載李睿任職期間,使朝廷中樞機構運行井然有序,有條不紊。因此又加封爲檢校刑部侍郎。

志文記載李睿“坐公事左貶,授吉州長史”。根據《新唐書・地理志》可知吉州(治今江西吉安)屬於上州。[⑤] 上州地區的長史,其官秩爲從五品上。[⑥] 因志文其後再無對其官職的記載,大概可以得知此即李睿最後一任官職。此時,李睿已經由原來的任職中央到了地方,而且還被貶到了相對比較偏遠的地區。志文僅記載李睿是坐公事被貶,可知應該是一次發生在唐高宗時期較大規模的貶官事件。那麼,具體被貶的原因是什麼呢?史書對此並没有記載,因而我們首先需要確定此事所發生的時間範圍,在此基礎上進行探究。據志文記載,李睿擔任尚書兵部員外郎一職的時間大概在咸亨元年(670)之後,因這一年尚未被貶,所以我們暫以此爲始。又永隆二年(681)李睿卒於吉州長史任上,所以我們暫以這一年爲終。通過爬梳這十年時間範圍内史書材料,最後發現志文所載“坐公事”,可能和時太子李賢被廢相關。《資治通鑑》記載,永隆元年,深受高宗和武后新賴的術士明崇儼被殺,武后令薛元超、裴炎及御史大夫高智周等人辦理此事,最後在太子東宫搜出數百具鎧甲,以此爲據認爲太子李賢謀反。最後,高宗貶李賢爲庶人,流放巴州。[⑦] 此事件導致很多大臣被牽連,以太子東宫人員爲多。如太子洗馬劉納言被流放於振州,左庶子、中書門下三品張大安被貶爲普州刺史等。[⑧] 李睿作爲太子東宫中舍人,可能也是在這次事件中受到了影響,最後被貶爲吉州長史。志文記載李睿在擔任吉州長史期間因病逝世於官舍,

---

① 《唐代中央重要文官遷轉途徑研究》,第 54 頁。
② 《唐代中央重要文官遷轉途徑研究》,第 31 頁。
③ 《唐六典》卷二六,第 670 頁。
④ 《唐六典》卷一,第 7 頁。
⑤ 《新唐書》卷四一,第 1070 頁。
⑥ 《唐六典》卷三十,第 745 頁。
⑦ 司馬光撰,胡三省注《資治通鑑》卷二〇二,北京:中華書局,1956 年,第 14 册,第 6397 頁。
⑧ 《資治通鑑》卷二〇二,第 6397—6398 頁。

於永淳元年(682)七月,遷葬於洛州緱氏山之原。

行文至此,看似李睿的卒年、卒地等問題已經解決。但是還有一點需要討論,即李睿在去世之前,是否已經到達吉州並任長史一職?因爲根據史書記載,李賢被廢的時間是永隆元年八月,李睿逝世的時間是永隆二年六月,中間只隔了十個月的時間。路途遥遠,時間相距較短,他能否到任?筆者認爲是有可能的。《通典》中記載了吉州到洛州的距離,大概是二千八百四十三里。[①] 又因志文載"吴江萬里,奉靈櫬而言旋"。可知李睿去世後,其靈櫬是由其子李詹護送,經蘇州而回到洛州。蘇州到洛州的距離大概爲二千二百二十一里。[②] 就距離而言,蘇州和吉州距洛州遠近相差不多。所以,筆者認爲李睿生前可能已在吉州就職,但應該是没有能够做出太多的業績便溘然長逝,最後遷葬回洛州。

根據志文記載,李睿雖出身於渤海李氏,但是卒後却葬在了唐代的東都河南府,其原因是什麽?關於此問題,毛漢光先生已做了比較深入的分析。他在《中國中古社會史論》一書中,通過對唐代著族籍貫遷移的統計,研究了唐代士族中央化等問題。他統計以十姓十三家八十三個著方支爲單位,其遷徙到河南府爲其新籍貫的有四十七個,京兆府二十四個。遷移到河南府的主要是因爲這裏已經成了唐代經濟中心,另外此地人文薈萃,是一個重要的社會活動中心。[③] 雖本文中的志主李睿所屬的渤海李氏家族不在其研究範圍内,但應該同屬這種情況。據志文所載,李睿其家族世代爲官,應該早已離開渤海,而定居在兩京地區。所以,李睿夫婦最後合葬地没有再回到其家族最初的郡望之地。

小　結

本文通過對李睿夫婦墓志所涉史事的考釋,梳理了其家族的世系、仕宦等情況,補充了原有史書材料中記載的不足。可以看到,渤海李氏在入仕唐朝後,其家族應該是屬於當時的名門望族。在擔任官職方面,李睿的祖父、其本人及子李詹均擔任了唐前期的高官。在姻親方面看,李睿其妻還是時宰于志寧的侄女。李睿本人最初以門蔭入仕,經過進士科考試,解褐爲東宫左宗衛倉曹參軍事,爲一名基層文官。之後又先後擔任了多部門的郎官,最後官至中舍人進入了高層文官的行列。但由於受太子李賢被廢一事影響,最後被貶至吉州擔任了長史並卒於任上。因此,通過李睿墓志中關於其仕宦生涯的記載,可以使我

① 《通典》卷一八二,第4842頁。

② 《通典》卷一八二,第4827頁。

③ 毛漢光《中國中古社會史論》,上海:上海書店出版社,2002年,第329、330頁。

們對唐代前期的選官、任官制度及太子李賢被廢等相關史事有更多的了解。

【作者簡介】吴正浩,男,1994 年生,陝西師範大學中國西部邊疆研究院博士研究生,主要從事中古出土文獻與西北民族關係史、文化史研究。

李盛鐸舊藏日本覆刻宋興國軍學本《春秋經傳集解》平議

趙　昱

李盛鐸(1859—1934)①是中國近代的著名藏書家,尤以收藏了大量的宋元刻本、舊抄本、名人稿本、批校本以及日本古刻本、活字本和朝鮮刻本等見重於世。李氏身後,通過其子李滂與時任僞北京大學圖書館館長的周作人接洽,他的藏書在抗日戰爭期間由僞國民政府整批收購,交付僞北京大學圖書館收藏。抗日戰争勝利后,這批典籍又由北京大學圖書館正式接管,極大地豐富了北京大學圖書館的珍貴古籍收藏。

在李氏舊藏的日本古刻本之中,有一部覆刻宋興國軍學本《春秋經傳集解》。宋興國軍學刊本《春秋經傳集解》三十卷,今有日本宫内廳書陵部藏殘本二十三卷、日本静嘉堂文庫藏殘本十五卷、中國國家圖書館藏殘本一卷,而北京大學圖書館所藏這部日本覆刻本,三十卷首尾完整,具有獨特的版本文獻價值。②

一

《春秋經傳集解》三十卷,晉杜預撰,日本室町時代覆刻宋嘉定九年(1216)興國軍學本(以下簡稱"覆宋本"),三函十五册。

半葉八行,行十七字,雙行小注字數同;左右雙邊,白口,雙順魚尾,版心由上至下依次

① 李盛鐸卒年,據王菡《藏書家李盛鐸卒年辨正》,《文獻》第4期,2010年。

② 日本覆刻宋興國軍學本《春秋經傳集解》,今有日本宫内廳書陵部、静嘉堂文庫、市立米澤圖書館及北京大學圖書館藏本,北京大學圖書館藏本爲中國國内的唯一藏本。關於宋興國軍學本《春秋經傳集解》及其日本覆刻本,日本學者增田晴美先生曾作《關於〈春秋經傳集解〉宋嘉定九年興國軍學刊本與南北朝覆宋刊本》(《汲古》第23號,東京:汲古書院,1993年),"主要比較静嘉堂藏興國本《春秋經傳集解》與日本南北朝覆刊本的異同,同時也詳列宫内廳藏興國本與静嘉堂藏興國本各葉刻工姓名對照表"[張麗娟《興國軍學本與早期和刻本〈春秋經傳集解〉》,《儒家典籍與思想研究》(第十一輯),北京:北京大學出版社,2019年,第96頁。]近年來,北京大學中文系傅剛教授、北京大學《儒藏》編纂與研究中心張麗娟教授又有《〈春秋經傳集解〉經注本宋版略説》(《中國典籍與文化》,2018年第4期)等文章,集中探討了宋興國軍學本的印本差異以及日本覆刻本對底本的校改等問題。

刻字數、書名及卷次（“左氏一”“左四”等）、頁碼、刻工姓名。首爲《春秋左氏傳序》，末爲《春秋經傳集解後序》，尾頁刻“經凡一十九萬八千三百四十八言，注凡一十四萬六千七百八十八言”二行。書後有《經傳識異》一卷、卷末銜名五行（圖一）和聞人模跋語（圖二）。據聞人氏所述：

> 本學五經舊板，乃僉樞鄭公仲熊分教之日所刊，實紹興壬申歲也。歷時浸久，字畫漫滅，且缺《春秋》一經。嘉定甲戌夏，有孫緝來貳郡，嘗商略及此，但爲費浩瀚，未易遽就。越明年，司直趙公師夏易符是邦，模因有請，慨然領略，即相與捐金出粟。模亦撙節廩士之餘，督工鋟木。書將成，奏院葉公凱下車觀此，且惜五經舊板之不稱。模於是併請于守貳，復得工費，更帥主學粮幕掾沈景淵同計置而更新之。迺按監本及參諸路本，而校勘其一二舛誤，併考諸家字説，而訂正其偏旁點畫。粗得大概，庶或有補於觀者云。嘉定丙子年正月望日聞人模敬書。①

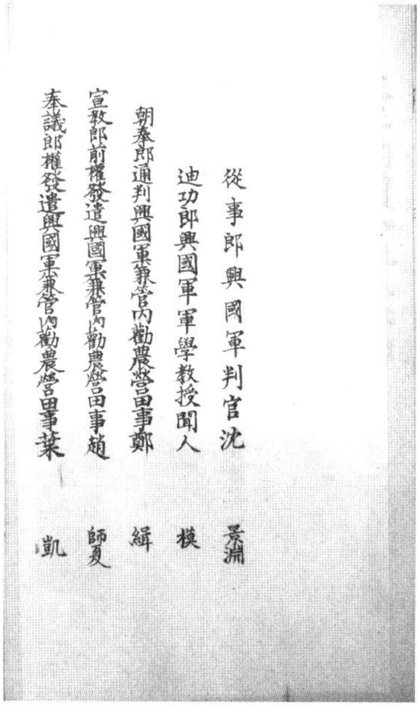
從事郎興國軍判官沈　景淵
迪功郎興國軍軍學教授聞人　模
朝奉郎通判興國軍兼管內勸農營田事鄭　緝
宣教郎前權發遣興國軍兼管內勸農營田事趙　師夏
奉議郎權發遣興國軍兼管內勸農營田事葉　凱

圖一　日本室町時代覆刻宋嘉定九年興國軍學本《春秋經傳集解》卷末銜名

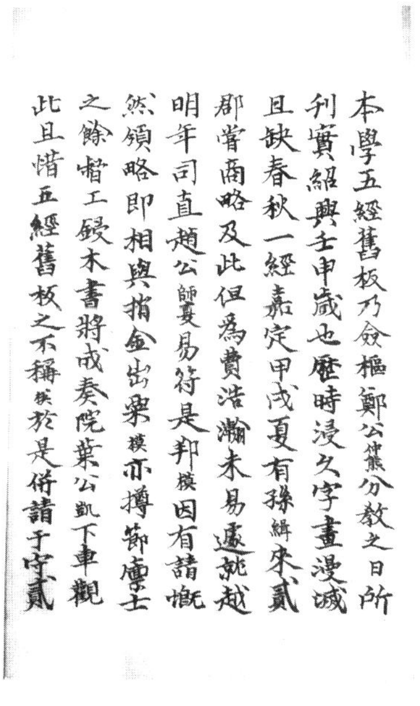
本學五經舊板乃僉樞鄭公仲熊分教之日所
刊實紹興壬申歲也歷時浸久字畫漫滅
且缺春秋一經嘉定甲戌夏有孫緝來貳
郡嘗商略及此但爲費浩瀚未易遽就越
明年司直趙公師夏易符是邦模因有請慨
然領略即相與捐金出粟模亦撙節廩士
之餘督工鋟木書將成奏院葉公凱下車觀
此且惜五經舊板之不稱模於是併請于守貳

圖二　日本室町時代覆刻宋嘉定九年興國軍學本《春秋經傳集解》卷末聞人模跋

① 《北京大學圖書館藏日本版漢籍善本萃編》，重慶：西南師範大學出版社，2014年，第4册，第253—254頁。

則南宋高宗紹興二十二年(1152),興國軍學就曾刊刻五經(《周易》《尚書》《毛詩》《周禮》《禮記》)。等到寧宗嘉定年間,原來的書板大多損壞,因而聞人模與鄭仲熊之孫鄭緝商議修補五經舊板,並新刊《春秋經傳集解》。① 書板刻成後,聞人模又參校諸本,比勘文字異同,撰成《經傳識異》,將不見於陸德明《經典釋文》的異文列於書後,共計三十餘則。於是,卷末附有《經傳識異》的體例,成爲興國軍學本《春秋經傳集解》與其他宋刻經注本的明顯區别。②

此本最後還有市野迷庵、楊守敬、吴慈培跋語,各卷首尾鈐"江户市野光彦藏書記""光彦""迷庵""弘前醫官澀江氏藏書記""森氏開萬册府之記""林下一人""惺吾海外訪得秘笈""楊守敬印""李氏玉陔""木齋秘玩""麐嘉館印""李傳模印""木犀軒藏書"諸印,琳琅滿目,可知曾遞經市野迷庵、澀江全善、森立之、楊守敬等日中兩國著名藏書家,最後歸於李盛鐸之手。澀江全善、森立之《經籍訪古志》和楊守敬《日本訪書志》都著録過這個本子。《經籍訪古志》僅稱:"每半板八行,行十七字,注雙行,界長七寸,幅五寸,左右雙邊。考此本蓋依蜀大字本重刊者,與李鶚本《爾雅》同種,其刻當在應永已前也。"③雖然揭示了它與五代兩宋監本經書行款版式上的一脉相承性,但對底本的認識却並不正確。對此,楊守敬在《日本訪書志》中又做了詳細的辨説:

《春秋經傳集解》三十卷覆宋本

右日本古時覆宋刻《左傳集解》,不附《釋音》,每半葉八行,行十七字。森立之《訪古志》載此書云,是依蜀大字本重刊者,與李鶚本《爾雅》同種,其刻當在應永以前。然則此本雖非宋刻,而覆板時亦在宋代,故傳本亦絶希也。唯立之云是覆北宋蜀本,余親質之,則以字體類《爾雅》,又以不附《釋音》,故余覆校之,"慎"字缺筆,知其决非北宋本。其後借得楓山官庫所藏興國本,行款、匡廓、字體皆與此本同。略校數册,文字亦無異,乃知此本即覆興國本。特所據祖本失載《考異》、聞人跋耳。森立之未見楓山官庫本,故不知此本原於興國。余乃影摹刻補於此本後,使後之讀者得所指名。……余從森立之得此書,立之自有跋在箧蓋裏面,稱此書爲市野光彦舊藏,後歸澀江道純,是二人皆日本舊藏家。今書每册首尚有二人印記,册尾市野光彦亦有跋。④

① 傅剛《〈春秋經傳集解〉經注本宋版略説》(《中國典籍與文化》,2018年第4期,第51頁)認爲:"根據此《跋》,聞人模所刻《春秋》並非據鄭仲熊原版,乃其重新鋟木,又按監本及諸路本校勘而成。這就是説聞人模所刻《春秋》不是就舊板重修,而是新梓,但我們現在所見到的興國軍學本,却呈現出許多並非新版的特徵,許多地方顯示爲據舊板剜改的痕迹。如誤描、剜字、增字、衍字、抄誤、行格不齊等等,不一而足。"

② 張麗娟《宋代經書注疏刊刻研究》,北京:北京大學出版社,2013年,第92頁。

③ [日]澀江全善、森立之等著,杜澤遜、班龍門點校《經籍訪古志》,上海:上海古籍出版社,2014年,第39頁。

④ 楊守敬著,劉昌潤整理《日本訪書志》,謝承仁主編《楊守敬集》,武漢:湖北人民出版社、湖北教育出版社,1997年,第8册,第56—57頁。類似的表述又見日本覆刻興國軍學本書後楊守敬跋,文句次序略異。

明確地指出它與興國軍學本的覆刻關係，並且將《經傳識異》（文中誤作"《考異》"）和聞人模跋語影寫補刻於書後，以便後人知曉其來由。因此，上文所謂"書後有《經傳識異》一卷、卷末銜名五行和聞人模跋語"，實即楊守敬爲之，並非與正文的覆刻同時。而通過《經籍訪古志》和《日本訪書志》的解題内容也可看出，從森立之到楊守敬，隨着版本數量的增加（"其後借得楓山官庫所藏興國本"）以及校勘工作的深入（"略校數册，文字亦無異"），版本鑒定的結論也更加準確，令人信服。

楊守敬之赴日，始於清光緒六年（1880）。在時任駐日參贊黄遵憲的建議下，他開始廣泛留心彼邦所藏的古籍珍本，並最終撰成《日本訪書志》十六卷，收録版本題跋 237 篇。而放眼中國近代書籍史與學術史，楊守敬及其東瀛訪書成果，無疑對後繼學者影響深遠。李盛鐸即其中之一。① 據《木樨軒藏書題記及書録》，李盛鐸嘗謂"楊惺吾在日本得舊抄卷子本《左傳》一帙，……余曾見之"，"（日本天文二年（1533）刻本《論語》）字句與世行本小異。末有天文癸巳八月清原朝臣宣賢識語。楊惺吾游日本購歸，手跋見詒"。② 由此推之，這部覆宋本既然先後鈐有楊守敬、李盛鐸二人藏印，則其或亦楊氏轉贈，而歸李氏插架。

二

日本流傳的宋嘉定九年興國軍學刊本《春秋經傳集解》，原爲金澤文庫舊藏，後爲佐伯藩主毛利高標（1755—1801）插架。高標身後，其孫毛利高翰將自己祖父的藏書全部獻給幕府，入藏楓山官庫。楊守敬在《日本訪書志》中提到的"楓山官庫所藏興國本"，即此（他在補刻《經傳識異》、卷末銜名五行和聞人模跋語時，一併摹寫了"佐伯侯毛利高標字培松藏書畫之印"朱方）。此本今藏日本宫内廳書陵部，首尾完整，只有卷三、四、二十、二一、二六、二七、二八爲補配。此外，日本静嘉堂文庫藏殘本一部十五卷（卷十、十五至二十、二三至三十，由陸心源皕宋樓散出），③中國國家圖書館藏殘本一卷（卷二二），原來同爲毛晉汲

① 例如，《日本訪書志》著録日人森立之輯本《神農本草經》三卷、《考異》一卷，李盛鐸舊藏之和刻本中即有日本嘉永七年（1854）森氏温知藥室刻《本草經》三卷、《神農本草經考異》一卷；《日本訪書志》著録影宋鈔本《楊氏家藏方》二十卷，李盛鐸舊藏之中亦有日本抄南宋淳熙閩刻本《楊氏家藏方》二十卷；《日本訪書志》著録日本貞和二年（1346）仿宋刻《感山雲卧紀談》卷上附《雲卧庵主書》一卷，李盛鐸舊藏之和刻本中亦有同版《感山雲卧紀談》二卷、《雲卧庵主書》一卷，等等。上述種種相似，當非偶然巧合，殆楊守敬《日本訪書志》影響所及。

② 李盛鐸著，張玉範整理《木樨軒藏書題記及書録》，北京：北京大學出版社，1985 年，第 4、79 頁。

③ 陸心源《皕宋樓藏書志》卷八著録"《春秋經傳集解》殘本十五卷，宋刊建大字本"，"存'宣上'第十卷、'襄二'十五卷、'襄三'十六卷、'襄四'十七卷、'襄五'十八卷、'襄六'十九卷、'昭元'二十卷、'昭四'二十三卷、'昭五'二十四卷、'昭六'二十五卷、'昭七'二十六卷、'定上'二十七卷、'定下'二十八卷、'哀上'二十九卷、'哀下'三十卷"，即是，唯誤斷爲建刊大字本（《清人書目題跋叢刊》一，北京：中華書局，1990 年，第 88 頁。）[日]河田羆《静嘉堂秘籍志》（上海：上海古籍出版社，2016 年，第 34 頁）卷二亦著録此"宋大字殘本《左傳》，宋刊十五本"。

古閣、黄丕烈百宋一廛、汪士鍾藝芸書舍舊物,[1]今日分於兩處,且殘缺嚴重,存卷的完整性方面遠不如宫内廳書陵部藏本。[2]

當然,由於傳世久遠,宫内廳書陵部所藏宋嘉定九年興國軍學本《春秋經傳集解》已有七卷殘缺,後以日本元和(1615—1623)以後補鈔之卷三、卷四及慶長(1596—1614)以前補鈔之卷二十、卷二一、卷二六、卷二七、卷二八,合成全帙。[3] 而與之相較,覆宋本的優勝之處在於,它作爲日本室町時代(1338—1573,當元後至元四年至明萬曆元年)的"五山版"之遺存,不僅保留了卷三、四、二十、二一、二六、二七、二八這七卷的刻本形態,而且時代更早,可證宫内廳書陵部藏本補配部分的淆訛。以卷二十爲例(圖三、四):

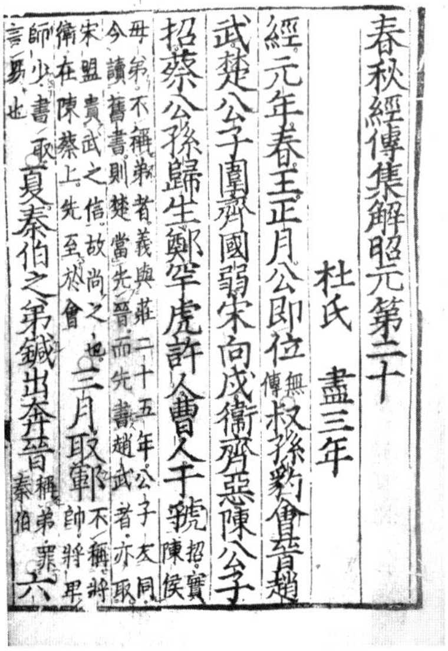
春秋經傳集解昭元第二十
杜氏　盡三年
經元年春王正月公即位無傳叔孫豹會晉趙
武楚公子圍齊國弱宋向戌衛齊惡陳公子
招蔡公孫歸生鄭罕虎許人曹人于虢招實陳侯
母弟不稱弟者義與莊二十五年公子友同今讀舊書則楚當先晉而先書趙武者亦取
宋盟貴武之信故尚之也衛在陳蔡上先至於會三月取鄆不稱將帥將卑
師少書取言易也夏秦伯之弟鍼出奔晉稱弟罪秦伯
六

圖三　日本室町時代覆刻宋嘉定九年興國軍學本《春秋經傳集解》卷二十首頁

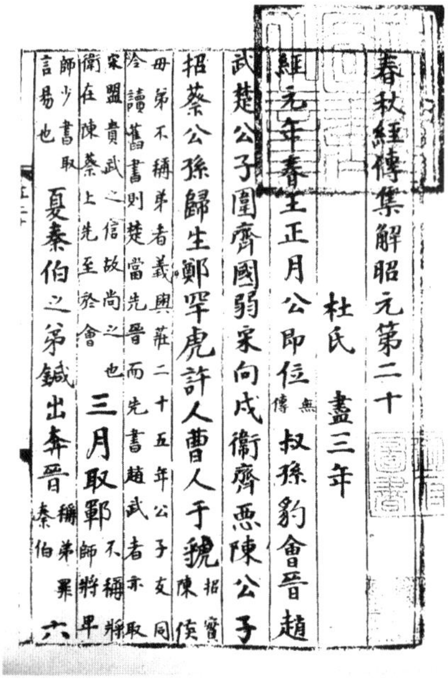
春秋經傳集解昭元第二十
杜氏　盡三年
經元年春王正月公即位無傳叔孫豹會晉趙
武楚公子圍齊國弱宋向戌衛齊惡陳公子
招蔡公孫歸生鄭罕虎許人曹人于虢招實陳侯
母弟不稱弟者義與莊二十五年公子友同今讀舊書則楚當先晉而先書趙武者亦取
宋盟貴武之信故尚之也衛在陳蔡上先至於會三月取鄆不稱將帥將卑
師少書取言易也夏秦伯之弟鍼出奔晉稱弟罪秦伯
六

圖四　日本宫内廳書陵部藏宋嘉定九年興國軍學本《春秋經傳集解》卷二十首頁(補鈔)

宫内廳書陵部藏本的補配部分既已完全失掉了宋刻本版式、字體的風致,更發生了第 3 葉與第 21 葉錯倒的情況:

---

① 具體遞藏經過,詳見張麗娟《宋代經書注疏刊刻研究》,第 88—89 頁。

② 就刷印時間先後言之,"汲古閣舊藏、現静嘉堂及中國國家圖書館分藏的一部,爲較早印本,未經補版;宫内廳及尊經閣所藏一部,爲較晚印本,有部分補版葉","總體來看,國圖本雖非嚴格意義上的初印本,但未經修補,當可反映嘉定九年聞人模刊本的原貌;宫内廳本經過補版與局部修版,版刻面貌較原本有一定差别,文字上也有變異"。張麗娟《興國軍學本與早期和刻本〈春秋經傳集解〉》,《儒家典籍與思想研究》(第十一輯),第 95—97 頁。

③ [日]島田翰《漢籍善本考》(原名《古文舊書考》),北京:北京圖書館出版社,2003 年,第 300 頁。

伍舉知其有備(以上第2葉)也。云主將死。趙孟曰:"何謂蠱?"對曰:"淫溺惑亂之所生也。溺,沈没於耆欲。於文,皿蟲爲蠱。文,字也。皿,器也。器受蟲害者爲蠱。穀之飛亦爲蠱。穀久積則變爲飛蟲,名曰蠱。在《周易》,女惑男、風落山謂之《蠱》☶,《巽》下《艮》上《蠱》。《巽》爲長女、爲風,《艮》爲少男、爲山。少男而説長女,非匹,故惑。山木得風而落。皆同物也。物猶類也。"趙孟曰:"良醫也。"厚其禮而歸之。贈賄之禮。楚公子圍使公子黑肱、伯州犂城犫、櫟、郟。黑肱,王子圍之弟子晳也。犫縣,屬南陽。郟縣,屬襄城。櫟,今河南陽翟縣。三邑本鄭也。鄭人懼。子産曰:"不害。令尹將行大事,謂將弑君。而先除二子也。二子謂黑肱、伯州犂。禍不及鄭,何患焉?"冬,楚公子圍將聘于鄭,伍舉爲介。未出竟,聞王有疾而還。伍舉遂聘。十一月己酉,公子圍至,入問王疾,縊而弑之,縊,絞也。孫卿曰:"以冠纓絞之。"《長曆》推己酉,十二月六日。經、傳皆言十一月,月誤也。遂殺其二子幕及平夏。皆郟敖子。右尹子干出奔晉,子干,王子比。宫廄尹子晳出奔鄭。因築城而去。殺大宰伯州犂于郟。葬王于郟,謂之郟敖。郟敖,楚子麇。使(以上第21葉)(以下第4葉)今武猶是心也……[①]

主不能禦,吾是以云(以上第20葉)也,請垂櫜而入。垂櫜,行無弓。許之。正月乙未,入,逆而出。遂會於虢,虢,鄭地。尋宋之盟也。宋盟在襄二十七年。祁午謂趙文子曰:"宋之盟,楚人得志於晉。得志謂先歃。午,祁奚子。今令尹之不信,諸侯之所聞也。子弗戒,懼又如宋。恐楚復得志。子木之信稱於諸侯,猶詐晉而駕焉,駕猶陵也,詐謂衷甲。况不信之尤者乎?尤,甚也。楚重得志於晉,晉之耻也。子相晉國,以爲盟主,於今七年矣。襄二十五年始爲政,以春言,故云七年。再合諸侯,襄二十五年會夷儀,二十六年會澶淵。三合大夫,襄二十七年會于宋,三十年會澶淵,及今會虢也。服齊、狄,寧東夏,襄二十八年齊侯、白狄朝晉。平秦亂,襄二十六年秦、晉爲成。城淳于,襄二十九年城杞之淳于,杞遷都。師徒不頓,國家不罷,民無謗讟,讟,誹也。諸侯無怨,天無大災,子之力也。有令名矣,而終之以耻,午也是懼,吾子其不可以不戒。"文子曰:"武受賜矣。受午言。然宋之盟,子木有禍人之心,武有仁人之心,是楚所以駕於晉也。(以上第3葉)(以下第22葉)赴于鄭……[②]

這兩段的内容都是昭公元年的事件,前者爲秦醫和視晉平侯疾與楚靈王之亂(以"厚

① 《日本宫内廳書陵部藏宋元版漢籍選刊》,上海:上海古籍出版社,2012年,第15册,第212—215頁。
② 《日本宫内廳書陵部藏宋元版漢籍選刊》,第15册,第248—251頁。

其禮而歸之”爲界),後者爲諸侯盟於虢而晉、楚弭兵。或許是因爲這兩頁首行頂格皆爲“也”字,所以在裝訂成册的時候出現了誤倒,致使前後文字錯亂失序,幾不可讀。

三

興國軍學刊本《春秋經傳集解》,刻成於南宋寧宗嘉定九年,書中遇兩宋諸帝名諱——玄、弦、弘、匡、恒、貞、楨、禎、徵、讓、褱、頊、桓、完、瑗、構、慎等,皆有闕筆。這些諱字,無論是覆宋本還是補配的鈔本,都仍有所保留。例如卷三莊公元年經“王使榮叔來錫桓公命”,覆宋本與元和以後補鈔本“桓”字皆缺末筆;又如同卷莊公二十二年傳“陳公子完與顓孫奔齊”、注“公子完、顓孫,皆御寇之黨”、“敬仲,陳公子完”,三“完”字,覆宋本均筆劃完整,而元和以後補鈔本均缺末筆。所以,若從諱字的角度加以考察,覆宋本部分地改回了避諱字本來的字形,補配的鈔本則幾乎盡從底本,甚至不惜拘泥。但是,若從文字的準確程度來看,覆宋本幾乎是忠實地覆刻了底本的文字内容,而補配的鈔本部分屢見手民之訛,誤字、脱文、倒文等問題時有發生。以卷三莊公、卷四閔公爲例:

1. 誤字例

(1) 莊公元年經注“既命魯爲主,故單伯送女,不稱使也”(覆宋本,下同),補鈔本“主”作“王”。按:周王室嫁女於齊,由同姓之魯侯主婚,作“主”是,“王”字形近而誤。此外,莊公十年經注“不言侵伐,齊爲兵主”、莊公十四年傳“社稷有主”,補鈔本皆誤作“王”。

(2) 莊公元年傳注“莊公父弑母出,故不忍行即位之禮”,補鈔本“弑”作“殺”。按:桓公十八年春,公與夫人姜氏如齊。四月,公子彭生擊殺桓公於車。桓公爲臣下所殺,姜氏留齊,未隨歸喪,故曰“父弑母出”,“殺”字形義俱近而誤。

(3) 莊公元年傳“三月,夫人孫于齊”,補鈔本“三”作“王”,“王”字形近而誤。

(4) 莊公六年傳“衛侯入,放公子黔牟于周,放寧跪于秦”,補鈔本“放”皆作“於”。按:“放”即“放逐、流放”,“於”字形近而誤。此外,莊公二十二年傳注“他皆放此”,補鈔本亦誤作“於”。

(5) 莊公九年傳“鮑叔帥師來言曰”,補鈔本“帥”作“師”。按:“師”字形近而誤。

(6) 莊公二十年傳注“皆舞六代之樂”、二十一年傳注“樂備,備六代之樂”,補鈔本“代”皆作“伐”。按:黄帝之《雲門》《大卷》、堯之《大咸》、舜之《大韶》、禹之《大夏》、湯之《大濩》、周武王之《大武》,統稱六代之樂,“伐”字形近而誤。

(7) 莊公二十九年經注“他皆放此”,補鈔本“放”作“倣”。按:“放”通“倣”,指其他地方皆同此例。補鈔本雖然改爲本字,其實似是而非。

(8) 閔公元年傳注“狄伐邢，在往年冬”、閔公二年傳“邢遷如歸，衛國忘亡”，補鈔本“邢”皆作“刑”。按：邢爲齊國西邊的小國，北與戎狄接臨，後爲衛國所滅，“刑”字形音俱近而誤。

2. 脱文例

(9) 莊公元年經“王姬歸于齊”，注“無傳。不書逆，公不與接”；莊公十一年經“春，王正月”，注“無傳”。補鈔本皆脱“無傳”二字。

(10) 莊公六年傳注“若齧腹齊，喻不可及”，補鈔本脱“齊”字。按：“齊”通“臍”，“齧腹齊”即自咬其肚臍，比喻後悔不及。[①]

(11) 莊公七年經注“月光尚微，蓋時無雲，日光不以昏没”，補鈔本脱“没”字。按：此句意謂太陽的光亮不因爲時近黄昏而隱没，所以相比之下，月光尚顯微弱。補鈔本脱“没”字，“日光不以昏”亦不成句。

(12) 莊公七年傳“不害嘉穀也”、莊公十年傳“同盟故也”，補鈔本皆脱句末“也”字。按：日本舊鈔諸經，多有删除句末虚字的情況，楊守敬《日本訪書志》卷二“《論語集解》十卷”提要即稱“《述而》以下，則多削其名，句末虚字亦多删削”，[②]可證。

(13) 莊公十六年傳注“周公忌父，王卿士，辟子國之難”，補鈔本脱“周公”二字。按：傳文“周公忌父出奔虢”，注文釋其爲王朝之卿士，有“周公”二字是。

(14) 莊公十八年傳“禮亦異數，不以禮假人”“虢公、晉侯、鄭伯使原莊公逆王后于陳，陳媯歸于京師”、注“虢、晉朝王，鄭伯又以齊執其卿，故求王爲援，皆在周。倡義爲王定昏，陳人敬從，得同姓宗國之禮，故傳詳其事，不書不告”，補鈔本脱“異數不以禮假人”七字、“鄭伯使原莊公逆王”八字、“陳媯歸于京師虢晉朝王鄭伯又以齊執其卿故求王爲援皆在周”整行及“陳人敬從得同姓”七字。

3. 倒文例

(15) 莊公三年經注“傳例曰：‘凡師過信爲次’”，補鈔本“傳例”作“例傳”。按：杜預作《春秋左氏經傳集解》，“分經之年與傳之年相附，比其義類，各隨而解之”(《春秋左氏傳序》)，尤重發凡起例，因而杜注多見“傳例曰”“傳例在(某公某年)”，引傳以解經，並形成規律性的總結概括。補鈔本文字倒乙，義不可通，非是。

通過以上諸例可以看到，覆宋本真正較爲完整地反映了興國軍學刊本《春秋經傳集

---

① 莊公六年傳“若不早圖，後君噬齊”，注“若齧腹齊，喻不可及”，傅剛《〈春秋經傳集解〉經注本宋版略説》比勘諸本異文引興國軍學本，傳文作“齊”，注文作“×”(×號表示無此字)，即據補鈔本而校。核覆宋本，傳文、注文皆作“齊”，可知底本也應爲“齊”；至於左邊空隙處又都擠入了手寫之“月”旁，當與字裏行間之和式訓點、天頭地脚之批注一樣，同屬日本學者後來閲讀時所爲。

② 楊守敬著，劉昌潤整理《日本訪書志》，謝承仁主編《楊守敬集》，第8册，第61頁。

解》的舊貌,特别是底本現已殘缺的部分;無論版式風格還是文字内容,它都遠勝於後來的補鈔本。[①]

宋嘉定九年興國軍學刊本《春秋經傳集解》,在問世之際就"作爲官刻善本","與撫州本並稱,爲世所重",被毛居正選爲重要的參校版本,於《六經正誤》中屢屢引及。[②] 至清朝末年,隨着宋刻經注本的日漸稀缺與中國學者赴日本訪求古籍的持續發現,楊守敬首先揭示了宋興國軍學本《春秋經傳集解》和日本覆宋本的文獻價值,而後吴慈培在楊守敬帶回的這部覆宋本之末又手書跋語,通過列舉具體校勘例證,進一步做了充分肯定。[③] 有鑒於此,學界重新進行《春秋經傳集解》的校勘,應當對日本室町時代覆刻宋嘉定九年興國軍學刊本予以必要的重視,因爲日本宫内廳書陵部現存興國軍學刊本所缺的卷三、四、二一(卷二十、二六、二七、二八,静嘉堂文庫尚有存藏),在中國大陸範圍内只有北京大學圖書館的這部覆宋本可以相對地起到替代的作用,而這也從一個側面體現了李盛鐸作爲民國大藏書家的慧眼識珠、目光如炬。

【作者簡介】趙昱,男,1988 年生,武漢大學文學院特聘副研究員,研究領域爲中國古典文獻學。

① 當然,在覆刻的過程中,已經有意識地對底本存在的個别訛誤進行了修訂,例如文公元年傳"子上曰:'君之齒未也,而又多愛,黜乃亂也。楚國之舉,恒在少者。且是人也,蠭目而豺聲,忍人也,不可立也。'"傳注"齒,年也,言尚少",宋興國軍學刊本作"不可之也"、"行,年也,言尚少",覆宋本則作"不可立也"、"齒,年也,言尚少",可見其改正的痕迹。這樣看來,覆宋本絶非逐字不加改易的覆寫、覆刻,未必盡如底本原貌;但是與補鈔本相比較,補鈔本往往鈔寫之誤更多,覆宋本纔更符合底本本來的文字内容。另外,傅剛《日本五山板〈春秋經傳集解〉考論》一文也指出:"五山板是覆興國軍學本,因此其版本價值也代表了興國軍學本。不過由於五山板刊刻時對興國軍學本作過校改,其價值又有超過興國軍學本的地方。"《中國古籍文化研究——稻畑耕一郎教授退休記念論集》(上卷),東京:東方書店,2018 年,第 165 頁。

② 《宋代經書注疏刊刻研究》,第 93—94 頁。

③ "癸丑秋,保山吴慈培借校一過。此本佳處,星吾先生所稱昭二十年注之外,如僖十年傳'君其圖之'下補杜注'乏祀爲無主祭也'(小字注:阮氏《校勘記》盧抱經云'爲'疑'謂')一句;襄二十七年傳'夫能致死'下補'與宋致死'一句;昭三年傳'寡君願事君','寡君'下補'使嬰曰寡人'五字;定元年傳注'使三國代宋受役也'下補'郳小邾'一句。而尤以昭三年一條,可爲叫絶。蓋'寡君使嬰曰',是晏嬰之語;'寡人願事君'云云,是嬰致齊侯之語。若如岳本,則没嬰致辭之節文。且始稱寡君,下文又稱寡人,晏平仲有如此乖繆辭令,左邱明有如此乖繆文字,豈不可嘆?此五字,斷爲岳本脱所不當脱也。餘如成六年傳注'前年從晉盟',岳本誤'從'爲'楚',殿本知'楚'字之非而不知是'從'字,因改作'與';昭十六年經'葬晉昭公',岳本脱'晉'字,是使魯之昭公代晉之昭公死也;宣九年傳注'言周微也',岳本誤'微'爲'徵',夫傳明言'王使來徵聘',注必解之曰'周徵',杜氏詞費何至於此?此數者,雖單文隻義,亦有功古人不淺。星吾先生札記,未見刊布,余略舉校勘所得,還以獻之李丈,以當一瓻。"《北京大學圖書館藏日本版漢籍善本萃編》,第 4 册,第 265—266 頁。

天津圖書館藏《當甓齋日記》的文獻價值*

宋皓琨

翟文選(1878—1950),字羲人,號聖藩居士,吉林雙城(今黑龍江雙城)人。民國時期曾任奉天省長,著有《當甓齋集》,《當甓齋日記》見於此集。此集僅藏於天津圖書館。全文正楷,半頁九行,白口,單魚尾,四周雙欄,扉頁有翟文選甲申年(1944)手書題記,爲翟文選門人金玉聲手録清稿本。《當甓齋集》僅包括《日記》與《書札》兩部分。據目録,尚有《詩存》《文存》《公牘》《家乘》,然而或未整理成書,或爲私人手藏,已無從尋覓。《當甓齋日記》共六卷,即《宣統庚戌二月至十二月底日記》(卷一)、《宣統辛亥正月至十一月二十三日日記》(卷二)、《考察西南獨立各省日記》(卷三)、《湖北民軍起義第一年紀念會代表日記》(卷四)、《俄國伯力賽會參觀日記》(卷五)、《乙丑南遊日記》(卷六),先後記載了一九一〇至一九二五年間的歷日觀感。它不是一部連貫的歷年日記,而是記載了翟文選生命中有重要意義的特殊經歷,因此也具有了特殊的文獻價值。

一　翟文選人物剪影

翟文選爲光緒二十八年(1902)補行庚子科舉人。光緒三十三年(1907),任黑龍江安達廳理事撫民通判。宣統三年(1911)調任呼倫廳同知,是年冬,蒙亂被逐。一九一二年,任北京行政會議代表。一九一三年任黑龍江省城兼商埠地方警廳廳長。一九一八年,當選北洋政府第二屆國會臨時參議員。一九二〇年,被任命爲東三省鹽運使。一九二八年,張學良接掌東北大權後,被任命爲奉天省省長。東北易幟後,南京國民政府任命爲遼寧省政府主席,其間曾組織編修《奉天通志》。一九三〇年,因病辭省長職務。次年九・一八事變爆發。爲躲避日僞騷擾,翟文選携家眷潛居天津。一九五〇年去世。

* 本文係2018年度國家社科基金重大項目"中國近代日記文獻叙録、整理與研究"(18ZDA259)階段性研究成果。

翟文選身處讀書氛圍並不濃郁的北疆,且少時家境貧寒,但始終苦讀不輟,爲官後亦手不釋卷。宣統三年初,他曾詳細統計上年讀書成果,説:"按全年扣除六小建,共三百五十四日,平均每日僅讀三十二頁强。雖較勝於未立課程以前,然僅讀此區區數十種,猶多忽略放過,尚少心得,亦滋愧矣。"①雖然每日僅讀三十二頁强,但作爲一名官吏,每日堅持課書已屬難能可貴。更可貴的是,他所讀之書並不囿於傳統範圍内的經史子集,他所讀的"性理類"書籍,就包括了《天演論》這樣富有科學内涵的著作,他所謂"政治類"書籍,則包括了《民法總則》《戰時國際公法》《財政學》等法學、經濟學著作,以及《李傅相歷聘歐美記》等雜著。他所謂"歷史類"書籍,多數爲《大英治理印度新政考》《伊藤統監治韓要略》《越南亡國史》等有關外國歷史的部分。他最熱衷的是"地理類"著作,而且主要是《亞細亞洲志》《波斯志》《紐西尼亞志》等外國地理的部分。其所讀之書可謂包羅萬象,遠非傳統經史子集所能拘束。翟文選讀書具有强烈的入世目的,正如他所説:"我輩將欲有造於社會,必須周知上下古今,旁參世界各國狀況,非書何能有濟?"(《覆蔡品山書一》)②他在讀地理類書時,常常與地圖對照並加以標注,以期對世界地理有清晰的認知,這與當時的傳統知識分子形成鮮明的對比。翟文選對傳統學術有清楚的認識,他説:"見楊慈湖所論純近虚無寂滅,數千年所名爲聖學者,豈皆類是。其所以陷溺人心,阻止進化,爲害不淺。"③又説:"竊見二十年來,外國之進化有加無已,中國之退化一落千丈,其根源皆關於學術。西儒務競争,其宗旨在獨闢新理,必思超過前賢,以故國勢因之蒸蒸日上。中儒空談虚理,論政則必侈陳王道,論學不外墨守六經,以知足、知止爲美德,而究之王道,六經之終極大有事在,豈僅箋注、訓詁而已哉?"(《上呼倫兵備道宋鐵梅觀察書一》)這一論斷正確與否姑且不論,但他對國家進步的思考則是值得稱道的。翟文選曾説:"現在我國學生正應卧薪嘗膽,一意向學,將來學成,出而問世,可爲國家收已失之利權,爲社會造無量之幸福,此乃各學生真正本分,方不愧爲國家設學之意暨父兄期望之心。"(《致星凡二弟家書二》)又説:"方今大厦將傾,必賴賢人君子共事支撑。……選嘗謂,吾人不耕而食,不織而衣,苟不能與社會作一二有益之事,徒欲甘其食而美其衣,則天地何貴生此人,國家又何貴有此官也。"(《覆呼倫兵備道宋鐵梅觀察書三》)所以他讀書並不是要做學問家,而是作爲一種經世之途來追求的。

購書、藏書也是他的一大愛好。他總是通過各種途徑搜集、購買他所需要的圖書資料。從《日記》可知,他曾請朋友郵寄《滿洲通志》《新疆大記》《路德改教記略》《增税裁厘

① 宣統三年《日記》正月初二日。

② 本文書信均見《當甓齋集·書札》,下文不再出注。

③ 宣統三年《日記》正月二十四日。

議》《世界統計年鑒》等。他也從書局直接購買,如《廣西邊防旁記》等。同時還盡力從朋友處索取當地資料,如《調查中俄沿邊圖志》《興東地圖》等。在遊歷各處之際,他也會趁機購寄各種圖書,如在揚州,他就從書商手裏購得《玉函山房輯佚書》《經籍纂詁》,在上海書商處購得《漢魏叢書》《張太岳集》等。在北京滯留期間,琉璃廠書鋪便成爲他常去之處。因此他的藏書非常豐富,用他的話説,"廉俸所入,半以購書"(《上呼倫兵備道宋鐵梅觀察書一》)。他曾到黑龍江省城藏書樓,他説:"前年余曾到此,已逾三年,以爲必有進步,孰知巍然高樓所藏之書,尚不及余藏之多,余所無者只《圖書集成》一種而已。"[①]其藏書之富可見一斑。

翟文選不僅讀萬卷書,還欲行萬里路。他曾精心設計過出行路線,且爲此興奮得徹夜難眠。這條路線遍及亞歐大陸,包括部分非洲地區:即沿黑龍江出發,過境俄羅斯伯力、海參崴,再從蒙古倫邊南至庫倫,西出阿爾泰山以至伊犁,再折向東南,取道青海以入西藏;然後根據資金狀況,充足則越大吉嶺而至印度,進而西入紅海,出蘇彝士河而至歐洲,然後由西伯里亞鐵路回國;資金不足則由西藏東入四川,沿長江流域而作内地十八省之遊。他設定的期限爲三年。遊歷的目的,如他所説:"太史公周遊天下名山大川,而學問因之以進,即近日東西各國名公巨卿,無不過都越國,遠涉重洋,故能智燭全球,情通中外,而國勢因之以强,非若我國士大夫杜門不出,拘守陳編,動爲畫餅之談也。"(《上呼倫兵備道宋鐵梅觀察書二》)可見他周遊世界的目的,仍是以觀照社會爲宗旨。因爲有這種博大的胸懷和開闊的視野,他曾設想過在南北方向上,從南海貫穿中國大陸,然後連接俄羅斯以至於歐洲的鐵路綫路,也曾設想過在東西方向上,從非洲出發,經過印度洋北岸,越過川藏直抵中原,從而繞開麻六甲海峽的商業路綫(《上東三省督撫借債移民須先統籌全國意見書》)。這些與我們當代的國家方略頗有近似之處,體現出翟文選開闊的視野與對國家情勢的深入考量。

當然,翟文選宏大的遊歷計劃是難以實現的,但他在爲此努力。一九一二年,他借考察西南各省獨立之機,路經北京,雖然最終滯留於此,但還是實地考察了辛亥革命期間北京城的燒略情形,由此寫成了《考察西南獨立各省日記》。同年,他被派往武漢參加辛亥革命一周年紀念會,則考察了武漢的炮廠、彈藥廠等近代兵工企業,並考察了辛亥革命過程中武漢的戰爭遺迹,同時也遊歷了武漢的山川與歷史古迹,由此寫成了《湖北民軍起義第一年紀念會代表日記》。一九一三年,他參觀了俄羅斯在遠東伯力舉辦的博覽會,實現了走出國門的願望。觀會期間,他詳細考察當地的歷史以及賽會上各種先進的手工藝和工

① 宣統三年《日記》六月初五日。

農業産品,尤其是大型機械,由此寫成了《俄國伯力賽會參觀日記》。一九二五年,他以考察鹽業發展爲名,經過北京、天津、南京、鎮江、揚州、無錫、蘇州、上海,飽覽祖國大好山河,考察歷史遺迹,由此寫成了《乙丑南遊日記》。這些雖没有完成當初的全部設想,但已屬不易。由此可以看出,翟文選是一個計劃性、行動力非常强的人物,也是一個胸懷、視野均極開闊的人物。應該説,古人讀萬卷書、行萬里路的信條在他身上得到了很好的詮釋。

翟文選出身農家,没有深厚的家庭背景,但憑藉自己的努力一步步走到了當時社會的上層,尤其在張學良改旗易幟期間,接近了歷史舞臺的中央,這很大程度上源於他爲官一任,造福一方,脚踏實地,小心謹慎的行事作風。比如清末民初,鹽税始終是中央和地方財政的主要來源,然而在商運商銷向官運商銷轉變的過程中,始終存在營私舞弊、私鹽盛行等情況,這嚴重影響到財政收入。一九二〇年,翟文選任東三省鹽運使,他採取嚴厲措施,嚴拿私販鹽斤,打擊官商勾結,東北地區食鹽銷售額隨之逐年攀升,税收不斷增加。據遼寧省檔案館藏《奉天省長公署檔案》,從一九二一年一月至一九二七年十二月,食鹽銷售每年約增三五成或六七成,七年中實銷鹽三千一百八十一萬二千零五十三擔十九斤半,共收税款現大洋八千六百零八萬餘元。① 楊蔚彬在《前任東三省鹽運使翟公去思碑》中説:“懿惟翟公,司鹺節八年於兹。下車伊始,查悉鹽務癥結所在,訂定規章,力加整頓。非惟内部設施依次改善,外如局卡員、司秤夫、巡役,向之對於車船運户、灘東、墊東需索雜費、攀誣、刁難者,今則積習一清,群知奉公守法矣。加以稽核所陳科長贊助機宜,營蓋場楊知事悉心籌措,遂致風清弊絶,鹽政一新,厘税增加,商民食惠。”②對此,《雙城縣志》亦評價説:“(翟公)賢能卓著,東三省財政倚重之。”③

當然,翟文選在政治、經濟上也有幼稚之處。自一八六〇年以後,移民實邊就是清政府的重要舉措,而且在東北不斷受到日、俄侵擾的情况下,通過移民實邊以抵禦外族侵擾,並增强東三省土地的國家屬性,無疑顯得尤爲重要。即從財政而言,東北大片原始、肥沃的荒野也需要加以開墾,以充實國家財政。然而,安置移民需要充分的財政支撑才能得以延續,並最終獲得預期的效果。這對於清末民初捉襟見肘的國家財政而言,顯然難以勝任。於是,當時形成了借外債移民的思潮。但是借債移民,將來還本付息必然會成爲巨大的財政負擔,進而損害國家利權,這又是一個非常棘手的問題。事實上,移民實邊在清末及民國的百十年間一直在持續,這本身就説明移民實邊並非一蹴而就。翟文選當時敏鋭

---

① 《東三省鹽運使公署函送修纂東三省鹽法新志篇目請核覆並用款數目奉天省長公署准函並復》,奉天省長公署檔案,遼寧省檔案館 JC10—3177。

② 石秀峰修,王鬱雲纂《蓋平縣志》,臺灣:成文出版社,1974 年據民國 19 年鉛印本影印,第 658—659 頁。

③ 高文垣修,張鼎銘纂《雙城縣志》,臺灣:成文出版社,1973 年據民國 15 年鉛印本影印,第 355 頁。

地看到了這一點。他另出蹊徑，認爲單純移民不如先辦實業，有了實業，移民將不招自至，可謂一舉兩得。他認爲用有限的資金招徠移民或許不足，但用來修築交通、興辦礦業等或可有所成就。這就形成了翟文選與統治上層對立的立場。他曾兩次上書東三省都督，希圖改變既定的開發方略。應該説，翟文選的思考不無道理，但他以一己之力，不顧位卑言輕，希望改變現實，談何容易！同時，他認爲“路、礦、航、工四業同時並興，有礦以供製造輪、路之原料，有輪、路以供礦之運輸，又有工以調劑於路、礦、航三者之間，礦質可作工之製造品，而製造品又爲輪、路之運輸物，四者循生不窮，交相爲用”。(《上東三省督撫借債移民須先統籌全國意見書》)即礦業生產製造鐵路、航運的原料，同時利用鐵路、航運將原料運輸出去進行貿易，同時建立工廠，將工業原料變成工業品，工業產品可以依賴交通和礦業而興盛，反過來賺來的錢又可促進交通與礦業的不斷發達，以此形成良性回圈，生生不息。但顯然，他的發展藍圖過於理想化。對於東三省這樣一個幾乎未被開發的地域，短期内建成這些基礎實施同樣難以實現，更無法解決日益緊迫的外族擾邊問題，這些想法對於清末民初内部紛争不斷的政權來説，幾同天方夜譚。

二 《日記》記録生平與思想點滴

《當甓齋日記》爲我們了解翟文選及其所處的時代提供了有價值的原始資訊，可補翟文選生平資訊與史志記載的不足。

在翟文選家人方面。《日記》記録了翟文選祖父母、外祖父母及父母的姓名，還記録了翟文選弟、妹的情況。而在下一輩中，則出現了同福、成全與女兒筱金等人的名字。這些都是其他傳記資料中所没有的。而二弟翟星凡後曾任巴彦縣長，翟文選對此弟頗爲憂心。翟星凡在做縣長期間貪污受賄，勒索百姓，後被當地學生驅逐。翟星凡這些惡劣的品性都可以在《日記》中找到先兆。翟文選在宣統二年(1910)就曾勸誡他“在學堂諸事力從儉約”，[①]在宣統三年也曾寫道：“知父親身體不甚康健，二弟亦未回北京學堂，甚爲懸念。”[②]這些都可與翟文選寫給翟星凡的書信中相互參證，説明翟星凡當時已經出現了偏離“正人”(《致星凡二弟家書一》中語)軌迹的傾向。

在翟文選個人方面，《日記》記録了宣統二年、三年約兩整年的事迹，並以專題的形式，記録了四次外出的經歷，内容異常豐富。

---

① 宣統二年《日記》六月二十七日。

② 宣統三年《日記》八月十五日。

翟文選爲官一方,是從治理安達廳開始的。從《日記》可知,當時開闢極爲艱難。當時安達治内可謂有官無民,辦公尚需租用民房,且僅有二間。當時,招墾是建城的重中之重,爲此他不遺餘力地爲百姓排憂解難,以營造良好的居留環境。他在《日記》中寫道:"至墾户鄒居孟家少坐,招集附近墾户數人,與之論墾地之法,並諭以速墾,免致升科時包納空租。"[①]升科,即在土地開墾達到一定年限後,依正常賦稅標準向政府繳納錢糧,這裏翟文選就規勸農户趁升科前儘量開墾種植,以獲得最大收益。同時爲保護商民的安全及財産,翟文選允許商民"仿連莊會辦法,自練預備巡警,由官發給執照"。他也積極組織官署巡警隊,但這支巡警隊的成立仍頗具民間色彩。《日記》中寫道:"城内巡警成立,來署點驗,尚屬整齊。義務巡官一員,巡兵二十名,由各商輪充,不支薪餉。"[②]可知是商民義務充當巡警。從《日記》可知,這一做法得到了省城的認可,故有"旋傳商會赴省往領巡警槍械"[③]的記載。此時巡警没有統一、正式的服裝,直到胡匪益甚,方"即令該巡官先與預備巡警制做號衣六十身,並面爲裁定樣式"。[④] 這些細節都是正式的史志資料所未具載的,這爲我們了解安達建城的歷史,並從中感受東北墾荒的歷史温度提供了極好的途徑。

在建城設治過程中,除了營造居留環境,教育最爲翟文選所關注。這其中尤需提及的就是宣講所。宣講所是當時宣傳政治舉措與理念,對民衆進行道德教化和社會教育的重要場所。翟文選對此頗爲用心,他自云:"自開辦年餘,余一人按期宣講。"[⑤]可知他獨立支撑着宣講所的教育。而從所宣講的書目來看,他主要以《國民必讀》爲主要文本,以"外國尚武精神""公德"等内容爲主,可知他重在培養百姓的現代公民精神。同時,他還利用宣講所進行社會教育,如對禁煙,《日記》載:"傳商會將昨日搜出煙具當衆銷毁,並將新頒禁煙律逐條講解。"[⑥]除了宣講所,他也非常重視學塾教育。《日記》中就記載了一些趣事。如云:"至簡易識字學塾,各生到者甚多,余登臺演説識字之益。一鄉老逡巡户外,似有所動,遂命至講臺以前,渠亦欲領一識字課本,用心習字,當面獎數語,發給一本。此老益有所動,又面詢余貴姓,以便常來受教,余告以姓翟,此老惶悚欲去,始知余爲本地官也。諭以静心聽講,嗣後不必畏官如此,此亦荒城之一樂矣。"[⑦]除此,翟文選也親自教導其四弟文翰與長子同福,如講解《兒童矯弊論》《童子禮》等,這些是則是對當時蒙學教育的生動呈現。

① 宣統二年《日記》八月十三日。
② 宣統二年《日記》二月初九日。
③ 宣統二年《日記》五月二十六日。
④ 宣統三年《日記》十二月初九日。
⑤ 宣統二年《日記》八月初八日。
⑥ 宣統二年《日記》三月初八日。
⑦ 宣統三年《日記》三月十八日。

宣統二年(1910),俄羅斯發生鼠疫疫情,並由華工携帶病菌回國,導致東三省及北京、山東、河北等地疫情大爆發。這次鼠疫流行近六個月,死亡約六萬人,東三省爲主要疫區。這次疫病感染者以下層民衆爲主。據奉天防疫總局宣統三年《東三省疫事報告書》統計,當時黑龍江境内疫斃人數分别爲臚濱府五百二十二人、龍江一千四百零二人、呼蘭六千零六十七人、綏化一千五百八十三人、海倫二千零五十九人、蘭西五百九十九人、青崗一百四十三人、余慶六百一十八人、巴彦一千一百二十三人、木蘭二百四十三人,肇州二百一十三人等,共疫斃一萬四千八百一十二人。(見上册第一編第一章)[①]當時疫情最爲嚴重的是哈爾濱,據翟文選《日記》,可知"哈埠瘟疫日斃二百餘人"。[②] 然而翟文選所治安達廳雖也是疫區,却僅斃十七人,應該説是個不小的奇迹,這得益於他積極採取燒埋、隔離以及設立防疫所等科學措施。從《日記》可知,在鼠疫盛行期間翟文選獨自捐錢一百吊,各商又共捐三百五十吊,籌設檢疫所,並從隔離、檢驗入手,派兵在城外堵攔,凡有從其他疫地回來之人,均不准入城。同時,一旦查有疫斃情形,輕則先將尸身燒埋,重則連有疫房屋器具與尸身同付一炬,以徹底根除隱患。在安達廳疫情發現之初,翟文選就立即飭防疫所醫生前往消毒。署内馬兵自城外回署,也先飭往防疫所查驗消毒,並在該所居住,不准回署。不但疫斃之人要燒埋,死者家屬也需要消毒。他深知百姓難諳消毒、隔離諸法,倘一傳染,則全家亦即難保。此外,他還參考《日本預防瘟疫法》積極進行籌備。在這一時期,查視防疫所成爲他的日常工作。以此,翟文選有效地保證了防疫的主動性,防止了更多死亡。

相對於鼠疫這種突發事件,胡匪擾境是翟文選日常面對的主要社會問題。關於胡匪的來源,他曾説:"其原因則在甲午、庚子及日俄之役潰兵,所棄槍械輾轉流入匪人之手,又加各軍隊多係招募直、魯無業遊民,其人素不安分,如或因事逐革,往往即勾結土匪聚夥搶劫。"[③]這些胡匪往往具有較强的武裝能力和戰鬥力。對此,翟文選不得不讓駐地巡防營和當地巡警護送、保護商民及其活動,同時追擊進犯的胡匪。他自己就親自到城内店鋪暗訪胡匪活動,並協同、支援其他縣廳的剿匪行動。從《日記》中可知,從宣統二年十一月二十三日黎明至二十五日日出,他曾出兵三晝夜,行軍一百餘里,深入青岡城境剿匪。在安達廳治安方面,最令翟文選引以爲傲的是,在他四年任期中没有發生一起命案。他總結説:"細思致此原因,每有訟案到署,即設法爲之判結,且行路、散步均可爲之剖判,不必拘定呈詞,商民見成訟易,即不再相争鬥,即偶有争毆之案,余必先責其私鬥之罪,然後再判其是非,商民知成訟較争毆有益,以故凡百難了之事,可以呈控,不敢私鬥,此或減少命案之原由也。"把隱患消除

① 李文海、夏明方《中國荒政書集成》,天津:天津古籍出版社,2010年,第8208頁。

② 宣統二年《日記》十二月二十二日。

③ 《湖北民軍起義第一年紀念會代表日記》1912年10月8日。

在萌芽階段是他成功的秘訣。當他懷着深厚的感情離開安達之際,官民不忍其離去。他在《日記》中寫道:“余一出大堂,不覺泪下如雨,合署公送之人均爲淒然。新任與右堂吴壽民及紳商、學界並鄉間百姓,均候送至此,一見余均各潸然出涕。……余並勉以嗣後官民勿傷感情,欲再有所言,哽咽之下不能再語。予到安達四年,愧對地方處甚多,不知紳民何以愛我如此之深!”[①]

三 《日記》呈現時代更迭的歷史軌迹

晚清政府曾頒布《城鎮鄉地方自治章程》,將地方公益事業交由地方選舉産生的議事會與董事會,以輔助政府對地方進行管理。作爲中國有史以來第一次正式向社會推廣的選舉制度,它的實施過程值得我們去關注。據民國時期孟森《地方自治淺説》,坊廂、鄉圖層面的自治選舉,要分造册、開會、執事、投票、點票、就職六道程式。然而,將這些選舉辦法與地方事務相結合,對於没有選舉經驗的國人來説,就如同一團亂麻。翟文選就常感到没有頭緒,他曾説:“自治公所諸紳董均到,集議自治事,尚無頭緒。”[②]但從没有頭緒到切實施行,《日記》爲我們再現了當時的歷史場景。實際上,這種城鄉自治需要地方自籌資金,實際加大了地方財政負擔,翟文選就常爲此苦惱擾,他説:“自治公所紳董來見,經費業已無餘,自治尚無頭緒,此亦第一困難之事。”[③]但翟文選還是熱情地迎接這種具有時代氣象的治理方式,並進行積極籌備,《日記》的記録就携帶有其他史志資料所没有的歷史温度。

我們從《日記》可知,在地方上推行這種選舉制度,還有很多細緻的工作。比如,地方長官需要向社會反復宣傳、講解、商辦自治辦法,如何統一人們的認識,將自治這種政策落到實處,是當時非常棘手的問題。在呼倫廳任上,《日記》載道:“午後,鄂魯特勝總管、索倫左翼巴總管、右翼音總管率同副管、佐領、驍騎校均來見。……談他事均甚投洽,惟談至地方自治,勝總管則絶然反對。余略爲開導云:‘臚濱府與此同屬蒙旗,彼處已辦,此處不能獨異。’勝頗不懌,即率各總管而去。”[④]可知當時人們並不能達成一致。爲此,他感歎道:“蒙人之愚,何時能鑿混沌之竅也!”(同上)這一評斷我們姑且不論,但可知他是把地方自治看作一項進步事業來做的,所以才會爲勝總管“率各總管而去”感到憤怒。再如他説:

---

① 宣統三年《日記》五月二十五日。
② 宣統三年《日記》六月二十四日。
③ 宣統三年《日記》五月二十五日。
④ 宣統三年《日記》閏六月十六日。

"十一點至道署，與各總管會議自治，經道憲發議，余從旁解釋自治原理並不礙旗官主權，各總管似稍領悟，允爲傳齊選民，再行開選。勝總管見余，先道前日出言之歉，余亦敷衍數語，不欲絶之太甚也。"[①]這其中展現出勝總管從絶然排斥到接受的過程，而翟文選的耐心講解與隱忍也從中顯露出來。又如他説："（十二點）三十分鐘，道憲到，振鈴開會。道憲登臺演説自治大旨，余繼演説城、鎮、鄉議、董各會，純爲自治，並不與官治相妨，欲使各總管聞之以釋前疑。各議、董亦答念祝詞，遂振鈴畢會，回署已二鐘矣。"[②]至此，關於"自治"的理念始達成一致。從社會的角度看，中國封建社會的治理體制也開始向近現代社會轉變了。

士人心態是社會轉變軌迹的典型表徵，《日記》就爲我們展現了士人在時代更迭之際的複雜心態。易代之際，翟文選作爲封建官吏，他雖然對晚清政治流露出歎惋之情，但並看不出有多少留戀，他對新的政治氣象始終持樂觀接受的態度。但在這個歷史進程中，翟文選表現出明顯的本位主義，即處在清末，他並不對革命有多少期待，甚至對革命黨造成的社會騷亂表現出反感和排斥；而到民國時期，他却也能够全心投入，迎接新的政治形態。這看起來未免隨波逐流，甚爲平庸。但從歷史的角度看，正因其平庸，才典型地體現出大多數普通士人的心緒歷程。

拿剪髮來説，當翟文選接到清政府的剪髮電文時，頗爲歎惋地説："大局不定，又先令根本摇動，誠未知政府是何政策也。"[③]從中可知他是把剪髮當做"根本"來看的。但在執行剪髮令之際，《日記》又載云："回署，觀二弟、四弟及兒子成全剪髮。大凡物之不利於人者，雖婦孺亦生厭心。自有剪髮之諭，諸弟及兒子日日呶呶請剪，余以新式衣服尚未製成，俟與余一齊剪去，渠輩若有所不可者。奈何政府爲剪髮一細事慎重若此，今年若無革黨，此事仍不能成也。"[④]這一方面揭示了人心思變的時代風氣，另一方面也飽含翟文選早當圖新的政治態度。到了民國初創時期，他曾滯留北京，其間有好友遲遲不願剪髮，他就説："既爲共和民，即當剪髮。"[⑤]在他看來，剪髮是文明進步的表現，是迎接新時代的必要形式。他欣賞俄國彼得大帝的剪髮令，他説："彼得大帝新自歐洲歸來，奠新都，設船廠，而又剪髮、易服，以新國人之耳目。"（《上東三省督撫借債移民須先統籌全國意見書》），在他看來，剪髮是國家氣象更新的必要手段。他曾在《湖北民軍起義第一年紀念會代表日記》中描寫道："街市中尚貼有發賣土藥招貼，惟剪髮甚齊整，自余到鄂並未見有帶髮辮一人，即

① 宣統三年《日記》閏六月十九日。
② 宣統三年《日記》閏六月二十日。
③ 宣統三年《日記》十月二十一日。
④ 宣統三年《日記》十一月初四日。
⑤ 《考察西南獨立各省日記》1912 年 4 月 10 日。

下至人力車夫,亦無不剪髮者。"[①]更可知他是帶着欣賞的眼光迎接共和的。

翟文選對西方工業文明期待不已。他在參加湖北民軍起義第一年紀念會時,聽人云:"吾國從前實業不發達,尚可諉過於腐敗政府。滿清政府既倒,此後諸同胞責無旁貸,宜各自實力振興。"[②]他立即表示甚爲贊同。這可與他在信札中的思想相印證。如他曾説:"當此民窮財盡、外患迭乘之日,非大興實業,斷不足以肉枯骨而起沉屙。"(《上東三省督撫借債移民須先統籌全國意見書》)因此翟文選在參加紀念會期間,就徑直去武漢各兵工廠參觀調查,他用欣賞的眼光打量着近代工業機械及其所代表的西方文明。而在參觀伯力賽會期間,他也對各工農業機械仔細打量、詢問並評判。反觀國内,他曾在《湖北民軍起義第一年紀念會代表日記》中説:"由六碼頭以東起點,見江岸整潔,馬路平坦,外人自治之能力令人驚歎。沿途經過日本三井行之木植堆如山積,美國美孚行之油池瀦似潮湧,長江流域油、木兩項營業,幾爲該二行所專利。我東三省之森林、陝西延長之油礦遍地皆是,徒以運道爲艱,不能越長江雷池一步;而東瀛、北美遠隔重洋運載而來,猶獲重利,不知謀東三省者徒日談移民籌邊,談延長煤礦者不急修運道,其意果何爲也?"[③]對比之下,他帶有明顯的自卑心態和内心的憤憤不平。

從《日記》中可看出,翟文選對西方文明極爲推崇,但他並不盲目崇拜,而是有着獨立思考的。如對西方家庭的倫理關係,他就頗有微詞。當他臨别離家之際,看到父母爲自己準備好的行囊,不禁發出感慨:"兩大人凡衣服、飲食之微,無一不爲慮及,一如當應童子試時。父母愛子之心無時或已,吾不知西人講個人主義,人子成年以後即置父母於不顧,何忍心若此也?"[④]這顯然有儒家倫理觀念的影子。而對西方的選舉制度,他也有自己的見解。他認爲:"墨西哥國民黨自舊大總統艾狄士被逐後,别選新總統,國内反對黨又欲驅逐新總統,兩黨相争,遂將某省巡撫戕斃。夫民主國大總統不宜久任,各共和國憲法均有明文。是以美國憲法只定四年,華盛頓爲製造共和首出之人,亦只能連任一次。蓋久任必蹈君主王族世襲之弊,國民終難免第二次之革命。墨國大總統狄愛士連任已三十餘年,以致釀成此變。我國地大民衆,議者謂大總統任期應較法、美兩國延長。余謂任期仍須仿美國四年,如大總統能得國民歡心,准留三任,比美國多加一任。其與國民感情深厚之大總統,既可展其措施,可無拿破倫世襲之虞。即與國民感情稍惡之大總統,任期既有一定,亦不

① 《湖北民軍起義第一年紀念會代表日記》1912 年 10 月 15 日。
② 《湖北民軍起義第一年紀念會代表日記》1912 年 10 月 9 日。
③ 《湖北民軍起義第一年紀念會代表日記》1912 年 10 月 14 日。
④ 《考察西南獨立各省日記》1912 年 3 月 14 日。

至有狄愛士被逐之辱。”[①]他顯然看到了西方選舉制度的相應弊端,因此他主張對總統任期應靈活變通,這顯然是具有中國思維的、獨立的價值考慮。

四 保存書籍出版及典藏資訊

商務印書館是中國近代最早的商業出版機構,它的總部雖然在上海,但在黑龍江省城也設有經營場所,是最早的分館之一。從《日記》可知,當時商務館的經營方式非常靈活。首先可以預定並郵寄。如《日記》載:“接商務館信一件,前訂各書已到齊。”[②]這顯然是通過郵寄的方式進行的。其次可以先驗書後付款。如《日記》載:“買殿本書須先匯款,再行驗書。”[③]因爲殿本書珍貴,所以比較特殊,需要先付款才能驗書,但這從反面説明,購買其他版本的書籍是可以先驗書,再匯款的。再次,也是最值得贊許的,就是已購圖書可以自由退换。如《日記》載:“寫商務印書館信一件,爲補换殘缺各書,並將石印《明儒學案》退回,仍换大板。”[④]這裏指出不但可以補换有殘缺的書,還可以更换不同的版本。再如:“寫商務印書館信一件,退還石印《曾文正集》,托令再購好板者寄來。”[⑤]又如:“寫商務館王企堂信一件,换缺頁《社會通詮》一書。”[⑥]又如:“寫運品珊、王錦堂商務館信各一件,退還《開國五十年史》,因品珊今日寄來一部,重複故也。”[⑦]在些記載中我們看到,不但已購圖書可因殘缺退换,而且還可以無理由退貨。應該説,入手書籍可以自由退還,這樣的售後服務已是非常完善了。這種靈活的經營活動,顯然更有利於買賣行爲的持續。

從《日記》看,當時商務館所出版的書籍門類異常豐富,不僅有國粹方面的書籍,如《二十二子全書》《九通》《正誼堂全書》《朱批雍正諭旨》《大清會典》《小方壺齋輿地叢鈔》之類;還有現代科學方面的書籍,如《物種由來》《農學各書》等;歷史方面則如《日本五十年史》,法律方面如《國法學》,政治方面如《社會通詮》,雜著如《自助論》,教育方面如《簡易識字課本》,等等。此外,還有時效性非常强的書籍,如《中國革命記》《臨時政府新法令》及玻璃版印《中國革命寫真册》等。這些記載在很大程度上可補商務印書館清末出版史料方面的不足。

---

① 《考察西南獨立各省日記》1912 年 3 月 13 日。
② 《考察西南獨立各省日記》1912 年 3 月 8 日。
③ 宣統二年《日記》四月十六日。
④ 宣統二年《日記》三月初三日。
⑤ 宣統二年《日記》五月初七日。
⑥ 宣統二年《日記》五月十三日。
⑦ 宣統二年《日記》五月二十三日。

不但商務印書館,從《日記》來看,清末其他出版機構出版的圖書遠比我們想象得要豐富,當時人所能讀到的書遠超我們的歷史印象。當時不但有傳統國學,如《太平御覽》《大學衍義》《碧琳琅館叢書》等,還有諸多現代地理書籍,如《滿洲通志》《西伯亞大地志》等令人眼花繚亂的地志以及地圖,同時還有門類繁多的法學書籍,如《法學通論》《行政法》《民法總則》《民法財産總論》《民法物權》《民法債權》《國法擔保》《商法總則》《商法》《裁判所構成法》《監獄學》等近二十種,幾乎涵蓋了今天法學的各種學科。再如經濟學方面的《經濟學》《財政學》《預算統論》《增税裁厘議》等,又如宗教方面的《二約釋義叢書》《路德改教記略》《永息教案策》等。從這些書籍可知,清末人們能够獲取的知識的豐富性與現代性,遠超我們的傳統印象。同時當時書籍的時效性亦極强,如《旅順實戰記》《廣西邊防旁記》《世界統計年鑒》《漢口兵火後紀念圖》《日俄戰紀》《英國治理印度新政考》《伊藤統監治韓要略》等,都是對當時時事的及時反映。

《日記》除了能提供當時的出版資訊,還能讓我們看到一些珍本古籍的資訊。如《日記》載:"至琉璃廠閲書,無意中購開化紙抄本《陵寢備考》四集,計四本。卷首標'錢大昕選',内貼添改增注黄簽甚多,每本均蓋有'禮部官書'戳記,確係進呈原本書。雖無用而紙本佳良,亦難得之品也。"[①]按,《歷代陵寢備考》常見者爲清末朱孔陽所撰之本,《日記》中錢大昕所選之本並不多見,且爲進呈之本,則更爲難得。

再如:"午後,又至琉璃廠肆雅堂書肆。見有抄本《平定三省教匪方略》四百本,均黄龍錦書面,開化紙,朱絲格,字體工整,有如殿試策體,確是方略館進呈原本。云係庚子拳匪之亂,兩宫西巡,由大内爲人得來。索價甚昂,但此書雖無用處,若求進呈原本,則實絶無僅有希世之珍也。"[②]又如:"書賈送到於清瑞書中堂一幅,上款署'升旭親翁',下款署'于成龍',圖章鎸'三韓于成龍印',黄綾地'卍'字絹邊。書法嚴勁,的係舊物。且訪之精於品題各友,均稱'卍'字絹非國初莫有,更徵之紙色、裱工,亦非近今所能造。遂用二十金購之。"[③]

又如:"在文雅堂書肆見於成龍行狀圖工筆手卷三軸,歷繪其由保定巡撫以至都察院左都御史及都統,並蒙恩賜宅等事。共三卷,計二十圖。每圖後各有一跋,似係不全,以卷尾無總跋、無圖章。但確係真物,賜宅卷尾有滿文'都統'印一顆。余不識滿文,不知何旗。此于成龍係漢軍旗人,與于清瑞同名,但官聲與清瑞相勒,其事迹均載國史。每跋之下,均

① 《考察西南獨立各省日記》1912 年 3 月 24 日。
② 《考察西南獨立各省日記》1912 年 3 月 25 日。
③ 《考察西南獨立各省日記》1912 年 3 月 30 日。

有'子孫寶諸'及'子孫念諸'……因商購之,惜索價太昂耳。"[①]此于成龍,謚襄勤,是漢軍鑲黄旗人,原籍遼東蓋州,與稍早的江蘇巡撫于成龍(謚清瑞)同名,且均爲清代名臣,他的事迹在史傳中記載甚詳。但這三軸《于成龍行狀圖》則未見書籍注録,極爲少見。因此《當甓齋日記》爲我們了解清末民初書籍資訊提供了一個視窗,讓我們看到了一個没落却也顯露出一絲曙光的時代,這是《當甓齋日記》的特殊價值所在。

【作者簡介】宋皓琨,男,1976 年生,文學博士,現爲天津師範大學文學院副教授,從事中國古代文學與文獻研究。

① 《考察西南独立各省日记》1912 年 3 月 27 日。

札 記

《宋書》獻疑一則*

郗 賀

案南朝梁沈約撰《宋書》卷六一《廬陵孝獻王義真傳》載：

> 高祖始踐阼，義真意色不悦。侍讀學士蔡茂之問其故。①

針對此處“侍讀學士蔡茂之”，《宋書》點校本卷末《校勘記》云：

> “侍讀學士”各本並作“侍讀博士”，據《南史》改。《殿本考證》云：“按是時無侍讀學士官名，當從《南史》作侍讀博士。”李慈銘《宋書札記》云：“《海陵王休茂傳》有侍讀博士荀詵。”②

事實確然，檢《南史》卷十三《宋宗室及諸王上·廬陵孝獻王義真傳》、③《册府元龜》卷二七三《宗室部·智識》，④俱作“侍讀博士蔡茂之”。

不過，筆者認爲此條校勘記所言不當，《宋書·廬陵孝獻王義真傳》此處行文，當以“侍讀學士”为是，不應改爲“侍讀博士”。

其一，《校勘記》引“《殿本考證》云：‘按是時無侍讀學士官名，當從《南史》作侍讀博士。’”是指清代學者萬承蒼所作武英殿本《宋書考證》，清代學者李慈銘指出過萬承蒼考證

* 本文係基金項目階段性成果：陕西省社会科学基金项目(13SC041)；陕西省“十三五”古籍整理重大項目《陕西古代文献集成》子课题(SG17001·子 028)；西安电子科技大学信息与人文学科交叉项目(20106185642)。

① 沈約《宋書》卷六一《廬陵孝獻王義真傳》，北京：中華書局，1997 年，第 1635 頁。

② 《宋書》卷六一《廬陵孝獻王義真傳》，第 1657 頁。

③ 李延壽《南史》卷十三《宋宗室及諸王上·廬陵孝獻王義真傳》，北京：中華書局，2009 年，第 365 頁。

④ 王欽若等编纂，周勛初等校訂《册府元龜》卷二七三《宗室部·智識》，南京：鳳凰出版社，2006 年，第 3092 頁。

的數處錯誤,評其"粗疏",[①]貶爲不值得評價。此處亦然,萬承蒼所謂"是時無侍讀學士官名"之説,或不成立。

按南朝梁有"侍讀省"之設,以爲"侍讀學士"的歸屬,見於《梁書》卷二十七《到洽傳》:

侍讀省仍置學士二人。[②]

可知,"侍讀學士"即"侍讀省學士"。而且,《到洽傳》此處叙及侍讀省學士時,用"仍置"二字,是表示此官之設早有先例,據此推斷"侍讀學士"在南朝梁以前就已存在,加之南朝齊國祚短暫,完全可能上溯到南朝宋。

其二,誠然,南朝宋的確有"侍讀博士"之號,除了李慈銘所謂《宋書》卷七九《海陵王休茂傳》:

侍讀博士荀詵諫争見殺。[③]

還見於《宋書》卷九四《恩幸·徐爰傳》:

世祖崩,公除後。晉安王子勳侍讀博士咨爰宜習業與不?爰答:"居喪讀喪禮,習業何嫌。"[④]

不過"侍讀博士"只是突兀地散見於《宋書》各處,缺少旁證以考證其來由演變。在筆者所見南朝相關史料中,似乎只有"侍讀學士"是官職,其他的"侍讀"都是以本官侍讀的差使。如《隋書》卷三五《經籍志》載有南朝梁豫章王世子侍讀:

梁豫章世子侍讀《謝郁集》五卷。[⑤]

自然翻檢不到南朝梁設置過"世子侍讀"的記載。藉此,筆者認爲:所謂"侍讀博士",

---

① 李慈銘《越縵堂讀書記》史部正史類,上海:上海書店,2000年,第283頁。
② 姚思廉《梁書》卷二七《到洽傳》,北京:中華書局,2008年,第404頁。
③ 《宋書》卷七九《海陵王休茂傳》,第2044頁。
④ 《宋書》卷九四《恩幸·徐爰傳》,第2310頁。
⑤ 魏徵《隋書》卷三五《經籍志》,北京:中華書局,2008年,第1079頁。

實爲“擔任侍讀的博士”之意,而不是專門的一種官職。换言之,在南朝,某人就任博士官——比如“國子博士”“太學博士”“四門博士”“立言博士”等,再去侍讀,就稱“侍讀博士”,否則就只能單稱“侍讀”。如前揭南朝梁到洽,到洽在梁武帝天監七年(508)之初只是“侍讀”,後來則是“侍讀學士”,天監九年(510)以後,才可以稱“侍讀博士”:

(天監)七年,遷太子中舍人,與庶子陸倕對掌東宫管記。俄爲侍讀,侍讀省仍置學士二人,洽復充其選。九年,遷國子博士,奉敕撰《太學碑》。[①]

之所以特意加上博士之號稱呼侍讀,意在尊顯其人經學修養。繇此觀之,《宋書·廬陵孝獻王義真傳》所載侍讀學士蔡茂之,《册府元龜》記其官職爲:

蔡茂之侍廬陵王義真讀書,官至彭城王義康驃騎從事中郎。[②]

既然没有史料能够佐證蔡茂之出任過博士,那麼,他就不是侍讀博士。

其三,從《宋書》成書過程及史料來源的角度看。清代學者趙翼指出:

(徐)爰因蘇(寶生)、何(承天)二本,勒爲一史,起自義熙之初,迄於大明之末……今《宋書》内永光以後紀傳,蓋約等所補也。[③]

由此可知,記録“侍讀學士蔡茂之”這段文字的就是南朝宋本朝人徐爰,而記録荀詵、徐爰兩條記載的却是南朝梁的沈約。先看《宋書·海陵王休茂傳》所載“侍海陵王劉休茂讀”的博士荀詵一條,其文段首曰:

海陵王休茂,文帝第十四子也。[④]

王樹民先生曾經總結道:

---

① 《梁書》卷二七《到洽傳》,第 404 頁。
② 《册府元龜》卷七一〇《宫臣部·講習》,第 8193 页。
③ 趙翼《廿二史札記校證》卷九《〈宋書〉多徐爰舊本》,北京:中華書局,2005 年,第 179 頁。
④ 《宋書》卷七九《海陵王休茂傳》,第 2043 頁。

又《宋書》於各帝皆稱廟號，不稱謚號……文中或不用此例，當爲經後人補改錯亂者。[①]

《宋書・海陵王休茂傳》此處恰恰不稱"太祖"而稱"文帝"，則可推知《海陵王休茂傳》定然是後人補作；次看《徐爰傳》，歸於《宋書・恩幸列傳》中，文中評徐爰，滿篇但見"便僻善事人""專斷乖謬"[②]等批評語，則基本可以排除徐爰自述行狀的可能，必是在徐爰身後，他人撰寫成文。所以，《宋書・廬陵孝獻王義真傳》撰成在前，《宋書・海陵王休茂傳》《宋書・徐爰傳》撰成在後，以後改前，於理不合。

要之，針對《宋書》卷六一《廬陵孝獻王義真傳》所載"侍讀學士蔡茂之"，即南朝宋所設"侍讀學士"和"侍讀博士"，略作小結：點校本《宋書・廬陵孝獻王義真傳》校勘記，據《南史》冒改"侍讀學士"爲"侍讀博士"，其實並不妥當。在目前所見史料範圍内，還是以《宋書・廬陵孝獻王義真傳》更原始可信。同時，"侍讀博士"也不是一定與"侍讀學士"矛盾，它實際是以本官充侍讀的差使，即"擔任侍讀的博士"之意，而"侍讀學士"是官號，二者性質不同，完全可以並存。

【作者簡介】鄒賀，男，1981年生，歷史學博士、博士後，西安電子科技大學人文學院歷史系副教授，主要從事古典文獻學、宋史研究。

① 王樹民《史部要籍解題》六《南北朝各史書》，北京：中華書局，2003年，第72、73頁。
② 《宋書》卷九四《恩幸・徐爰傳》，第2310頁。